倭国时代

[日] 冈田英弘 著

蔡 畅 邹仲苏 译

海南出版社

·海口·

版权所有　不得翻印

版权合同登记号：图字：30-2016-198 号

图书在版编目（ＣＩＰ）数据

倭国时代/（日）冈田英弘著；蔡畅，邹仲苏译

. －－ 海口：海南出版社,2021.1

ISBN 978-7-5443-9722-3

Ⅰ.①倭… Ⅱ.①冈… ②蔡… ③邹… Ⅲ.①日本 –
古代史 Ⅳ.① K313.2

中国版本图书馆 CIP 数据核字 (2020) 第 245929 号

倭国时代
WOGUO SHIDAI

作　　者：［日］冈田英弘
译　　者：蔡　畅　邹仲苏
监　　制：冉子健
责任编辑：张　雪
执行编辑：尹　淙
封面设计：冉子健
责任印制：杨　程
印刷装订：北京天宇万达印刷有限公司
读者服务：武　铠
出版发行：海南出版社
总社地址：海口市金盘开发区建设三横路 2 号 邮编：570216
北京地址：北京市朝阳区黄厂路 3 号院 7 号楼 102 室
电　　话：0898-66812392　010-87336670
电子邮箱：hnbook@263.net
经　　销：全国新华书店经销
出版日期：2021 年 1 月第 1 版　2021 年 1 月第 1 次印刷
开　　本：787mm×1092mm　1/16
印　　张：19.5
字　　数：234 千
书　　号：978-7-5443-9722-3
定　　价：56.00 元

小熊英二（1962—　）在评价战后日本史学界时，认为他们做得最有良心的一件事，莫过于通过其所擅长的微观性研究考察，用细微的实证来攻击所谓"皇国史观"这一"宏大"历史观之义举了。在他眼中，历史学最应该反对的，便是将社会置于个人总和之上。历史学研究本来就是一种微观、细密的工作。傅斯年也主张"史学便是史料学"。在史学研究中，最为重要的是事实本身，能否从中提炼出典型或精华则并不具有很大的价值。当然，具体问题具体分析。有位日本记者曾经很形象地总结道，观察细节时应该用"虫眼"，而把握宏观时则应该用"鸟眼"。一直以来，日本史学界都习惯秉承这种"虫眼"的史观，并奉为圭臬代代相传。对此，本书作者冈田英弘（1931—2017）则持不同的见解："日本史学家不闻对马岛外之事，朝鲜学者则只知鸭绿江这边的事情。东洋史学家光研究中国还研究不过来呢，更无暇将其与朝鲜半岛、日本列岛或东洋史进行关联性研究。"冈田一直试图打破日本传统意义上的"西洋史""东洋史""日本史"的这种所谓"分断史学"，认为日本史研究者们，过于将一些细枝末节当成问题，迷信史书与考古，缺少对世界史的观照。历史如果不能推动眼前的这个社会，便毫无意义。

当然，提倡日本史应带有更宏观的视域的冈田英弘，似乎一直不属于主流意义上的日本历史学家。还记得有位好友看到那套厚重的冈田英弘著作集时不禁感叹道："每册的标题有点意思：'何为历史？''何为世界史？''何为日本？''何为China？'……这位老兄关注的，都是大问题哇。"本书《倭国时代》便被收录于其中第三卷《何为日本》之中。此全集发行于作者在世期间，每卷题目也并非后人随意取之，可看出，这些标题的确囊括了冈田一生所思考的几个关键性问题。

一、什么是日本?

那么，什么是日本，什么又是日本人呢？加藤周一（1919—2008）认为，日本人，就是不厌其烦地提出"何谓日本人"的人。正如加藤所述，观察自己与观察别人不同。我们在观察和认识别人的时候，往往更注重定语部分，以为在"是一个什么样的人"的前面贴上个标签，便找到了想要的答案。但这样一来却往往忽视了对主干部分，即对问题本身的思考。李普塞特（1922— ）说过，只懂得一个国家的人，实际上什么国家都不懂。白鸟库吉（1865—1942）早在1905年就提出，要想了解日本，就必须知道日本周边民族的根源，因此要研究朝鲜、中国的历史。冈田在白鸟的思想的基础之上提出了自己更为独特的观点，他否定了一直以来认为的日本史就应该是将日本放在世界之中心看问题的传统历史观念。他认为，日本人只有摆脱了国族情感，改为从欧亚大陆与日本列岛共通的角度出发，才能真正解读日本史的建立与发展。

冈田认为，世上没有真正意义上的日本史，在 7 世纪以前，无论朝鲜史还是日本史，都并不具备可以与中国史分开而独立处理的性质。日本的古代史，应该作为中国史的一部分来看待。而且他认为"日本"这个观点不过是 7 世纪时建国运动的产物，可以看成是一种用来"对抗中国"的手段。对日本列岛而言，663 年的白村江之战惨败之后，当时为他们所认知的"全世界"都已被大唐及其同盟所征服。面对如此前所未有的危机，倭国以自身为核心，将列岛诸氏族团结起来，共同对抗唐王朝。668 年，倭国后人天智天皇即位，在《近江律令》中制定了"日本"与"天皇"的称号，并发起了以著史为首的系列建国运动，以此满足当时国内外情势之下的政治需求。《日本书纪》作为其中重要一环，被用来证明其天神脉脉相传的正统性，也成功激发起了列岛各地作为一个国家的民族认同。而在这种特殊地缘政治之下，带有强烈"抗中国性"的《日本书纪》，其成书的性质与框架也永久性地影响着日本国家与历史的性质，直至今日。如此可见，冈田认为日本史真正的起源，是当时出于对所谓中华中心主义同心圆结构的一种抗衡。此外，日本为了抵抗大唐帝国施加的政治压力，同时也"发明"出了日语。

冈田这种思考日本的方法，与内藤湖南（1866—1934）对中国的思考有着些许的相似之处。内藤认为，民族国家概念中的"中国"实际上体现了一种来自外部的西方思维，"中国"这一概念并不存在于华人的历史观之中。在西方殖民主义全球化之后，当以中国的朝贡体系为中轴的全球化面临危机之际，这一概念才真正产生。冈田英弘也把日本史的起源叙述成一种"抗统性独立"，这种思想也影响了后来的杉山正明（1952— ）等人。此外，冈田的思想在日本社会文化研究领域也有一定影响，如汤浅赳男（1930—2019）的《展开日本的史学想象》及鹫田小弥太（1942— ）颇有争议的《日本是一个什么样的国家》一书中，亦带有冈田史观的影子。

日本史学界对亚洲文献一直疏于关注，且没有做出多少正确解读，真正将古代日本史与中国史成功结合的并不多，宫崎市定（1901—1995）、江上波夫（1906—2002）、佐原真（1932—2002）等人的研究也均无果而终。这本《倭国时代》探讨的便正是日本文明的诞生与大陆的关系。其实，冈田在他的研究之中，有意将"倭国"与"日本"这两个概念加以区分。对大和民族这个概念，更是持否定的态度。当时所说的"日本人"，其实超越了古代"倭"的概念，是集合了倭人、新罗人、百济人、高句丽人、任那人、汉人等所有杂居在日本列岛上的多民族融合的象征。只不过日本历代政权为了强调日本的独特性，以对抗称霸大陆的中国，才努力掩饰，甚至改写族群融合的历史，把大和民族说成血统纯粹的民族。一直以来，在日本史领域，"日本""倭""倭国""大和"等称呼都被混为一谈，作为一个单一性概念，被囫囵吞枣地卷入日后称为"日本帝国"抑或当代所谓"孤立的日本"的语境之中。特别是从明治时期开始，日本人已经深信自己是单一民族，拥有纯粹的血统，并被这种神话玩弄于股掌之中，因而直接导致了之后那场疯狂的战争和对殖民地的统治。对外鄙视其他亚洲民族，对内歧视少数种族与外来劳工，这种历史的烙印延续至今。直到 20 世纪后半叶，有些日本人才开始对曾经深信不疑的单一民族神话进行反思,才明白"我们以为的日本,其实不过是被人为提纯后的日本"。

我们在思考研究何为日本之际,溯源并厘清"日本"之"母型"极为重要,这种"母型"也就是福士幸次郎(1889—1946)所说的"原日本"。史学家们通过梳理"原日本"形成与普及的进程,摸清其所在的真实位置,类似于建立起一个以"原日本"为原点的坐标轴,这样才能更好地画出与之相对应的"对抗轴"与"对称轴",从而走进雅克·拉康(1901—1981)所主张的自我认识形成之"镜像阶段",找出其中的母型因素与外来因素。

二、什么是中国?

有人将冈田的学术总结为三大特征,一是崭新而大胆的观点,二是对整个世界的观照,三是扎实的汉学功底与教养。这本《倭国时代》的内容是昭和五十一年(1976年)一月至十月的10期连载。而当时冈田45岁,之前数十年冈田其实一直研究的是中国史,主要从事满蒙等文献整理与译注等基础工作。正是基于如此深厚坚实的文献功底和掌控力,他才具备了后来涉足日本史及世界史的实力与视野。冈田的著作集收录的内容,从其一生的学术成就来看,不过冰山一角。

冈田是在朝鲜战争开始前的1950年考入东京大学东洋史专业的,本科毕业论文写的是朝鲜史。后来,一直研究满语文献。之后,又赴美留学,学习了蒙语和藏语。再之后,又前往联邦德国留学,钻研蒙古史。特别是以对《满文老档》的研究知名。冈田拥有超人的精力和阅读量,他精通中文、英文、德文、韩文、蒙文、满文等,并阅读过大量不同语言的书籍文献。他对13—19世纪及之后的中国一直都有着密切的关注，且有着极为深入的研究。正是因为这样，他才能够清楚地看到，异文化之间，对于史实存在着不同的理解。历史因文明不同而不同，历史的叙述方式也与其文明特点有着密切的关系。如：被西方称为"历史之父"的希罗多德（前480—前425）在记录地中海文明的史书《历史》（*Historiai*）中，主要侧重于讲述不同阵营政治势力的对立和抗争，目的在于总结历史发展的规律；而中国的"历史之父"司马迁（约前145或前135—？）在《史记》中则系统地记录了中国如何从三皇五帝传说时代到汉武帝时代，主要讲述了中华文明的天命恒常，目的则在于确定天子受命于天的正统性。冈田认为，每种文明每个国家的第一部史书的撰写态度和历史框架，其实早已决定了该文明该国家的个性。

冈田自身也是一位书评家，对各个领域都很精通。正是在这种多元化眼光之下，冈田才能以更为多元的视野对历史进行思考。他挖掘出了蒙古史所具有的重要价值，认为它正是关系到世界史诞生的关键之所在，而其蒙元史观也成为其一生的学术成果的核心部分，对整个史学界亦产生了深远的影响。冈田认为，13世纪，蒙古帝国作为一个媒介，将地中海文明与中华文明连接在一起，开创了新的世界秩序。同时将中国史与地中海史相结合，这样一来，真正意义上的"世界史"的车轮才开始转动了。只有通过蒙古，才能解读世界。不仅仅是世界史，甚至连广为人知的西方音乐、西方舞蹈等，究其源头，都源自亚洲。可以说，13世纪的世界史，都是由成吉思汗及其蒙古帝国缔造出来的。

所以，冈田提倡蒙元史应当作为横跨欧亚的世界史，而不应当仅仅看成是中国一个王朝的历史，即所谓"超越国境的历史"，或"世界背景中的中国史"。在日本学界，除了冈田英弘之外，本田成之（1882—1945）和杉山正明等人也都已经就此进行过探讨。虽然意见不尽相同，但他们的议论对中国史学界产生了巨大的影响，甚至"倒逼"当代的中国学者也不得不走出中国史的语境，开始把中国放到当时的那个世界加以重新审视与思考，并引发了接下来国内学界出现的有关后蒙古时代或新清史等一系列学术问题的论潮与反思。

在对中国的研究方面，可以说冈田最大的贡献便是突破了数百年以来传统日本汉学的盲点，即以汉文字为主体的对中国的认识与研究。汉文字并不是类似于现在通行的普通话，中国古代也只有极少数一部分人能够熟练用汉字来书写汉诗文。其作用与其说是一种基本的识字能力与文化素养，不如说是决定日后能否出人头地的一种政治资本。与大多数汉学家不同，冈田本身是满蒙史的专家，熟谙通古斯系历史，所以才能成功摆脱以汉字为媒，站在所谓"中华"的周边来观察大陆的历史和文化，并在此基础之上，对整个世界历史提出了更为宏大的假说。

三、什么是历史？

在冈田眼中，历史并非自然存在的东西，而是由历史学家书写创造而成。历史学家记录的也并非史实，而是记录者一方的意志与观点。历史基本上都是为了当代而写，为了合理化当前的政治秩序，为了建立国民认同感，最终形成一个叫作国家的命运共同体。

冈田多次提到"好的历史"（靠谱的历史）和"坏的历史"（不靠谱的历史），他的一生也都在致力于书写"好的历史"。这里所指的"好"，是指那些完全排除掉神话的历史叙述。他认为，那种类似于"骑马民族征服王朝说"等充满浪漫主义色彩的神话传说，与史实严重脱节，属于"坏的历史"。当然，不可否认，这种善于撰写带着浪漫主义色彩的历史学家，在现实中往往更受到政府与大众的欢迎。但冈田依然坚持将纯粹的史料中的所有信息统合，并保证书写的是前后连贯、逻辑无误的世界史，即"历史性真实"。也正是出于这种对"历史性真实"的不懈追求与叩问，冈田所提倡的史观，很容易引起争议与质疑。特别是与那些追求"历史的浪漫"的史学家，更是水火不容。"与异己者共存，不需要神话。需要的是一点点强大与睿智"，神话不能当作历史，而历史也不应成为神话。

有人用"狷介"一词来形容冈田，可见其为人为学认真执着的态度。此外，他自己曾说过："每一分每一秒，我都有要改变自我的冲动，遇到了新事物，便扑上去。"冈田是一个喜欢破壁之人，喜欢打破传统的历史观。其日本史观的建构，也正是站在非传统的被压抑的边缘立场之上，对日本的历史进行了从去中心化到再中心化的一个处理过程。而后他以此类推，将其观点延伸到中国与东亚其他地区，积极且鲜活地影响着、介入着、创造着当代的历史。笔者时不时会在想，对冈田而言，历史究竟意味着什么？他其实并不是一个传统意义上的日本史学家，但也正是出于这一点，他近似于天马行空般的观点，才格外地吸引人，不断震惊并挑逗着史学界的小伙伴们。对他而言，历史也许更接近一种自我超越的"思维实验"，而非衣冠楚楚的"浪漫想象"。

冈田史观也许的确存有很大争议，又或许是出于一些非学术性的原因，故而国内学界对冈田的学术研究几乎为零。当然，冈田的很多学术观点和做法笔者也确有难以认同之处。自古至今，历史学家们通常有一个癖好，就是喜欢总结历史规律，并试图从中找出并预测历史大潮的走向。或许，正是史学家的这种性格导致了冈田后来试图根据历史来推断甚至创作历史。但与此同时也不得不承认，从对中国史学界产生了巨大影响的意义上来看，我们也无法忽视其存在及学说。最后，谨以冈田的一段话作为结尾："究竟有没有一种能够超越文化的真实呢？如果有的话，又该如何得以一窥其真实面目？也许，这就是历史学人恒久不变的课题。我不愿意跟其他人做同样的事情，故也不愿意仅仅局限于现有的知识框架之中。走别人走过的路，那么路尽头看到的风景，注定跟别人眼中看到的一样。既然如此，那还不如用自己的双眼，用自己的双手去感受去寻找，这样也许会离真理更为接近。"

郭 颖

二〇二〇年五月四日于樗石阁

一、作为一种方法的"倭国"——事实与神话

本书的作者冈田英弘认为，无论是哪一种文明，最初写下的历史框架都会限制人们的意识，"第一部史书决定了国家的个性"，因此他尤其注意考察各个国家最初的史书对整个国家后来发展奠定的基调，认为要想了解这个国家现在的情况，要从她最初的记录里去寻找。他考察分析了东亚各国在历史源头的记录，包括中国的《史记》和《三国志》、日本的《日本书纪》和《古事记》、马来西亚的《马来纪年》，朝鲜半岛的《三国史记》等。在冈田英弘看来，这些史书虽有着不同的立场和叙述方式，但它们都有共同的特点，即它们都按照当时国家和写作者的需要对"作为既定事实的历史事件"进行重新演绎和解读，以适应当时现实环境的要求，也就是历史学家保罗·柯文说的，对历史事实的"神话化"——"问题的关键不在于故事是不是'真'，重要的是其中所包含的文化信仰。"（柯文，《历史三调》，2015）

历史对于人类来说并不只是意味着"已发生的既定事实"，

更是一个站在此时此地回望和观看另一个时空，并通过这个"回望"的动作，为现在的生活提供意义和导向的过程。"历史是对过去的讲述，无比巨大、混乱一团的过去中被赋予了秩序和意义并且被讲述出来的那很小很小的一部分，才是我们所说的历史。被讲出来的历史就不再等同于过去：过去的无数方向、无数线索被简化成历史的单一方向和单一线索，过去无可计数的参与者被简化成少数人群及其精英，主人公和中心人物出现了，目的和意义诞生了。"（《有所不为的反叛者》，罗新，2019）因此，历史的事实只是问题的很小一部分，历史撰写的逻辑才是真正指引我们向真实靠近的路径。正因为拥有历史的记忆、"回望"的姿态和线索的逻辑，人才成为有来处、有连贯性的存在。

几乎所有的历史学家们都注意到了这种连贯性——我们如何"回望"历史与我们所经历的现实处境相关，即（无论是真的还是假的）历史和现实之间的互动关系。柯文曾说："（古代的）故事与（当下的）历史之间的这种互动，是具有相当大意义的一个现象。这种互动极其复杂、深刻地反映了个人、群体或者（某些情况下）全体人民把自己摆放进历史记忆空间的方式。"他还分析了追寻真实历史和"神话化历史"的区别："就意图而言，把过去当作神话与把过去当作历史是截然不同的。当优秀的历史学家撰写史书时，他们的主要目标是在尽量占有第一手资料的基础上，尽可能准确和真实地再现过去。而在某种意义上说，历史神话制造者的所作所为恰好相反。他们的出发点诚然是要理解过去，在许多（虽然不是全部）事例中，他们也许真的相信他们的观点是'正确的',然而他们的目的不在于扩大或加深这种理解,而且要使之为政治、意识形态、自我修饰和情感等方面的现实需要服务。"

换言之,我们观看和解释历史,也许并不意味着我们正在追寻真相,而有可能是我们在为现实的行动和心灵的需要寻找依据。本书的作者冈田英弘正是从这一点入手,分析日本人建构自我的历史依据中可能存在的真或伪。他通过对"倭国时代"的东亚、东南亚各国的史书进行文献分析,批判了历史记录中这种为了当时需要而掩饰历史真相的做法。其思路与柯文殊途同归,甚至冈田英弘更进一步,认为正是这种为一时所需编造出的故事,遮蔽了真实的自我,创造出许多不可思议的想象和幻觉,甚至在许多情况下酿造出群体性的狂热、人与人之间的残酷厮杀和毫无道理的人道灾难。人如果敢于戳破被一代又一代的人层层叠叠累积起的神话故事,去真诚的面对自己的历史,那么可能人类历史上的很多灾难都不会以这样荒诞和草率的方式发生。这本书正是冈田英弘对"倭国时代"的拨乱反正,他的立意不止于研究日本在"倭国时代"的遥远历史,而是要为我们讲述一个站在更宽广宏伟的历史观中所看到世界和他所努力去追寻的真相。

这正是冈田英弘以"倭国时代"为主题所做的研究在方法论层面上的意义——辨别作为事实的历史和作为神话的历史之间的区别和细节,提供一种批判地看待历史和生活的眼光。

历史的真相固然重要,但更重要的是历史为什么会呈现出我们现在所看到的样貌。我们看到的世界呈现出"本来如此"的样貌,这实际上是一种不易察觉的骗局,使我们在不知不觉中未经批判地接受了这个世界的顽固成见。"我们必须知道，我们的过去有非常丰富的可能，而不是如今天呈现在我们面前、特别是呈现在某些叙述中的那样单一和绝对。"（罗新，《有所不为的反叛者》，2019）这正是我们了解"倭国时代"的意义之一，在读这本书时获得的对古代日本神话和历史知识的了解固然重要，但在了解客观知识的过程中生发出批判逻辑和推论方法，是阅读这本书的另一个重要收获。

"历史学家研究历史的复杂性、细微性和模糊性，而神话制造者往往以片面的观点看待历史，从历史中找出个别的一些特点、特性或模式，把它们看作历史的本质。"令人感慨的是，无论是冈田英弘，柯文，还是罗新，作为历史学家，他们对历史事实和真相的努力追求都让我们领会到，想要了解曾经真实发生过的事，需要严谨认真的态度、追求真相的勇气、反对既定言论的批判性精神和难以想象的艰辛付出，但即使在付出巨大的努力之后，我们所得的答案和我们对这段历史的理解，依然极有可能只是一堆模糊、偶然、混乱、虚假和没有来源的故事。即便如此，真正的历史学家在复杂和模糊中，仍然要鼓起勇气追寻那一瞬的碎片。因为，对过去微小事件的看法和理解，某种程度上，影响着我们对世界的解释和视野，并在这个层面上决定了我们现在的行动和未来的选择。只要在绝对性的叙事之外提供另一种符合逻辑的可能和想象，就可以打破固有的偏执和对单一神话的迷信，拓宽人类自由的边界，发现生存的多种可能。哪怕只是追寻有可能的真相，也意味着人可以不再被自己的想象所愚弄，真正拥有自由选择的力量和真诚面对自我的尊严。

二、作为一种视角的"倭国"——他者与自我

冈田英弘的作品不仅意在还原倭国的景象,而且还试图以一种"交互"和"全局"的眼光看待历史。这与作者的学术经历有关,作为一位对蒙古史、欧洲与中国之间的地域关系有过研究的历史学者,他深知历史不是单一因素影响下的线性因果模型,而是在诸多复杂而有机的变量中形成的。冈田英弘的世界主义视角提供了一种新的看待历史的方法,在这种视角下,历史事件不是固定的、孤立的、单向的,而是具有主观性的、互动发生的、存在多种可能的。

随着几代学者对历史学和人类学的深入研究,我们愈发明了——没有他者,就没有自我;没有对与我们截然不同文化的了解,我们就不能认识到我们自身的历史和生活所具有的偶然性。这本书在中国的出版也出于这样一种考虑,我们想让读者们通过倭国了解古代中国的状况,了解古代中国对于亚洲和我们周边其他国家的意义,正是在他者的眼光中,我们明白了自我。

中国人从小的历史教育中总是强调古代中国有多强大,但我们对古代中国强盛的理解实际上是抽象的,我们很少了解到这种强盛具体的表现和指标。从这本书中,我们能看到古代中国的对外关系,也能了解到"他者"是如何看待"自我"。比如说对古代"朝贡"仪式流程细节的描述和意义的阐释,对中国古代城市国家的形成的推论。这些有意思的观点,我们是很难在自身的文化中发觉到的。在这些交互印证的历史事件中,中国读者也能更加理解了自己生活的国家曾经发生的故事。

阅读这本书,希望读者能够在看到历史的同时,也看到对历

史的追寻；在看到遥远他者的同时，也看到当下的自我。

三、关于本书的阅读——概念与结构

作为本书的编辑，有两点需要提醒读者注意。

一、本书在概念的使用上，最大程度地保留了作者原本使用的概念。作者在本书中的陈述的观点或采信的史料与中国一般通行的资料可能会存在不一致的情况，但这些并不是使用错误，例如 168 页出现的"中国民族"这一概念，在作者所描述的时代尚不存在"中华民族"的概念，在中文中似乎也没有相对应的词汇来指称这一概念。这一概念中所包含的内涵是值得推敲和思考的。我们认为不符合常规与事实之处可能正是作者的创见与引起史学界争论之处，这也是本书概念使用的精巧之处。

二、编者在编辑过程中发现全书的结构编排除如目录所列的行文结构之外，还暗含着时间的分层和对比的逻辑。在这个层面上，我将其粗略地分为"对史书中记载时期的推断"、"史书编纂时期的历史"、"我们现代人如何看待影响史书编纂的因素"，这三个时期的叙述在作者笔下来回跳跃、融为一体，读者们可以在阅读之初，就注意区分和比较作者对这三条时间线的叙述和论证，可能会对这本书有更清晰的理解。

尹　淙

目录

第一章

走进日本古代史

从日本古代史到世界史

人类似乎一旦有了财富的积累，就会去探寻自己的系谱。

在 20 世纪 50 年代，人们普遍为了维持生计而奔走，因此这时的日本人并不在意这些。无论是天皇的神性被否定，还是在教科书中剔除了"记纪神话"①，又或是史学家证明了神武天皇和神功皇后并不存在，这些事件都无关紧要。而到了经济高速发展的 20 世纪 60 年代，人们无需再像过去一样忙碌工作便能解决温饱问题。这时的他们通过日航的旅行套餐等方式，紧紧跟着摇小旗子的导游小跑，要看一看外国的样子。俄然间，人们开始关注自己的先祖，似乎也变得理所当然起来。

正因为如此，近年日本出版界关于日语的起源、邪马台国、女王卑弥呼、倭五王、广开土王碑②、高松冢、日本民族的由来，以及与日本国家的建立等主题相关的著作大量涌现。这与其说是古代史的热潮，不如说是歇斯底里更为合适。站在书店的书架前观望时，看着上边大量的排列得十分拥挤的、被起了上百种不同名字的相关书籍，不禁让人感叹我国文运昌盛。欣喜之余，便一本本将其取下浏览，但发现内容几乎都是一些"定说"的罗列。这些著作大体可分为以下六种

① 《古事记》和《日本书纪》中记载的神话常被称为"记纪神话"。——译者注
② 又称"好太王碑"。——译者注

类型：

——运用考古学资料，论述日本的古坟时代。

——从《魏志·倭人传》^①的文本解释出发，阐明大和朝廷的起源。在此问题中，"邪马台国的位置"成为问题的中心。传统史学界对这一问题的探讨所形成的"九州说"与"大和说"也包含其中。

——将《宋书·倭国传》^②中所记载的"倭五王"，与《古事记》和《日本书纪》记载的从应神天皇到雄略天皇的历代天皇进行比照，来论述古代日本王权的建立过程。

——以朝鲜的广开土王碑、《三国史记》和《三国遗事》等史书以及《日本书纪》中记载的日本与朝鲜半岛的关系为依据，论证朝鲜半岛文化对日本建国的作用。也许是为了迎合现代韩国、朝鲜的民族主义心理需求，这种类型的著作近年来非常盛行。

——日语的系统论。毋庸置疑，语言本身并不是历史——无论在哪里发现了与日语同语系的语言，都并不能成为日本人曾经从那里迁来的证据——但"日语的系统"与"日本民族的起源"常常会被混同。

——将以上几种类型适当组合、任意联想的著作是最多的。

这种情况正盛。但这样的构思好似即将枯竭，因为从中并不能发现比较新颖的观点。即便如此，对它们的需求也没有减弱的迹象，由此也能察觉到出版方的辛苦。

暂不论此，我们日本人想知道自身的由来是完全正当的要求。因此在出版界，古代日本热潮应该是备受欢迎的现象。但我认为这其中也显现出了一个共同的缺陷。

---

① 本书或称为《魏志·倭人传》，是日文中的惯用称呼，实则收录于《三国志·魏书·乌丸鲜卑东夷传》中。本书类似名称，在不产生歧义的情况下，皆采用作者的说法。——编者注

② 实收录于《宋书·夷蛮传》中，为保留作者原意，本书亦称之为《宋书·倭国传》。——编者注

这个缺陷就是没有从世界史的角度来探索日本古代史。诚然，要讨论《魏志·倭人传》和《宋书·倭国传》就会涉及中国史。要解释《日本书纪》中关乎朝鲜的记事，朝鲜古代史的知识就十分必要。但到目前为止出现的观点，都是以日本为中心，将日本与朝鲜的关系、日本与中国的关系等在朝鲜史或中国史中的细枝末节当作问题。正如明明记述的是 1945 年以后的日本史，却只以国内政治的发展脉络和驻日盟军总司令部的政策为叙述中心，而并不涉及美苏两国的内部情况以及由此形成的世界战略一样。

进一步说，7 世纪以前的朝鲜史与同时代的日本史几乎一样，它们并不具备可以与中国史分开而被独立处理的性质。这时，统一朝鲜半岛的国家还未出现，从客观上来说，"朝鲜民族"自然也不存在。所以在这点上，无论如何，必须将朝鲜半岛和日本放在包含中国史、朝鲜史、日本史的亚洲史中，也就是当时世界的框架中来思考。即便如此，从当时的国家实力来说，也应以中国史的脉络为中心，去思考中国是如何左右朝鲜半岛和日本列岛的居民的命运的，这种思路才比较合理。也就是说，对当时的中国而言，这些东方地域有着怎样的意义，才应该是真正的问题所在。

我在前文中论述的世界史的观点，还有另一层意义。与古代日本建国相似，这样的事情在不同的地域和不同的时代，反复发生过数次。如果把类似的例子集中起来加以比较的话，我们会发现，即使不依靠连地理信息都不明确的《魏志·倭人传》、收集奇闻怪事的《日本书纪》和《古事记》等类似的史料，对发生了什么事情这种相当具有现实意义的推断也是可以成立的。中国本身是一个繁复庞杂的对象，作为中国史的一部分的日本古代史也是如此。在此先不说这些，就从我在东南亚看到的"日本建国史的故事"开始说起吧。

马来王族与日本皇室

1975 年夏天，我在新加坡和马来西亚生活了两个月。

华人占多半数的新加坡暂且不说，让我觉得最意外的是，在马来西亚，马来人的上层人士是真正的贵族：他们有着各式各样的世袭称号；他们不仅有着英式的优雅和较高的素养，而且多是非常有能力的人；他们活跃于政治和文化的各个方面，也是马来西亚联邦这个近代国家的重要支柱。

马来西亚联邦由 13 个州组成。[①] 这其中除了原属英属海峡殖民地的马六甲和槟榔屿，以及沙巴（旧称"北婆罗洲"）、沙捞越外，剩下的 9 个州的首脑都是各州的世袭苏丹。联邦最高元首从这 9 人中轮流选出，任期 5 年。在我旅居吉隆坡期间，正好当时最高元首吉打苏丹任期届满，吉兰丹苏丹被选为最高元首。

欧洲王室如今已所剩不多。马来的苏丹和王族与英国王室是非常不同的。他们完全不会有登满报纸版面的夸张言行，也不常发表什么演说。偶尔作为苏丹的父亲给公主授予位阶的时候，报上也只是刊登低头跪着的美少女的侧颜照片，给人以小心恭谨的印象。就联邦最高元首来说，他们不在议会上发表演讲，自然也不会被新闻报道。我在吉隆坡市内开车，有时会与以白色摩托为先导的黑色劳斯莱斯擦肩而过。直到朋友告诉我"快看，是 Agong（元首）！"的时候，我才会意识到刚刚遇到了谁。在此过程中警察并不会为此进行交通管制。

用一句话来形容我的直观感受，那就是苏丹更像是一种"象征"。

---

① 继 1973 年吉隆坡被划为联邦直辖区后，纳闽和普特拉贾亚分别于 1984 年和 2001 年被划为联邦直辖区。现在的马来西亚由 13 个州和 3 个联邦直辖区组成。——编者注

也就是说，苏丹类似于日本的天皇，马来王族就像日本的皇室，是只有宗教权威而没有政治权力的存在。

无疑，马来西亚的国教是伊斯兰教。不过，若说它是伊斯兰教国家，国民却并不会被强制要求信仰伊斯兰教，就算是在正式场合举行的宗教仪式也未必会遵守伊斯兰教法。可是，马来西亚又是这样一个国家：在每晚的电视节目中，会中断人气西部剧《荒野大镖客》的播放，代之以阿拉伯语放送长长的邦克①，提醒穆斯林们要开始朝麦加的方向做礼拜了。伊斯兰教的历史告诉人们，"苏丹"本来是 10 世纪定都于巴格达的阿拔斯王朝哈里发授予其帝国东半部分征服者的首领——他原本不过是突厥奴隶的儿子——的称号②。这个称号类似于日本的"征夷大将军"。虽然"苏丹"这个称号在后来价值有所下降，但是只要说到穆斯林的君主，无论是谁都要称作"苏丹"。与哈里发的宗教权威相对，苏丹代表了世俗的实权。在北印度、西亚、北非的伊斯兰国家中同样如此。

如果这样的苏丹在马来西亚并不是"征夷大将军"，而是像天皇一样的存在的话，可能会突然变得很有趣。一天晚上，想到这儿的我，向一位年轻的马来西亚经济学者提出了这样的疑问：

"怎样才能成为苏丹？"

尽管是穆斯林，但朋友一边喝着兑水的威士忌，一边轻松地回答：

"苏丹就是苏丹。而不是可以'成为'苏丹。"

"为什么？"

---

① 原文中作"アザン"（azan）。"アザン"为伊斯兰教法学的一个概念，是阿拉伯语"أَذَان"一词的日语译法，一般称为"宣礼""唤礼"，是提醒和召唤人们做礼拜的专用念词。但在中国穆斯林中，往往根据其阿拉伯语读音称作"邦克"，故在本书中也将其译作"邦克"。——译者注

② 据阿拉伯史籍记载，伽色尼王朝的马默德是第一个使用"苏丹"称号的穆斯林君主。伽色尼王朝的建立者阿尔普特勤原为突厥族奴隶，后升任中亚的萨曼王朝的突厥军统帅。962 年，阿尔普特勤建立伽色尼王朝。1001 年，马默德宣布承认阿拔斯王朝的宗教权，哈里发卡迪尔册封他为"苏丹"。——译者注

"要说为什么，因为苏丹是世袭的。"

果然，马来西亚的苏丹们是"万世一系"的。

忽而兴趣使然，我就试着翻阅了马来西亚的古典文学名作《马来纪年》[1]。这本书讲述了 15 世纪马六甲王室兴盛的故事。1511 年，马六甲王室被阿尔布克尔克[2]率领的葡萄牙舰队消灭。散落在马来半岛各地的马六甲王室后裔，就是现代马来西亚各州苏丹们的祖先。放在日本来说，《马来纪年》相当于《古事记》和《日本书纪》的总和。而马六甲王室可以说就是大和朝廷。

但令人惊讶的是，这部马来西亚的"记·纪"[3]中出现的马六甲建国传说和宫廷生活，与古代日本的十分相似。这到底是怎么一回事呢？

《马来纪年》的"神代卷"

开场白就先说这些，让我们快去看一下马来西亚"记·纪"的世界吧。

首先是"天孙降临"的故事。

在很久以前的苏门答腊，治理巨港的是国神的子孙德芒·勒巴·达文（Damang Lebar Dawn）。从巨港城到穆拉塔堂河上游的路上，有一座山，名叫西昆棠玛哈米鲁山（Sagatang Maha Mira）。

---

① 《马来纪年》，原名《诸王起源》，相传为柔佛苏丹拉惹蓬苏或其首相敦·穆罕默德·斯里·拉朗所著。书中叙述了关于马六甲苏丹国的族谱和历代苏丹的世系传说、马六甲苏丹国的兴衰历史、伊斯兰教在马六甲地区的传播史等，时间范围涵盖 600 多年。《马来纪年》的中文译本有两个版本，分别为许云樵译本和黄元焕译本。本书涉及《马来纪年》中的相关内容，均对照于黄元焕译本，少部分则对照许云樵译本。详见《马来纪年》，敦·斯利·拉囊 著，黄元焕 译，吉隆坡：学林书局，2004 年 8 月第一版。——译者注

② 阿方索·德·阿尔布克尔克，葡萄牙贵族，海军将领。1511 年 4 月，他率领拥有 1200 人和 17 艘船的部队，从果阿前往马六甲。经过一番鏖战，于 1511 年 8 月 24 日攻占马六甲。——译者注

③ 现在《古事记》和《日本书纪》常被连称为"记·纪"。——译者注

这里住着两个寡妇，万·恩布克和万·马里尼。两个人在西昆棠玛哈米鲁山上种田生活。在一个稻谷成熟、稻穗重重垂下的夜晚，山上出现了类似火光的东西在闪闪发亮。

"那是火光吗？好可怕。"

"嘘，可能是龙头上的宝光呢。"

这天晚上，两个人害怕地屏住呼吸，静静地睡去。

待到天亮，两个人洗好脸说道：

"快去，快去看看昨天晚上像火一样的光到底是什么。"

她们登上西昆棠玛哈米鲁山山顶一看，不知为何，田里的稻穗变成了黄金，叶子变成了白银，茎却变成了青铜。

"昨天晚上就是这个呀！"

再一看，山顶上连泥土也化为黄金，并且那里出现了三个美少年。三个人各自骑着一头白象，身着君王的服装，头戴镶嵌宝玉的宝冠。他们容貌俊美，举止优雅，衣着华丽，令两位婆婆瞠目结舌。

片刻后，两位婆婆问道：

"各位是从何方而来，是神仙的儿子吧？我们长年在这里居住，与各位初次见面。"

三个男人回答道：

"我们不是神仙的儿子，是亚历山大大帝 ① 的后裔，名字分别是毕芝特兰·沙王（Bichitram Shah）、尼拉·巴拉宛（Nila Pahlawan）、卡尔纳·班迭达（Carna Pandita）。"

听闻如此，两位婆婆喜不自禁，立即把三位王子请到家中安顿下

---

① 在黄元焕译本《马来纪年》中，将其译为"亚历山王"，但中文中常译为"国王亚历山大"或"亚历山大大帝"。故在本书中，将其直接译为"亚历山大"或"亚历山大大帝"。——译者注

来。因为收获了黄金的水稻，他们的生活也愈发富裕起来。

巨港王德芒·勒巴·达文听闻三位王子从天而降的事情，便将他们迎接到自己的城镇中。各地的君王们聚集到德芒·勒巴·达文这里，向从西昆棠玛哈米鲁山来的亚历山大大帝的子孙——三位王子致以敬意。结果，大王子成为苏门答腊岛内陆地区的米南加保（Minangkabau）的王；二王子成为婆罗洲（加里曼丹岛）南岸的丹戎普拉（Tanjung Pura）的王；小王子成为巨港的王，而德芒·勒巴·达文则退位成为宰相。

且说，万·恩布克和万·马里尼的家里有一头银白色的母牛。有一天，这头母牛口吐气泡，气泡中出现了一个人，唱着祝词称赞小王子，并授予王子"室利·特里-布瓦纳"（Sri Tri-buana）的称号。气泡中的这个人便是之后的马六甲王室中宫廷祭司家族的祖先。

以上就是《马来纪年》中讲述的马六甲王室的祖先"天孙降临"的故事。在这里，我就再稍稍补充说明一下吧。

根据中国和葡萄牙史料的记载，创立马六甲王室的人是爪哇满者伯夷国①王室的驸马，叫拜里米苏拉（Parameswara）。他实际上是巨港人。巨港是控制马六甲海峡南部入口的重要贸易港，如今这里是印度尼西亚著名的石油产地。公元7世纪，室利佛逝帝国②在此兴起，其领土范围覆盖了现在的印度尼西亚、新加坡和马来西亚。在经历了六百年的繁荣之后，爪哇的满者伯夷国夺走了马六甲海峡的控制权，室利佛逝帝国因此没落。到了14世纪，巨港也沦落为中国海盗的巢穴。

---

① 满者伯夷国，马来语名"Majapahit"。"满者伯夷国"这个译名出自《瀛涯胜览》。《元史》中作"麻喏巴歇"。从13世纪起，满者伯夷国成为东南亚海上强国，其疆土范围覆盖了现在的印度尼西亚和马来半岛地区。——译者注

② 室利佛逝帝国，7世纪中叶在苏门答腊岛东南部兴起的信奉大乘佛教的海上强国。中国唐代史籍中一般称之为"室利佛逝"，宋代以后的中国史籍中改称其为"三佛齐"。室利佛逝帝国长期控制马六甲海峡，成为当时东西海上交通的要冲。到13世纪，其地位被满者伯夷国取代。——译者注

因此，巨港是拥有着古老的辉煌历史文化的土地。西昆棠玛哈米鲁山也大有来历。这座山真实存在于现在巨港市西边，名为"塞梅鲁山"。这里有竖立于公元683年（天武天皇十一年）的石碑[①]，上面镌刻着现存的室利佛逝帝国时代最古老的碑文。因此，自古以来这里一直是圣地。它还是印度神话中耸立于世界中心的通天神山。神灵之王——雷神（因陀罗，帝释天）的宫殿位于此山之顶。它等同于佛教中所说的须弥山。

将其与"记·纪"比较来看，西昆棠玛哈米鲁山就相当于高千穗峰，三位王子就相当于彦火琼琼杵，巨港也就相当于他与其子彦火火出见、其孙彦波潋武鸕鹚草茸不合三代居住的日向国。

又说三位王子自报身份为"亚历山大大帝的后裔"这句话。这话有些唐突，并不是原文的形式。本来三位王子是被当作印度教中某位神明的孩子的，但现在流传的故事是马六甲王室改宗伊斯兰教后改写的版本。亚历山大大帝活跃于中近东地区，其传说广为传颂。他甚至还出现在《古兰经》中，以在穆斯林中大受欢迎的英雄形象出现。[②]根据《马来纪年》的记载来看，从上天降临到西昆棠玛哈米鲁山的三位王子的谱系，对于马六甲王室来说就相当于日本人在神话时代的谱系，而西昆棠玛哈米鲁山就相当于日本神话中的高天原。

马其顿国王亚历山大东征至印度边界时，北印度王动员大军迎击却失败被捕，从而遵从亚历山大的命令改信伊斯兰教。北印度王将其美

---

① 此石碑即格度干武吉碑（Kedukan Bukit Inscription）。荷兰人M.巴滕伯格（M. Batenburg）在1920年11月29日发现于印度尼西亚南苏门答腊的格度干武吉（Kendukan Bukit）。格度干武吉碑竖立于公元683年，其碑文是以梵文撰写的古马来文，记录了室利佛逝帝国早期的历史，是室利佛逝帝国本国最早的记录。现碑为残碑。——译者注

② 《马来纪年》中的有关亚历山大大帝的记述，出自阿拉伯古典文学著作《亚历山大传奇》。亚历山大大帝出生于公元前4世纪，因此亚历山大大帝不可能是穆斯林。根据历史记载，亚历山大大帝东征时确实到过北印度。但将东南亚各国国王看作是亚历山大大帝的后代，却很牵强。而在《马来纪年》中将亚历山大大帝看作是穆斯林，也可以看出伊斯兰文化对马来半岛的深刻影响。——译者注

丽的女儿献给亚历山大为妃。亚历山大大帝和王妃继续向东方远征，后又返回印度。因献出了可爱的女儿而终日抑郁寡欢的北印度王，请求亚历山大将女儿归还。在亚历山大返回巴比伦后，王妃发现自己怀孕了。经过十月怀胎，王妃生下一名男婴，取名为阿拉使敦·沙（Araston Shah），后来成长为与亚历山大大帝酷似的美男子。他的第十代孙成为南印度王的赘婿，这位赘婿的孩子就是朱兰王（Raja Suran Padshah）。

海神之宫

朱兰王统一了南北印度，东西诸王都臣服于他。万国来朝，唯一没有归顺他的只有中国皇帝。于是，朱兰王决定出兵中国。他率大军从南印度出发，开往淡马锡（Temasik）。

听闻此事，中国国王感到非常震惊，他与大臣们商议出了一条退敌之策。他们准备了一艘船，船里堆满了生锈的钉子，甲板上栽种了很多果实成熟的果树，船上还载有几位老态龙钟、牙齿脱落殆尽的老者。他们驾驶着这艘船，向淡马锡驶去。到达淡马锡后，朱兰王的部下乘船过来问道："这里离中国有多远？"老船员们回答道："离开中国的时候，我们还是刚满 12 岁[①]的少年，如今已是牙齿都掉光的老头子了。这些果树是我们离开中国时种的，现在都可以结果子了。看这些针，离开中国的时候，还是手腕这么粗的铁棒，现在都变成这么细的针了。"

听闻这些话，朱兰王放弃了征服中国的念头，撤兵回到了南印度。

朱兰王想到：我已经看尽了陆地和陆地上所有的东西，那海里究竟住着什么呢？真想潜入海中去看一看啊！

---

① 本书中出现的年岁，均遵循原文。——编者注

于是朱兰王命令工匠用玻璃制成箱盖可以从里边开合的箱子。朱兰王坐进箱子，关上盖子，锁上黄金锁，徐徐进入海中。随着箱子下沉，朱兰王愉悦地看着绕着箱子游来游去的怪物。最后，箱子到达海底，那里有一个叫作迪卡（Dika）的国家。这个国家居住了很多巴萨木（Barsam）族人，他们半数是穆斯林，半数是异教徒。朱兰王从箱子里走出来，迪卡的人们惊叹于朱兰王威严庄重的仪态，将他带到他们的国王阿富塔·阿德（Aktab al-Arz）面前。

国王阿富塔·阿德听说陆地上也有人类的国家，对此感到大为惊奇。国王厚待朱兰王，并把自己美丽的公主献给他。光阴似箭，过了3年，他们生下了3个如玉般的男孩。

朱兰王心系自己陆地上的国家，遂向国王阿富塔·阿德请辞。他与妻子泪别，并万般嘱咐，待三位男孩长大成人，一定要将他们送回陆地上，因为他不能断了亚历山大大帝的血脉。之后他便骑着长有翅膀的骏马回到了南印度。

以上就是《马来纪年》中"神代卷"讲述的内容。在这里，南印度的朱兰王作为世界的征服者登场。从9世纪到13世纪，他和他的后代以坦贾武尔为中心，在南印度建立了大帝国，称为朱罗国①。在此期间，拉真陀罗·朱罗一世（Rajendra Chola I）国王，接受了被室利佛逝帝国威胁的柬埔寨国王的请求，在1025年向东南亚派遣强大的舰队，攻陷了室利佛逝帝国的首都巨港。后来又占领了北起缅甸、西起尼科巴群岛到马六甲海峡的各港口。朱兰王在远征中国途中到达新加坡、后又返回南印度的故事，也表现出模糊留存的有关大远征的记忆。

但是比这些更有趣的是，朱兰王深海探险的故事是不是与"记·纪"

---

① 朱罗国在中国古籍中被称作"注辇"。——译者注

中彦火火出见的故事过于相似了？朱兰王进入玻璃箱子，抵达了海中迪卡国的巴萨木族城镇，与彦火火出见乘坐无目笼小船前往海神的宫殿，并与丰玉姬结婚度过三年的故事如出一辙。与中近东广为流传的亚历山大大帝的故事颇为相似的是，故事的主旨是与作为海洋民族的南印度人和马来人相符的，因此可以把这个故事看作是他们自己的东西。

在《马来纪年》的故事逻辑中，海底国家出生的朱兰王的三个儿子，即是出现在西昆棠玛哈米鲁山的三位王子。但海中的人降临在山上显得略微奇怪，所以《马来纪年》对三位王子出生之后的事情进行了模糊处理。试想一下，其实"记·纪"中的记述方式也与此相同。也就是说，不论是天孙降临在高千穗峰，还是到海神的宫殿中与龙女结婚，都是有关于各国王室始祖的传说。但不同的是，"记·纪"中从天而降的是彦火琼琼杵，而与海神的女儿结婚的是他的儿子彦火火山见。事件发生的先后顺序，与《马来纪年》相比是倒置的。[①]总而言之，古代日本也好，中世的东南亚也好，都有着"天孙降临"和"浦岛太郎"两种类型的建国神话。换言之，也可以说成是"山岳型"和"海洋型"的建国神话。东南亚国家自古是山岳型和海洋型两种神话并存的国家，两种类型分别有各自的始祖传说。这种二重构想在《马来纪年》的传说中有所体现。对比日本"记·纪"中的建国神话，这一点上可以说是相同的。

马六甲的神武天皇

那么接下来就该按照顺序讲一下神武天皇东征的故事了。这里我

---

① 此处的顺序倒置是指在《马来纪年》中，与海底公主结婚的是从天而降者的父亲，而"记·纪"中，与海神女儿结婚的是从天而降者的儿子。——编者注

们所说的"神武天皇东征"在《马来纪年》中指的是巨港王室利·特里－布瓦纳从巨港迁都新加坡，苏丹·伊斯坎达·沙（Sultan Iskander Shah）又从新加坡迁都马六甲的故事。

室利·特里－布瓦纳成为巨港王之后不久，有一天，他走到海岸边，意欲建设都市。他命令宰相德芒·勒巴·达文组建军队。王乘坐金船，王妃乘坐银船，宰相携文臣、武将们乘坐各自的船，从巨港出发，沿着穆希河出海，到达马六甲海峡。此时桅樯如林，旌旗如云。船遮住了水面，景象十分壮观。

这时，统治新加坡对岸的廖内（Riau）群岛的是一个女王，名为万·室利·伯妮。她听说室利·特里－布瓦纳的舰队正在靠近，便对她的两位大臣说：

"如果国王年事已高，就说'小妹向您致意'。如果是个年轻人，就说'母亲向您问候'。"

于是派二人前往拜谒。这两位大臣来到室利·特里－布瓦纳王面前一看，发现他还很年轻，于是说：

"母亲向您问候，十分欢迎您来到廖内岛。"

室利·特里－布瓦纳王到达廖内岛后，女王对他十分中意，便将其收为养子，决定让其继承廖内岛的王位。不久之后，室利·特里－布瓦纳王想外出打猎，向养母请示是否可以去丹绒宾班（Tanjong Bemban）。

"为什么一定要去那么远的地方呢？廖内岛岛上有鹿，还有池塘、果树和花园。"

"若您不准许我去，无论如何我都会死的。"

"如果说这件事至于让你想到死的话，那你就去吧。"

于是，女王的两个大臣跟随布瓦纳王，带着舰队驶向丹绒宾班。在狩猎的时候，王登上了一处高高的岩石顶，望向遥远的海，看见了海对面像布一样洁白的沙滩。

"我们看到的那边的沙滩是哪里呀？那个地方叫什么？"

"殿下，那个地方叫淡马锡。"

"我们过去看看吧。"

"遵命。"

一行人乘船刚走到一半，忽然间来了暴风雨，船被水淹了，再怎么往外舀水也来不及了。为了减轻船的重量，他们把船上的东西都扔到海里，但没有效果。最后，当众人把宝贵的王冠扔进海里后，暴风雨立刻停止了，船也来到了淡马锡的岸边。

在这里，王见到了一只奇怪的野兽。野兽的躯体是红色的，头是黑色的，胸口是白色的，体格很健壮，跑起来很快，个头比山羊要大一些。这只野兽一看到王一行人，就躲藏起来。

王问左右随从：

"那是什么野兽啊？"

宰相德芒·勒巴·达文回答道：

"想必是只狮子吧。"

于是室利·特里－布瓦纳王决定定都淡马锡，建设的城市取名为"Singapura"①。

室利·特里－布瓦纳王在治世 48 年后死去，并葬于新加坡。宰相德芒·勒巴·达文死后也被葬在新加坡。王的孩子室利·比克拉玛·维拉（Paduca Sri Vicrama Vira）在位 15 年。室利·比克拉玛·维拉的孩子室利·那拉·比克拉玛（Sri Rana Vicrama）在位 13 年。之后室

---

① "Singapura"为马来语，"Singa"意为狮子，"Pura"意为"城"或者"国"。故这个名称的意思为"狮子城"或"狮子国"，即新加坡。——译者注

利·那拉·比克拉玛的孩子室利·摩诃罗阇（Paduca Sri Maharaja）在位 12 年 6 个月。摩诃罗阇王之子苏丹·伊斯坎达·沙在位时，爪哇的满者伯夷国派出由 300 艘船组成的舰队袭击了新加坡，新加坡陷落。勇敢的新加坡战士们用鲜血把大地染成了红色。正因为如此，新加坡的土地是红色的。

苏丹·伊斯坎达·沙从新加坡逃出，前往马六甲海峡旁的蔴坡（Muar），随后又来到西边的巴丹（Bertam），最后在两地之间的马六甲建国。苏丹·伊斯坎达·沙在位 25 年，其中在新加坡 3 年。在马六甲生活了 20 年后他去世了。他的孩子苏丹·穆拉德①在位两年后死去。在他的孙子苏丹·穆罕默德·沙（Sultan Muhammad Shah）在位的时代，马六甲王国改宗伊斯兰教，国势日趋昌盛。这时，大量外国人聚集到马六甲港口，马六甲王国实现了空前的繁荣。

建国的实况

《马来纪年》中讲述的马六甲建国的故事大致如上所述，读者们读了这些有何感受呢？最初关于新加坡地名起源的描述等故事，的确有很强戏剧性，并不能认为是完全真实的。但王室的祖先首先从巨港迁移到新加坡，四代之后又从新加坡迁移到马六甲，这些事件大概是事实，历代的王的名字也应该是有些根据的。我们姑且将其看作一种推测。

但令人惊讶的是，这些推测完全是出人意料的。根据中国和葡萄牙的记录，马六甲王室的开创者叫作拜里米苏拉，他是 14 世纪末巨港王的儿子。他臣服于爪哇的满者伯夷国，并与该国国王的侄女结婚。拜里米

---

① 另有一说为苏丹·玛柯达。

苏拉企图使巨港独立，于是他向中国明朝的皇帝寻求保护。满者伯夷国国王对此大怒，派遣舰队彻底摧毁了巨港。勉强逃过一劫的拜里米苏拉，来到了新加坡王的身边避难。8天后他将新加坡王杀害，并霸占了新加坡。

5年后，暹罗王的军队袭击新加坡，拜里米苏拉再次出逃到了蘇坡。那时马六甲的土地上居住着一批实里达人（Orang Seletar，海峡人），他们既是海盗又是渔民。这些人是与拜里米苏拉同时从巨港出逃到此的人，他们见柏淡这块土地是良田，便劝拜里米苏拉一起搬到这里。这些实里达人的子孙，之后成为马六甲的贵族。

后来，拜里米苏拉在这里建设了马六甲城，并定都于此。但同时他也必须臣服于暹罗王。1409年，郑和指挥的中国明朝舰队在此停泊。在明军武力的保护下，拜里米苏拉实现了马六甲的独立。在1414年左右，拜里米苏拉去世。

继承拜里米苏拉的第二代马六甲王是他的儿子母干撒（Megat Iskandar Shah）。他是第一个改宗伊斯兰教的马六甲王。[①] 而他的孙子穆罕默德·沙其实是不存在的。

那么，将以上确切的史实与《马来纪年》的相应内容比较来看，分歧过于严重了。首先，从巨港到新加坡，之后又到马六甲的"马来西亚的神武天皇"，实际上是一个人——拜里米苏拉。而在《马来纪年》中，则变成了从室利·特里－布瓦纳到母干撒的五代国王的故事。而且，拜里米苏拉在新加坡仅仅滞留了5年，而在《马来纪年》中这段故事则被拉长了将近一个世纪。在定都马六甲之后，国王的名字也是

---

① 有学者认为，马六甲王国在拜里米苏拉时代，就已改宗伊斯兰教。苏丹·伊斯坎达·沙（Sultan Iskander Shah）为拜里米苏拉改宗伊斯兰教后的称号，其中"Sultan"为穆斯林君主的称号，"Shah"在波斯语中有君主的含义，而"Iskander"则为"Alexander"（亚历山大）一词的阿拉伯语音译。也有学者认为，苏丹·伊斯坎达·沙为拜里米苏拉之子。而"母干撒"为《明史》中记载的拜里米苏拉之子的称号。——译者注

胡编乱造的。甚至在"伊斯兰教传入"的这样重要的故事中，也虚构了一个苏丹·穆罕默德·沙统治的时代。

我并不清楚《马来纪年》的作者究竟是怎样的人。不过从书的内容来看，他应该是在1511年马六甲遭到葡萄牙袭击而城池沦陷前，实际经历过马六甲宫廷生活的人。从作者在1535年因葡萄牙袭击柔佛州而停笔来看，可以确定其生活年代在15世纪末到16世纪前半叶。

所以说，马来西亚的"记·纪"的作者，不过是记述了百年前的建国时代，但其记述的内容却与事实相差甚远。然而这样的事情也并不仅限于马六甲。一般来说，国史编纂这样的工程刚开始启动的时候，都会以文学作品的形式完成，不管乍看条理多么清晰，都不能保证相应地传达出真正的史实。这一点在《马来纪年》中得以完美体现。

不过是百年前的事情，记录下来的内容却与史实如此不符，这是为什么呢？不必说，对历史的书写，作者都是抱有"一个时代终结了"这种强烈的意识开始执笔的。《马来纪年》的成书背景就是作者面对葡萄牙舰队攻陷王都、柔佛州已然沦陷的局势，想起王国昔日繁华的景象，为了鼓舞在国难面前马来人已经失落的精神而执笔著史。所以，作者肆意篡改史实，把王朝的起源描述得尽可能古老，强调传统的重要性，讲述文臣、武将以及士卒们的佳话，赞美忠诚和团结的精神。

危机造就国史

那么，可以称作日本的《马来纪年》的"记·纪"是怎样成书的呢？《古事记》完成于和铜五年（712年），《日本书纪》完成于养老四年（720年）。再回头看8世纪初，在这之前也有可与马六甲沦陷相提并论的国难发生，也有着"一个时代终结了"这样强烈的意识。

这就是发生在 663 年的白村江之战。在白村江之战前的 660 年，中国唐王朝派遣亚洲史上规模空前的庞大舰队登陆朝鲜半岛，进行大规模作战。唐军与新罗军合作，消灭了百济王国，并直接管辖其领土。自古以来，日本与百济就有较深的渊源。因此齐明天皇亲自奔赴北九州设立大本营，倾尽全国之力试图复兴百济。这也正是在 1950 年的朝鲜战争中，"联合国军"被迫撤退到釜山的桥头堡之时，总司令麦克阿瑟面临的处境。但是，尽管日本拼尽全力，在 663 年的白村江之战中，日本—百济联军还是大败于唐—新罗联军之手，全军覆没。日本不但失去了在朝鲜半岛的全部基地，还要面临与日本咫尺之隔——仅一道对马海峡——的超级大国的强大军事力量的威胁。

这对当时的日本人来说，是重大且严峻的事态，即使放在现在，这也是十分艰难的事情。从 1975 年 4 月 30 日越南战争中西贡被北越攻占，以及此后泰国和其他东南亚国家的恐慌状态来看，也可略知一二。

这不仅仅是军事上的威胁，对古代日本人来说，中国和朝鲜就是世界，就是文明。公元前 108 年，汉武帝征服卫氏朝鲜王国，在那里设立了四个郡。经过了七个半世纪，中国还是日本文明的母国，朝鲜则是日本走向文明的桥梁，是重要资源和技术的供给源。[1] 一旦中国成为敌国，朝鲜和日本的交通就被隔断了。就好比是尼克松冲击[2] 和

① 根据现在的研究成果，8 世纪前日本文化受到了朝鲜半岛诸国的强烈影响，而日本文化开始直接受到中国文化的影响应该是在 7 世纪倭国向中国派遣遣隋使、遣唐使之后。但即使是在 8 世纪，朝鲜半岛的影响（比如半岛渡来人的后裔的影响以及和新罗的交流）依然存在。——译者注

② 1971 年基辛格来华访问，为尼克松访华做铺垫。这一事件直到公布前的最后一刻才通知日本政府，日本人深感被美国所抛弃。日本政坛和外交政策因此受到了巨大冲击，称为"尼克松冲击"。——编者注

石油危机同时到来，日本成为世界的孤儿。旧的日本已经死去，新的日本还未重生，这时的日本该如何是好？究竟能否作为国家而生存？这不是国难是什么呢？

引发这种危机意识的，还是 672 年的"壬申之乱"。因为在内战中打败了近江朝廷，天武天皇即位。即位后的天武天皇一方面改革日本国制，实施公地公民的制度；一方面将一直以来的当地掌权者——国造改为神官组织，进行思想统治。在诸国国府，每年正月，都会举行《金光明经》的诵经会。《金光明经》倡导镇护国家，是爱国主义的经典。这些政策全部是以把日本改造为中央集权的民族国家为目的的，而且这时的日本也一定没有其他生存之路了。

这种情况与《马来纪年》最初被当作国史来编纂的情况相同，都是基于危机意识。① 天武天皇在 681 年亲自担任"委员长"，召开由皇族和豪族各 6 个人组成的"委员会"，"记定帝纪及上古诸事"（《日本书纪》），还有将《帝纪》和《旧辞》"定实削伪"（《古事记·序》）。也就是说，怎样重写史实，决定了日本民族主义的走向。②

因为"记·纪"是如此完成的，所以其记述的故事，无论怎样，都带有强烈的偏颇。从《马来纪年》这个例子来看，也确实如此。在《马来纪年》中，就连成书百年前的建国时代的史实也几乎被毫无保留地改写，乃至王的名字、代数、在位时间都完全不可信。在这点上，完成背景相似的"记·纪"是怎样的呢？

从"记·纪"成书的 8 世纪初向前追溯一百年来看一看。根据

---

① 根据日本学界的观点，天武朝编纂史书的动机应该还是构建自身正统性的需要，而不是唐朝所带来的危机意识。而且根据《日本书纪》的记载，早在 7 世纪初的推古朝就已经开始了史书的编纂，如《天皇记》和《国记》等。——译者注

② 现在的日本古代史学界还是认为日本的所谓"民族意识"的形成至少要等到平安时代之后。——译者注

"记·纪"记载，7世纪初是推古天皇和圣德太子的时代。根据《日本书纪》来详细说的话，就是崇峻天皇、圣德太子、苏我马子大臣一派掌握了政权。与此同时，佛教在日本朝廷中占据了优势。592年，崇峻天皇被暗杀，敏达天皇的遗孀推古天皇即位，圣德太子摄政。621年，圣德太子去世。628年，推古天皇去世。

《日本书纪》的记述诚然详细，文章中也有精彩之处，就我们日本人的国民感情来说，也想无条件地承认这就是史实。但在《马来纪年》的记述中，马六甲王室改宗伊斯兰教这件在马来民族历史上最重大的事件，却比真正的苏丹·伊斯坎达·沙的时代晚了两代，而且还虚构了穆罕默德·沙的事迹，所以对日本皇室改宗佛教这件事一定不能大意。从这点来说，对此稍做怀疑，才是合理的态度。

说起在"记·纪"完成百年前的确凿记录，就要说到中国的《隋书·倭国传》。根据其记载，开皇二十年（600年）向中国派遣使者的倭王，姓为阿每，字为多利思比孤，号为阿辈鸡弥。王的妻子号为鸡弥，太子的名字为利歌弥多弗利。在大业三年（607年），倭王多利思比孤遣使朝贡。那时使者带来的国书便是著名的写着"日出处天子致书日没处天子无恙"的文书。但是，即便同样是《隋书》，在《帝纪》的记录中，倭国的朝贡时间不是大业三年（607年），而是大业四年（608年），这应该是正确的。因为在第二年，也就是大业五年（609年）的时候，隋的使者裴世清被派往倭国，倭王亲自会见了他。

总而言之，毋庸置疑的是，从600年到609年之间，处于倭王之位的就是有着"阿每·多利思比孤·阿辈鸡弥"称号的男王。但据《日本书纪》记载，这个时期的倭王是女王推古天皇。然而，到底哪个才是正确的呢？

不用说，内容真实的是《隋书》。为什么这样说呢？如果派遣使者的倭王是女王的话，熟知有名的邪马台国女王卑弥呼的故事的中国史官，就不会特意将其写为男王。在现存的《隋书·倭国传》的开端，史官把倭国都城"邪摩堆"解释成"则《魏志》所谓邪马台国者也"。由此可以了解到，史官在记录这段史事的时候，参照了《魏志·倭人传》。

而且，"阿每·多利思比孤·阿辈鸡弥"这个称呼对中国人来说是外语。中国是没有编造这个外语称号并且隐瞒倭王是女性的理由的。同时，就连倭王妻子的称号是"鸡弥"也被记录了下来。而且，只从有妻子这点来看，倭王就一定是男性。

再者，圣德太子被误认为王这件事，或许能说明史官有想要牵强附会的倾向。但遗憾的是，在《隋书·倭国传》中，"太子"的称号被另外郑重地记录。所以把倭王当作圣德太子，就必须再创造出一个太子。因此这个说法是不成立的。[①]

无论如何，根据《隋书·倭国传》的记载，《日本书纪》中有关日本改宗佛教的说法，与《马来纪年》中有关马六甲人改宗伊斯兰教的说法相同——它们不仅完全不可信，甚至还完全展现了推古天皇的皇统及其在位年代等不切实际的内容。

古代日本的复原

这确实是重要的事实。如果就连 7 世纪初的推古天皇和圣德太子的事迹都不可信的话，相应地在《宋书·倭国传》中讲述的 5 世纪的

---

① 关于《隋书·倭国传》中记载的倭王的问题，学界有非常多的学说，现在并没有定论，但未必就如作者所说此时的倭王不是推古女王。有可能是倭国使者故意隐瞒女王身份（从后来唐太宗批判新罗善德女王的事件中可以看出，当时女王的存在会影响对中外交），也有可能《隋书》的"倭王"的称号并不指具体的某位倭王，而是倭王的通称。——译者注

从赞到武的所谓"倭五王"时代的故事,应该就更不可信了。"记·纪"中记述的雄略天皇是倭王武,武的兄长兴是安康天皇,他的父亲济是允恭天皇,济之前的赞和珍两兄弟就是履中天皇和反正天皇,或者说珍是仁德天皇,赞是应神天皇。无论怎么说,如果将"记·纪"记载的这七代天皇的宗谱和事迹作为如此讨论的前提来看的话,因为本来出发点就比较可疑,所以结论到底多大程度上接近史实,确实很难说。

总之,目前为止的研究是将"记·纪"的传承作为材料,把诸多琐碎详细的推断积累起来,努力摸索日本的古代国家建立的踪迹。这样看来,如此描写出的古代日本建国的形象,与从《马来纪年》里看到的马六甲建国史中的形象相同。遗憾的是,无论争论多么细微,分析多么缜密,这样的书写都与史实完全不像,唯有这点是可以确信无疑的。

《马来纪年》中关于马六甲宫廷生活的记载还是非常可疑的,可是其对 1511 年马六甲沦陷前的生动记载是无可争辩的事实。这个时代的情境,被浓墨重彩地投射到了建国时期的故事中。我们可以从中得知,在城池陷落后,占领马六甲的葡萄牙人曾向马来人询问过并留有记录,记录中保存的马六甲王国的制度与《马来纪年》所传达的内容高度一致。在这层意义上,《马来纪年》也可以作为史料来利用,"记·纪"的情况也同样如此。也就是说,"记·纪"所记载的内容,虽然绝不能作为"倭五王""倭王多利思比孤"时代的史料来利用,但 663 年白村江之战之前的日本的状态一定是被很好地记录下来了。关于日本的古代史、建国史,如果想略微知道一些确切的内容,就要认真辨别此处。我们应当注意到,"记·纪"中的记载,最多就只是告诉了我们 7 世纪中叶前后的日本的情况。

但即便如此,日本这个国家是怎样建立的,我们无论如何也想要知道。为此,我们该如何去做呢?

　　探寻的方法正如开始时所说的，就是要在世界史的框架中思考日本史。再具体点来说吧。中国的古代文明从黄河中下游兴起，传播到东方，经由朝鲜半岛到达日本列岛。我们要思考的是，这个过程给朝鲜和日本的原住民带来了什么影响，中国内部的变化从何种程度上影响了东方的人们。为此，我们应该从中国的史料中抽取出最确切的信息，以此为基础展开讨论。但即使在中国的史料中，也不会有足够的信息。

　　所以，要补充欠缺的信息，就不要像先前的研究一样过分地依赖"记·纪"的传承。不如先以情况相似的其他时代、其他地方的例子为线索，将其构建成应该存在的样子。在此基础上，试着去探讨"记·纪"中记载的 7 世纪中叶的情节能否顺利地与其衔接。当然，即使这样，也不能保证一定符合史实。但可以确定的是，要比以偏向性极强的"记·纪"的传承为基础更稳妥一些。

　　那么接下来就按照这个方法，让我们尽量试着去完成最原汁原味的日本古代史吧。按照顺序，首先就从批判《魏志·倭人传》开始。

第二章

何谓《魏志·倭人传》

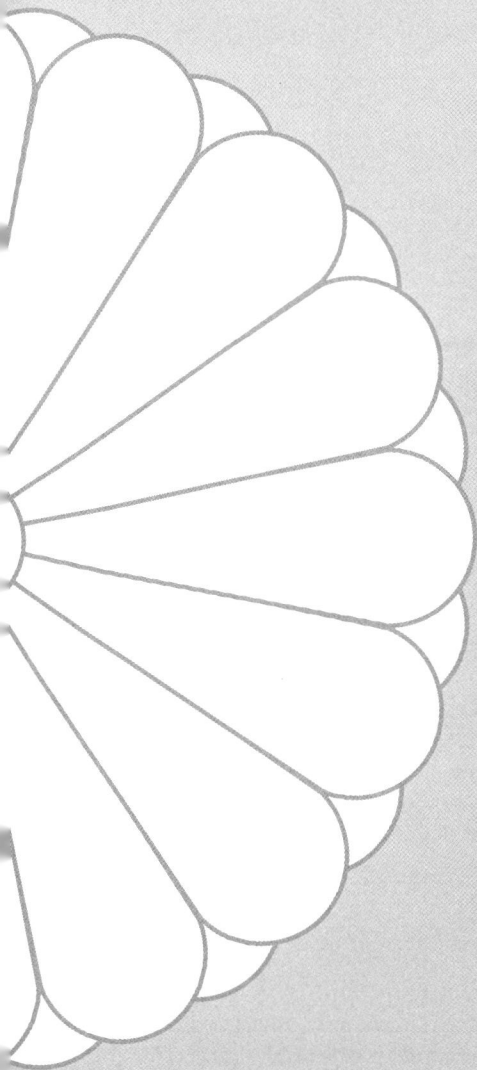

《魏志·倭人传》的性质

《魏志·倭人传》究竟为何物?

前文已述的如今就不再重复了。《魏志·倭人传》是公元3世纪时记录了日本作为统一国家出现以前的历史的重要中国文献。即使说关于日本古代史的争议事实上都源自《魏志·倭人传》,也并非言过其实。

《魏志·倭人传》是极富魅力的文献。"草木茂盛,行不见前人"的远古自然,"男子无大小,皆黥面文身"的风俗,"事鬼道,能惑众"的女王卑弥呼……读到这些描述的时候,不禁勾起我对原始世界浪漫景象的无限遐想。渐渐地,对《魏志·倭人传》来说,无论其中记载了什么内容,我们都有冲动去相信它忠实地传达了3世纪日本的状态,并被这种冲动所支配——尤其是能够与《魏志·倭人传》相匹敌的、对我们祖先的生活栩栩如生的描写,在那之后五百年间都没有出现——这不无道理。

但是,无论《魏志·倭人传》读起来多么有趣,也不能仅凭这点就保证其内容全部是准确真实的。因为它是孤立的唯一的记录,我们难以区分出哪些内容是作者的误解和歪曲,所以这种误信的风险很高。

更何况,《魏志·倭人传》的作者是3世纪的中国人,它是以同时代的中国读者为对象、从中国人的政治立场出发撰写的。它并不会贴心地特意为了1700年后的日本人来记录当时的日本的状态。因此,就其中记载的事项来说,3世纪的中国人会出于某种原因只选择必要的信息来记录——这当然也应该是有所偏向的。

因此，身处现代的我们若想利用《魏志·倭人传》来复原日本古代史，首先要做的就是搞清楚，在撰写文献的 3 世纪，中国处在怎样的时代？当时的史官是基于怎样的背景，出于什么目的而撰写？对于当时的中国人来说，所谓"日本"①到底是什么？现代忽略了这点而展开的有关邪马台国的论争，都没有理解《魏志·倭人传》这部史料的本质，不过是单纯的啰嗦来消遣时间罢了。无论如何探索女王国的位置，如果把重要的出发点搞错，那么怎么做都是无济于事的。

那么，《魏志·倭人传》究竟是以什么为目的、基于什么材料来撰写的呢？

先从结论来说吧。它是为了说明始于 265 年的晋朝皇权的起源，主要作为晋朝实际的创立者——政治家司马懿（179—251 年）的宣传文书而撰写。

为什么可以这么说呢？接下来我就来说明一下。不管怎样，《魏志·倭人传》写在距今1700年前，并且它不是在日本而是在中国完成的，其中有着诸多以现代日本人的常识无法理解的错综复杂的背景。为了让我们对文本有足够的理解，即便大费周章地做了间接说明的准备，也要先厘清中国的语言和文字间有着怎样的关系。我将从这章开始话题，阐述书籍具有的政治意义，进而从中国史书的特殊构造出发，论证其中之一——《三国志》的完成情况，并且对《魏志·倭人传》和司马懿的关系进行阐释说明。这些内容势必与中国紧密相关，因为这些是证明了中国影响日本的建国的必要的准备知识，因此请允许我按照这样的计划去解读。

---

① "日本"首次出现在中国正史是在《旧唐书》的"日本传"，之前的历代中国正史中只有"倭国传"或"倭人传"。直到《旧唐书》才始分"倭国传"和"日本传"，而《新唐书》之后不再立"倭国传"，只立"日本传"。——译者注

所谓"用汉字书写"

在日本不大被认识到的一点是，尽管中国文明的历史非常悠久，而且中国作为使用文字的国家而闻名，但必须指出的一点是，无论在中国的哪个时代，实际上能真正熟练运用文字并书写文章的人都是极少数。

这种中国文明中的特殊现象，是因以下两个条件产生的：第一，中国从古至今都是多民族国家，20 世纪无线电广播开始应用以前，从未有过在全国范围内通用、用耳朵一听就明白的共通语；第二，汉字是表意文字，本来就不能表示口语的发音。

中华人民共和国的国民由汉族、满族、蒙古族、维吾尔族、藏族和壮族等诸多民族构成。这个分类的基础是各民族主要使用的语言。不用说，在这些民族中，人口最多的就是汉族。但即便同样是汉族，也未必说同样的语言。粗略地说，从长江以北到东北三省之间的华北^①一带所说的语言就是所谓"官话"系统。其中比较有代表性的就是北京话。以北京话为基础并加以人工改造而成的标准语，在大陆被称为"普通话"，在中国台湾被称作"国语"。这就是我们所说的"汉语"。

但是，即便是同样住在华北的"官话圈"的居民，若出身的省份不同，则所说的方言也完全不同。某个湖北医生在回忆录中写道，年轻的时候他从日本留学回来路过北京，想去拜访姐姐。然而他无论怎么努力地说出"住处在大油胡同"，人力车夫还是听不懂。他把字写出来给对方看，对方又不识字——这是一个让人不知所措的故事。我也听说过这样一件事：在从小学开始一味坚持"国语"教育的现代台湾，因为台湾

---

① 华北指中国北部地区（秦岭—淮河线以北，长城以南的广大区域），包括河北、山西、北京、天津和内蒙古中部。此处作者对华北一带的定义并不准确。——编者注

028

大学的老教授授课时说的是山西方言，学生们无论如何也听不懂。终于有一名学生懂山西方言，他就和教授一起站在讲台上，一字一句地将授课内容用汉字写在黑板上，其他的学生再将板书抄在笔记上。这样说来，在上课前将"讲义"这种东西提前印刷出来也是中国大学的特征。这与日本在期末考试前制作的"讲义录"等有所区别。总之，因为根本不可能用耳朵一听就懂，所以事先用汉字串起内容，先进行预习再听讲，这正好和没有节目单就听不懂意大利歌剧情节的状况相同。所以，在华北官话的各种方言间，有着犹如德语、荷兰语和英语之间一样的差别——尽管这些语言同属日耳曼语系。如果照这种方式区分，认为德国人和英国人不属于同一个民族的话，那也不能将华北的汉族说成是单一民族。

要说从长江南岸到南海、中越国境的华南① 地区的话，这里的大量居民说的是上海话、福建话、广东话等等，这些方言是与官话有着系统区别的语言，这些语言中融入了大量来自官话系统的借用语。它们本来就是与官话不同系统的语言，这恰似德语、法语、俄语之间的差别。孙文同样的演说，有分别用北京话和广东话录成的两份录音。试着听下就会知道，明明是同样的内容，从词汇到文章构造、从音程的高低起伏到声调的种类都截然不同。所以如果仅把说华北官话系语言的人们称为汉族的话，那华南的居民大部分都不能说是汉族了吧。

说着不同语言、种类又如此繁多的民族聚集在一起，同时还保持了将其作为统一民族的文化共通性，这得益于完全使用汉字这种表意文字的交流系统。正是因为汉字不是拉丁字母那样的表音文字，而是表意文字，所以就连说着有本质差异的语言的人也能利用汉字来实现

---

① 华南指中国南部地区，包括广东、广西、海南和香港、澳门。此处作者将华东地区的省（市）也划入了华南地区，其定义并不准确。——编者注

沟通。就像日本人使用"汉文训读"的方法就能读懂文章一样，要阅读这些由汉字排列组合起来的文章，全然没有了解汉语口语知识的必要。就连用英文把汉语读出来，做起来也是很简单的。得益于汉语的这个特质，中国文化的统一性才成为可能。

那么反过来看，既然如此便利的汉字是表意文字，那就不适合将词汇按照所说的那样来表音了。当然，一个音节对应一个汉字，按照实际所说的那样将其大体再现也是可以的，这样的文献也不是没有。古典著作《书经》[①]中记载周王们言行的诸篇文章，以及传达孔子语录的《论语》[②]都是如此。它们或是用无意义的助词连接，或是将长句和短句不规则地罗列连接，读者可以读出其为忠实地传达语气所做出的努力。但是表意文字的宿命是口语越是被忠实地传达就越难读懂。《书经》和《论语》以难以理解而闻名的原因就在于此。

与其说，表意文字的正确使用方法与实际的口语没有关系，毋宁说是其选择了表达必要意义的符号，并将其按照一定的规则进行组合。在绝大多数中国古典著作中使用的语言都是这种"人工式的符号体系"，与那个时代的中国人在现实中用嘴说的和用耳朵听的语言几乎没有关系。[③]就好像计算机语言之一的公式翻译程序语言。

公式翻译程序语言以英语为基础，有它独特的词汇和语法，即使将它出声读出来也不会传达出什么意义。即便是以英语为母语的人，也不可能不经过训练就可以使用公式翻译程序语言进行编程。与此相同，中国古典文言文中有独特的词汇和语法，所以即便其文章中的汉

---

① 《书经》即《尚书》，但为了遵循原文，故保留了原文中《书经》的写法。——译者注

② 《论语》应为孔子及其弟子们的语录。——译者注

③ "五经"的文体未必不能反映春秋战国时代及以前的时代的口语。汉文的"言文不一致"可能是秦汉之后的事情。——译者注

字要逐字发音，也不是用耳朵一听就能明白的语言。无论是多么擅长说汉语的人，要想熟练掌握汉字——这种只能靠眼睛来看的特殊的符号体系，都需要特别的训练。然而，只是逐字背下汉字的意思和发音也是不行的。因为每个汉字的使用方法，都有古典中的实例作为依据。所以如果不能将其全部背下来，且在需要时立刻将合适的组合提取出来，那别提写文章了，就连读也没办法读。

中国的知识阶层，即所谓"读书人"，就是这样被"编程"的一种人类"计算机"。这些"计算机们"相互较量性能的比赛项目就是中国的"诗""文"。他们要克服无限烦琐的制约，缀出意思通达的文章，创作感情饱满的诗歌——这个技术是非常难的。对日本人来说，除了表音文字的假名外，无论是谁只要多少记住一些汉字，便都可以使用日常词汇写出文章。对于我们这些出生在这种幸福国度的人来说，无论如何也是不能对汉语有真正理解的。①

这种"全人工式的符号体系"，一直以来是中国人唯一的交流手段。所以，在中国的政治方面，熟练使用古典语文的能力是政治家的最大资本。政治家同时也是学者和诗人，当然也是文人。普通程度的智商是不可能成为政治家或文学家的。

书籍的政治性

在得益于这种特殊的文字语言而维持统一的中国社会中，不用说，书籍是具有神秘力量的存在。古代书籍的形态，并非像现代一样是一

---

① 日语的"言文一致"，也经历了很长的发展过程，比如说镰仓时代是日语口语和书面语严重不一致的时代。某种程度来说，即使是现在，日语的文字系统的复杂程度都还要超过汉语。——译者注

叠装订起来的纸。书籍在古时候叫作"木牍",是用绳子将长一尺(周尺,22.5厘米)的平木片横着编织连接而成的。在华南,有把字写在用竹片做成的竹简上的,也有把字写在绢布做成的帛书上的。木简、竹简的体积大、质量重、使用不便,而绢布价格又高。无论怎样,这时的书籍并不是谁都能拿到的东西。

如前文所说,因为汉语是人工式的符号体系,在这些材料上书写的文字,人们若不听该原著的专家的解释,应该是不能解读的。所以对于一本本的书来说必须要有学派或者教团,以师生相承的方式把对原著的解释传承下去。只要学统还在存续,书籍就能发挥价值。而学统一旦断绝,这一学派的书籍就会化作仅仅是罗列着意味不明符号的单纯物体。也就是说,一本书,不单单是思想的表现,还代表了现实的社会集团。而这个集团,是把语言文字的学习作为主要目的的。因为语言文字是中国政治中的最强武器,如果有必要的话,它能立即转化为政治团体。因此,书籍甚至可以是一个政治势力的中心。

因此,第一个统一中国的君主——秦始皇,在公元前213年实施了有名的"焚书"。在这场改革中,除了医药、占卜、农业技术等实用且与政治无关的书籍外,民间的书全部被没收烧毁。书籍私有以法律形式被禁止,只有政府职员才能习得语言文字技术。也就是说,交流手段被国有化。

但是,秦朝在这之后仅仅七年[①]就被推翻了。到了西汉,学者们把藏起来的书拿了出来,书再一次出现。

在西汉时期的中国,只有从政府获得资格许可并被授予相应职位

---

① 秦人使用颛顼历,以十月为岁首。秦朝灭亡的时间是在汉高祖元年十月,这一月份应当是公元前207年的11月。——编者注

的人才有著作权。他们的作品只有被献给皇帝并获得皇帝的认可，放置在皇家图书馆中，才能作为书籍而正式存在。皇家图书馆的功能就有点类似于现在的日本国立国会图书馆的功能。在公元前 20 年左右，中国进行了大规模的图书整理运动——动员各领域的专家对不同图书原文的字句异同进行修订，由官方规定各标准版本，再将这些标准版本的图书在皇家图书馆重新注册登记，并向皇帝提交目录，以获得御准。当时的标准版本图书入藏都需要经过这样的程序。

多亏这次整理，在这之前随着流传而被自由随意地改写和增补、辗转变化而未能固定的中国古典著作的内容，第一次得到了规范。这与当年亚历山大图书馆确定了荷马之后的希腊古典著作的标准版本一样，都是历史中划时代的事业。同时，自那以后在论及引用哪种版本时，也必须逐一依照皇家图书馆所藏的原文来确定。但拥有皇家图书馆图书阅览权利的只是极其少数人。因此，信息的集中管理模式也基本完善。

即使到了东汉，这个制度也并未改变——私人著书被看作是叛国。班固就是因为在家撰写《汉书》被告发，随后被逮捕入狱而生命垂危。当时的皇帝看了其手稿后非常佩服他，便任命其为皇家图书馆馆员（校书郎），他才获救。

但是，东汉发生了改变世界交流史的大事件。不用说，就是纸的发明。① 在东汉宫中供职的宦官、也是其中技术人员的蔡伦，将树皮、麻、旧布、鱼网打碎做成糊状，薄薄地展开烘干——这就是造纸术。在 105 年，蔡伦向皇帝上书后，这种造纸法便被广泛采用。自那之后，用纵长一尺的纸横向粘贴成的卷轴取代了木简，成了中国书籍的标准形式。造纸技术的进步使得书籍的阅读和传播得到飞跃式的发展。

---

① 据考古发掘，西汉时期已有纸。此处所言"纸的发明"，实为造纸技术的创新和改进。——编者注

即便这样，纸张也不是谁都可以得到的东西。宦官发明的造纸法，被宫中的造纸工场垄断，且分发纸张也需要得到皇室的许可。不只是汉代，到了魏、晋时代也是这样。甚至到了《魏志·倭人传》出世的时代，纸张的供给量也极其有限。我们从左思的轶闻中可以窥见这一状况。

左思的《三都赋》是描写魏、吴、蜀三国都城风貌的作品。为了完成该作品，左思特意当上了晋朝的"皇家图书馆馆员"来读书，以收集材料。所谓"赋"，就是以诸多汉字组合而成的百科全书式的韵文，是人类"计算机"艺术的极致。作品问世后，名门望族争相传写，因此，洛阳的纸张也贵了起来。这就是"洛阳纸贵"的出处。

总之，著书这件事情，在《魏志·倭人传》被撰写时代有极其重大的意义。因此女王卑弥呼的特使来到中国这样的事情，按理来说应该不会被写在《三国志》中，并为后世传诵。既然其中出现了有关卑弥呼的记载，那就必然有其政治上的理由。

贯通"正史"的原则

《魏志·倭人传》这本书，实际上是不存在的。

通常被称为《魏志·倭人传》的，是《三国志》这部中国"正史"[①]中的一部分的俗称。详细说的话，《三国志》总共六十五卷，共分为《魏书》《蜀书》《吴书》三部。《魏书》共三十卷，其中最终卷就是《乌丸鲜卑东夷传》。该卷内容又被分为两部分：前半部分"乌丸鲜卑传"

---

① 《三国志》是二十四史中较为特殊的一部史书，因其没有记载王侯、百官世系的"表"，也没有记载经济、地理、职官、礼乐、律历等的"志"，不符合《史记》和《汉书》所确立下来的一般正史的规范。——编者注

描述的是从大兴安岭的东侧到蒙古高原，这一辽阔范围内北亚游牧民族的情况；后半部分的"东夷传"描述的是东西伯利亚、中国东北、朝鲜半岛，以及日本境内的狩猎民族和农耕民族的情况。在"东夷传"提到的 7 个民族中最后列出的便是"倭人"。只把写倭人的部分截取出来才是所谓的《魏志·倭人传》。

综上，已经明了的内容需要再次烦琐地确认，即在《三国志》中为何会特别设置日本——对中国来说是外国——的相关条目呢？这个缘由才是思考倭国的出发点。

有一个需要注意的地方，即在《三国志》的六十五卷中，记录外国情况的只有《乌丸鲜卑东夷传》这一卷。三国时代，与中央政府有交涉的异民族国家，不仅有乌丸、鲜卑、夫余和倭人等东夷诸国，还有西域的鄯善、龟兹、于阗、大月氏等王国。这些国家都与魏国有正式的邦交。但在《三国志》中却没有与之相关的"传"。这绝不是偶然。不只是《三国志》，大体上中国的"正史"都是严格恪守某个原则而作。即使是实际发生的事情，也并不会将其全部写进去，因为"正史"并不仅仅是对史实的记录。

贯穿"正史"的是"正统"原则。"正统性"是现实政治中的观念。它的意思是指，当前的政府从前政权手中通过合法的程序接受了其移交的统治中国的权力。为了证明现政权的"正统"而撰写的史书就是"正史"。

"正史"主要由"本纪"和"列传"两个部分构成，除此之外的部分都只起到辅助性作用。"本纪"记述的是皇帝的政治生涯，完全没有与其私生活相关的内容。"列传"并不是我们想象中的传记，只有与"本纪"中所述皇帝的政治生涯有直接关系的人才能被写入"列传"，而且"列传"记载的内容只限于官方的一面。人物的生年自不必说，就连不记载卒年的情况也有很多。"正史"关心的对象，仅是中国政治的发展脉络，就连皇帝也不会以个人身份出现在历史叙事中。可以说，皇帝制度本身的历史，就是中国的"正史"。

看一下头号"正史"——《史记》，就能清楚了解其作者司马迁是基于"正统"的观念，极其小心仔细地撰写了"本纪"。在开始的《五帝本纪》中，描述了以黄帝为首的"五帝"治理下的理想时代。"帝"与"嫡""敌"同音，有"配偶者"的意味，也就是说他们本来就是古代中国的城市国家所崇拜的大地母神的丈夫。所以，五帝不是人，而是神。换言之，"五帝本纪"就是"神代卷"。

五帝最后一帝——舜，将王权授予最初的人王——禹，人类世界的历史就此开始，也因此有了夏、商、周的王朝交替①。秦的初代君主就是殷朝末代君主的臣下。②后来秦始皇统一了中国。而降伏了秦始皇之孙的项羽，封刘邦为汉王，刘邦的曾孙就是武帝。这些传承正如"本纪"中所表现的，彰显了司马迁时代的皇权是从神的时代传来的。这就是"正统"的观念。③

既然《三国志》也是"正史"，它当然也继承了《史记》的体裁。在《三国志》的记述中，从东汉的末代皇帝手中经过正式的程序接受政权移交的只有魏的帝室，因此关于魏的记录便是"纪"。与魏帝一样自称皇帝的蜀汉和吴的君主们，因为欠缺了这一资格，在史书的记

---

① 作者原文中叙述的顺序是"夏、殷、周"。在盘庚迁都于殷后，商也称殷。商前期不称为殷。——编者注

② 据《史记·秦本纪》与清华简《系年》等记载，秦国公族出自殷商，为殷商重臣飞廉与恶来之后。秦国的第一代国君秦非子为商纣王手下大将恶来的五世孙，秦始皇则是恶来的第三十五世孙。——译者注

③ 学界对有关中国上古史的部分争议颇大。虽然《史记》中关于五帝的记载可能很多是基于神话或传说而写就的，但《史记》不以神话而以"人王"来记述"历史"的这一叙事形式，本身就能反映中国传统的正统观念和历史意识。因此，中国的上古历史观认为，历史始于圣人，而非神。——译者注

录中就不是"纪",而是"传"。《三国志》撰写于晋朝,而晋朝就是从魏的末代皇帝手中继承了政权。也就是说,《三国志》就是证明晋是从神代开始的"正统"皇权继承者的的依据。

在《三国志》被认作正史之前

《三国志》的作者陈寿(233—297年),出生于蜀汉控制下的四川,师从当时首屈一指的著名历史学者谯周。陈寿31岁时,蜀汉被魏吞并。两年后,晋朝代魏。在晋朝,陈寿一直不太得志,直到遇到了长他一岁的张华。张华爱惜陈寿的才华,并大力提拔他。

张华的故乡在现在的北京附近①,他出身于一个以牧羊为生的贫困家庭。司马昭——魏的实际统治者——的书记官很欣赏张华的博学和文才,于是张华成为司马昭的书记官。司马昭的儿子司马炎(晋武帝)称帝后,张华的名声也水涨船高。同时,司马炎将国史的编纂、朝廷制度和法令的拟定等相关事项全部委托给张华,甚至诏敕文案的起草也由张华负责。

陈寿在张华的带领下,在直属于皇帝的书记局(中书)供职,成为编纂官(著书郎),编纂完成了《三国志》。张华读后,不禁赞叹这是完美的作品。于是要将《晋书》的编纂工作也委托给陈寿。

但是,好不容易完成的《三国志》,却怎么也不能被政府认定为"正史"。也就是说,旧家族出身的高官们非常排斥从底层发迹的张华。结果,在282年,张华离开了皇帝身边,被任命为东北国境方面军的总司令(持节都督幽州诸军事、领乌桓校尉、安北将军),驻扎

---

① 范阳方城,今河北固安县。——译者注

在故乡北京地区。张华在任期间颇有作为，被记载为"东夷马韩、新弥诸国依山带海，去州四千余里，历世未附者二十余国，并遣使朝献"（《晋书·张华传》）。也就是说，张华恰巧活跃于其部下陈寿在《乌丸鲜卑东夷传》中描述的地区。

虽然最终张华还是被召还中央，但他未能回到皇帝近旁。290 年，武帝驾崩，其子惠帝即位。武帝的遗孀杨太后一族与惠帝的妻子贾皇后一族关系愈发紧张。最终，贾皇后一族在第二年发动政变，杨家及其党羽全部被杀，国家成为贾家的天下。此前被冷落的张华也趁此机会来到新皇帝身边成为书记长官（中书监），爬上高位并成了深得贾皇后信任的政界实权人物。在 296 年，张华终于被任命为掌管书记局的最高官职之一——司空。这就类似于在白宫，亨利·基辛格被尼克松总统任命为总统的辅佐官——国务卿这样的职位。

留在都城洛阳一直怀才不遇的陈寿，并没有借力于张华在政界的高位而东山再起，他在张华成为司空的第二年（297 年）郁郁而终。陈寿死后没多久，朝臣奏请皇帝将《三国志》钦定为"正史"。多亏了张华，这项奏请被皇帝许可了。于是皇帝敕命河南尹（洛阳所在地河南郡的长官）和洛阳令（首都的市长）在陈寿的家中抄写《三国志》。至此，《三国志》终于获得了"正史"地位。

通过以上的解释，我们知道，陈寿出身于蜀汉，而蜀汉对魏、晋来说是旧日的敌国。因此，陈寿能进入晋朝皇帝近侧的书记局，并被赋予编纂《三国志》这样荣耀的任务，多亏了这位靠实力历尽艰辛出人头地的新兴官僚——张华。张华尽管出身贫苦，然而他能够爬升到如此至关重要的位置，也是仰仗了政治家司马昭。所以陈寿通过张华了解到了司马昭的想法，而这恰恰给《三国志》中描述的魏的历史打下了较深的司马氏的烙印。所以从这个角度就可以解释为何《乌丸鲜卑东夷传》是《三国志》中唯一与外国相关的一卷。理由就是司马懿——司马昭的父亲的经历。

司马懿与卑弥呼

司马懿出生于 179 年，出身于现在的河南省北部、黄河北岸一带。司马家世代为东汉地方官中的豪族。司马懿 6 岁的时候（184 年），黄巾之乱——一场由秘密宗教团体掀起的武装叛乱在中国全境爆发。这场叛乱是聚集到城镇的贫民为了实现建设理想社会的梦想而发起的暴乱。结果，叛乱武装被装备精良、训练有素的政府军打败，没过几年就被镇压了下去。但这次事件给予了当时中国社会严重的打击。因为粮食生产停滞，中国人口总数从 5000 多万锐减到了不足 500 万。华北平原化作无人的荒野，惨不忍睹。中国用了几个世纪的时间才从这场沉重的打击中恢复过来。即便在黄巾之乱结束后百年，中国的总人口数也不过恢复到 1 600 万而已。

镇压叛乱的将军们，因为势力竞争而反复内战，最终在内战中胜出的是将军曹操。他掌握了中央政府的军队实权，与南京的孙权、四川成都的刘备一起，开创了三国时代。

很早以前，司马懿的兄长就担任了曹操的幕僚。因为这层关系，司马懿也加入了曹操的阵营，成了曹操的嫡长子曹丕的侍从。220 年曹操死后，曹丕正式接受东汉末代皇帝的禅让，魏朝从此开始，而曹丕就是魏文帝。文帝即位的同时，司马懿担任了中央政府的要职，其作为行政官员的能力也被认可。尽管如此，他似乎还不具备在当时的政界扩展势力所必要的军功。

226 年，文帝在临终前将曹真、陈群、司马懿召到近旁，把儿子曹叡托付给他们。翌日文帝驾崩，曹叡即位，就是明帝。之后不久，蜀汉的诸葛亮（孔明）率领大军从四川出发越过秦岭山脉，开始进攻时属魏国的陕西（雍州）。受到严峻威胁的魏国，把曹真派到陕西担任防卫工作。但后来曹真病死，司马懿接替他驻防西安（长安）。

哪怕是与小说《三国演义》中著名的大战略家诸葛亮来对比，司马懿的水平也不比他低。每逢诸葛亮入侵，司马懿只是避免决战，紧守阵营。作为战略来说这是合理的，明帝也能理解其方针，但军人和舆论通常对其做法感到不满。后来，诸葛亮在五丈原的阵中病死，陕西的危机也得以解除。

这样一来，西边就安全了，但在东边又出现了新的威胁。从今东北三省南部到朝鲜半岛地区，军阀公孙渊祖孙三代创立了事实上的独立王国。他们与华南吴国的孙权联手了。这支军阀与朝鲜半岛南部及日本列岛的居民有很深的渊源。公孙渊的父亲公孙康，在以平壤为中心的乐浪郡南部开疆拓土，并设置了带方郡。自那之后，带方郡的军队便对韩族和倭人形成了威慑。

问题的发端是在 232 年，吴国孙权从海路向公孙渊派遣使者意欲购入军马。华南地区不适于马匹生长，但为了对抗北方魏国的骑兵队，购入军马就显得非常必要。这个使者回来途中，在山东半岛尖端的成山角被魏军所斩。而后，公孙渊的使者到达南京，向孙权献上貂皮和马，并传达了公孙渊希望拜与魏国断交的孙权为主公的意愿。孙权大喜，翌年向公孙渊派遣使者并封其为"燕王"，同时又派一万士兵护送公孙渊的使者由海路返回。但公孙渊将吴国使者斩首并传首于魏，又侵吞了孙权送来的昂贵的礼物。孙权对此大怒却又无可奈何。

吴国的使者一行中的秦旦、张群、杜德、黄疆四个人，还有其部下六十人被软禁在玄菟郡的小型军事基地中。玄菟郡在公孙渊的都城辽阳东北约百里处，位于防卫高句丽王国的第一线。当时的玄菟郡人口仅有二百户，太守的随从也不过三四百人。被收容在这座边城百姓家中的秦旦等四人商量，这样下去反正也没有回到吴国的希望，索性碰碰运气，发起暴动攻占城池，并决意在八月十九日晚上行动。但在当日白天计划泄露，太守召集兵士关闭了城门。于是四个人翻越城墙逃出，沿着山路，朝着遥远的东方——高句丽王国逃去。走了六七百里地后，张群的膝盖因伤化脓，不能再走，于是大家围着倒在草中的张群一同痛哭。张群呼吸困难，说："我已经不行了，你们快点先走吧。也许还能来救我。在这里磨磨蹭蹭又能如何。"杜德说："都走到这步了，怎么能抛下你走呢！"[1] 于是大家决定秦旦和黄疆先走。杜德则留在张群的身边，二人仅靠采摘山菜和野果生存。

秦旦和黄疆顺利到达位于现在中朝边境山区中的高句丽，并得到了国王的保护，张群和杜德也被顺利收留。后来，高句丽派出使者为其送别，最终四人安然无恙地回到了吴国。

因为该事件的发生，魏明帝感受到了背后的威胁。诸葛亮死后，西边的正面威胁就解除了。这时的魏明帝决定立即讨伐公孙渊。237年，魏明帝从陆上派遣由现在的北京地区的国境防卫军和鲜卑、乌丸的同盟军组成的混合部队出发进攻辽东。当时山海关地区应该还没有形成冲积地，军队是没办法通过的。于是魏军只能从现在辽宁省西部的山中迂回前进，向辽阳进发。但是，雨连续下了十余日，辽河水量大增，魏军难以行进，只好撤退。

---

[1] 据《三国志·吴书》记载："群曰：'吾不幸创甚，死亡无日，卿诸人宜速进道，冀有所达。空相守，俱死於穷谷之中，何益也？'德曰：'万里流离，死生共之，不忍相委。'"——译者注

公孙渊趁机正式宣布独立于魏，一边与鲜卑族结盟骚扰魏国北部边境，一边再向吴国孙权派遣使者求援。

因此，明帝决定再次讨伐公孙渊。他将司马懿从陕西召还，命其为此次大战的总司令官。这次的讨伐军的核心是四万中央军，国境防卫军部队也加入其麾下。在漫长的远征中，因为士兵数量多，补给成了大问题。根据司马懿的作战计划，他力求速战速决。他预计进军一百天，战斗一百天，回程一百天，休息六十天，合计一年时间结束。

238 年正月，司马懿率领远征军从洛阳出发，沿着前一年魏军讨伐的路线进军到辽河，并包围了辽阳城。但还是因为连续的大雨，魏军阵地被淹，带来的粮食也只剩下不到一个月的用度，全军陷入了危险的境地。洛阳方面召回司马懿的呼声很高，但事到如今，司马懿并不肯就此罢休。所幸就在这时，大雨停了，包围圈的工程也完成了。魏军筑假山、挖地道、搭箭楼、立挡箭牌，并且不分昼夜地抛掷巨石、放弓箭，猛攻辽阳城。

这时碰巧有大流星划过辽阳城上空，拖着一条发着白色光芒的尾巴，落入城外的河中。见此情状，城内开始骚乱，被恐怖驱使的公孙渊试图突围逃走，但被魏军打败斩首。而他被杀的地方恰好就是流星坠落的地方。司马懿进入辽阳城，将城中 15 岁以上的男子全部杀掉，并用七千余人的尸体堆成金字塔形来纪念胜利。

此次作战同时，魏军的别动队从山东半岛渡海登上了朝鲜半岛，征服了乐浪、带方两郡，"公孙王国"五十年的历史就此终结。也是从那时开始，朝鲜半岛、日本的居民开始直接接触中国的中央政府。[①]作为其表现之一，倭女王卑弥呼开始登上历史的舞台。

---

① 学界一般认为，朝鲜半岛各族在汉武帝设立"汉四郡"之后就可以直接和汉帝国接触了。在卑弥呼对曹魏遣使之前，位于北九州一带的倭人诸国就已经有和东汉的官方交流了

对晋朝而言的《倭人传》

八月，占领辽阳后，司马懿立即踏上归程。行前，司马懿做了个梦。梦中明帝头枕其膝躺在床上，说"视吾面"。司马懿在梦中看去，明帝的样子异于平常。司马懿醒来之后，心中很是不快。

事实上，那时明帝躺在床上即将死去。因为没有亲生儿子，明帝决定以养子——齐王曹芳为继承人，命与自己交情甚好的叔父——燕王曹宇辅政。但同为皇帝亲信且掌握实权的书记长官（中书监）刘放和副书记长官（中书令）孙资与曹宇一派的将军关系很差。二人担心自己在曹宇掌权后会惹祸上身，于是计划让明帝收回成命。二人趁曹宇有事离开明帝床头的间隙，对明帝说曹宇对齐王怀有歹心。于是明帝将曹宇解任，代为由曹真的儿子曹爽、重臣元老司马懿二人共同辅政。司马懿刚刚途经位于河南省北部的故乡，就被火速召回洛阳，并从明帝那里接受了辅佐齐王的遗命。239 年正月，明帝驾崩。

61 岁的司马懿，就这样服侍了曹魏的第四代君王。司马懿因剿灭公孙渊而立下伟大功勋为人尊敬，而他安排倭女王卑弥呼的使者前来朝贡，更是其极大的成功。但两代人的境遇差别却让人无可奈何。司马懿成了皇帝的最高顾问（太傅），享受着无上的荣耀与地位。然而，现实政治的决定权却落到了以年轻的曹爽和其弟弟们为代表的新官僚的手中，而且他们不断施行新的政策。最终，在 247 年，69 岁的司马懿以体弱多病为由隐退。

司马懿怀念旧日荣耀的时光，以及征伐公孙渊期间的充实日子。他不甘苦闷地看着年轻一代的新路线，开始实施秘密计划，好让作为侍从武官而进入宫中的长子司马师和次子司马昭东山再起。

对司马懿来说，最好的安排就是让十八九岁的皇帝和同年纪的伙伴一起，沉溺于年轻人那样的寻欢作乐，以至于让那些对皇帝体面和品格挑剔的新官僚感到不快。本就不是皇帝亲生母亲的皇太后对此当然不会满意，司马懿便与皇太后取得联络，同时准备发动政变。

司马懿不安分的动态引起了曹爽等人的疑心。曹爽派新官僚之一的李胜赴任荆州刺史（省主席）。李胜以向司马懿辞行为名，前去拜访司马懿。司马懿在两名仕女的陪伴下起来会客。他试图用手拿起衣服，衣服却从手中滑落。他又指着嘴说"口渴"，但当仕女将碗递给他，他想接过来喝掉时，手却颤得拿不住碗，粥都撒在了胸前。见此惨状，李胜流泪说：

"方今主上尚幼，天下人都依赖明公，不想尊体竟然如此。"

司马懿故意气力不支地缓慢说：

"我已老了，疾病缠身，死亡就在旦夕。你屈尊去并州上任，并州与胡人很近，平时当妥善准备。今天一别，恐怕今后难以见面了。"

"我不是去并州，是去荆州。"

司马懿故意装作恍惚的神情，用说梦话的语气说：

"去并州之后，多注意身体。"

"是荆州，不是并州。"

司马懿像总算听明白了一样，说：

"年老意荒，不解君言。我气力不足，此次一别，恐难再相见。我想为你简单设宴辞别，愿你能与犬子师和昭成为朋友。你不要就这样走了，请体谅我的一番心意。"

这样说着，便流下眼泪开始啜泣。

听闻李胜的报告，自不必说，曹爽大为宽心。

249年的正月，皇帝为祭拜养父明帝，从洛阳城出发，经浮桥渡过城南的洛河，朝着高平陵进发，曹爽兄弟也随行前往。这正是司马懿一直等待的机会。司马懿借皇太后之名关闭洛阳所有城门，动用部队控制兵器库，并用取出的兵器将部队武装起来驻守浮桥。同时他接收近卫部队的指挥权，并向皇帝呈上弹劾曹爽的奏书。奏书写着最后通告：曹爽支持新官僚的政策有违明帝遗言，遵从皇太后的命令，立即剥夺曹爽兄弟的军权。

拿到奏书的曹爽非常苦闷。如果这个奏书通报到皇帝那里，自己这些兄弟就会下台；如果不通报到皇帝那里，皇帝就会被关在首都门外。与老谋深算的司马懿不同，没有经历过枪林弹雨的贵公子——曹爽兄弟们慌张得想不出对策。说实话，司马懿是打了个极危险的赌：如果曹爽兄弟不将奏书呈给皇上，而是奉帝据守山对面的许昌城，并动用天下兵力攻打洛阳，形势定会逆转。事实上，也有人献上这样的计策，但曹爽兄弟没有采取这种计策而果断行事的勇气。司马懿派人去与曹爽交涉，声称只要曹爽辞掉公职，就保证其安稳生活。劝导工作起了作用，曹爽最终将奏书上呈皇帝，并与兄弟们一起辞去官职，与皇帝一行回到了洛阳城。

只要再拿下皇帝这个筹码，天下就是司马懿的了。向曹爽兄弟示好的新官僚全部被司马懿以谋反罪名关进监狱，其亲族也全部被杀，其中包括去探病的李胜。

基于这场成功的政变，司马懿掌握了独裁权，魏国事实上已经灭亡。两年后，73岁的司马懿去世，司马师和司马昭兄弟相继执政。剩下的就正如前文所言，直到司马昭的儿子司马炎，才正式地取代了魏元帝，开创了晋朝。

回顾司马懿的一生，其巅峰无疑是249年的那场政变，而238年征伐公孙渊的那场战争是仅居其次的重大转机。征伐公孙渊的成功，让司马懿洗刷了此前被诸葛亮悲惨玩弄的耻辱。和一直跟随曹操的其他老臣比起来，司马懿并没有什么显著的特长。但这场征伐的成功，使得司马懿一举成为国民英雄。多亏了意欲利用这股人气的刘放和孙资让司马懿在皇帝近侧工作，司马懿与曹爽共同获得了辅佐新皇帝的资格。如果没有征伐公孙渊的成功，可能也就不会有 249 年的政变，应该也不会有后来建立晋朝的事情。

如果记住这点再去试着读《魏志·倭人传》的话，大家就会明白，在本书中，为什么一开始我一定要写下上述部分了。

根据《魏志·倭人传》的记载，景初二年（238 年）六月，倭女王卑弥呼派大夫难升米等人到带方郡，之后又提出派其向魏国皇帝朝贡。带方太守刘夏将其一行人护送到洛阳。但景初二年六月，司马懿还处在与公孙渊的战斗中，而当时的带方太守不是刘夏而是刘昕。因此"景初二年"其实是"景初三年"（239 年）的误写①。在《日本书纪·神功皇后纪》中，在公元 239 年的年代分注中引用了《魏志》，精确地记载了"景初三年六月"。

总之，这一年的正月，司马懿和曹爽一起接受了明帝的遗命，开始辅助 8 岁的新皇帝。同年六月，倭女王的使者千里迢迢地来到洛阳朝贡。这是继东汉安帝永初元年（107 年）以来许久未有的隆重事件。要说这个的话，也是多亏了司马懿消灭了公孙渊。对司马懿来说，没有比这更得意的事情了。当然，倭国的朝贡，是刘夏为了迎合司马懿而鼓动卑弥呼预先做好了准备，而他一路将倭使护送到洛阳。

其结果让司马懿越发有面子。魏帝在当年十二月正式颁下诏书，赐卑弥呼"亲魏倭王"金印、紫绶和各式各样的奇珍异宝。在翌年，即正始元年（240 年），倭使作为众多外国使节的首席参加了正月初一的朝礼。皇帝也特别提出"这多亏了司马懿"，并增加了司马懿的

---

① 学界也有认为"景初二年"的记载没有错误的观点。——译者注

封地。带方太守弓遵派部下送回倭使。倭女王也将对册封诏书的感谢信托带方使者带回魏国。以上就是一连串事件的整个过程。

239 年倭国的朝贡，对政治家司马懿来说是极其值得纪念的事件，是显示司马懿剿灭公孙渊的功绩的绝佳机会。因此，这部分内容这是特意为纪念司马懿征服辽东而构思安排的。这正是陈寿在《乌丸鲜卑东夷传》中极其详细地写下《倭人传》的缘由。也就是说，《三国志》中《乌丸鲜卑东夷传》存在的理由就是说明东北亚诸民族都与公孙渊有关，进而使东北亚成为司马懿荣耀的舞台。《乌丸鲜卑东夷传》对于陈寿所生活的那个时代的晋朝来说，是一种"创世记"。这也是陈寿没有为与卑弥呼类似、被封为"亲魏大月氏王"的波调（贵霜王韦苏提婆）在《三国志》中写下"西域传"，而唯独写了《乌丸鲜卑东夷传》的缘由。①

那么，"倭国"的位置是

具备如此政治本质的《魏志·倭人传》，自然会为了宣传司马懿而有所夸张和歪曲。有关邪马台国位置的争论困扰着自古以来的邪马台国研究者，形成了对立的"九州说"和"大和说"。这便是臭名昭著的"道里记事"②的原型。

为了慎重起见，在此还是从《倭人传》中摘录以下从带方郡到邪马台国的路线：

---

① 《三国志》对于倭人记载颇多，日本学界普遍认为其原因是当时倭国对于曹魏而言有极高的军事战略价值。由于当时日本列岛被认为是南北纵长的列岛，魏人认为倭国在地理上和东吴相近，因此和倭国交好对吴国有极大的牵制作用。——译者注

② 裴秀在《禹贡地域图序》中提出"制图六法"，即分率、准望、道里、高下、方邪、迂直。其中"道里"指两地之间的道路里程。"道里记事"指的是以两地之间的距离、方向标示和衡量方位，并记录方物史事的记事方式。——译者注

1.从郡至倭，循海岸水行，历韩国，乍南乍东，到其北岸狗邪韩国，七千余里；

2.始渡一海，千余里至对马国；

3.又南渡一海千余里，至一大国；

4.又渡一海，千余里至末卢国；

5.东南陆行五百里，到伊都国；

6.东南至奴国百里；

7.东行至不弥国百里；

8.南至投马国，水行二十日；

9.南至邪马台国，水行十日，陆行一月；

10.自郡至女王国万二千余里；

11.倭地……周旋可五千余里。

据此，倭国的地理位置应该是被描述得非常清楚的。但为何又说这是悬而未决的难题呢？第一，在距离上，如果《倭人传》中的记载与现实的日本地理情况不相符，那么国与国之间的方向也就不符。本应该是东边，却被记载成了南方；本该为东北，却成了东南。这个事实本身就明确表现了《魏志·倭人传》的确是不可靠的文献，确实有所"偏向"[1]。不过很无奈，我们被其魅力所吸引，并不能轻易放弃它。于是，将方向向东偏离 90 度，就把邪马台国放到了大和，若将里程换算成一里 100 米左右的短里，邪马台国就被挪到了九州，对邪马台国位置的探索就是这样反复的徒劳。

可是，这样一来，就等于没有好好地去研读《魏志·倭人传》。

---

① 在魏人的观念中，日本列岛是南北纵长的岛。从当时对倭国的地理气候描述可以看出，陈寿认为倭地与中国南方比较相近。——译者注

总的来说，《倭人传》所讲述的地区，就范围而言，是从带方郡到朝鲜半岛南端的狗邪韩国之间的七千余里，以及从狗邪韩国到邪马台国之间的五千余里，总计一万二千余里；就方位而言，是从带方郡先向南再向东南。这一点是确信无疑的。

但是中国的一里，从古至今都是四五百米。如果具体说的话，就是三百步是一里，一步是汉尺的六尺，唐尺的五尺，由于时代不同也存在稍微有出入的情况。但从常识来说，测量里数不可能一一用尺来测量。将左右脚每向前伸出一次而前进的距离，即以一复步为一步，三百复步就是一里。即使人的步幅有大有小，但一复步一定是 150 厘米左右，其300 倍的 450 米大概就是一里了。不论《魏志·倭人传》中的日本是多么神秘的世界，以100 米的短里之类的单位来计量，怎么想都是不可能的。

所以，《魏志·倭人传》认为，在朝鲜半岛，从首尔附近的带方郡向南三千公里，再走二千公里就到了邪马台国。这样的话，邪马台国就被挪到了台湾周边。这正是《魏志·倭人传》想讲述的。明确地说"计其道里，当在会稽、东冶（福建省福州市）之东"，物产方面，"所有无与儋耳、朱崖（海南岛）同"。这样一来，从魏的角度来看，倭国的位置就是在敌国吴国的背后。强调倭国在对吴战略上的重要性正是《魏志·倭人传》的主张和陈寿记录这些内容想表达的关键。

但陈寿写作《三国志》的时间是在晋朝灭吴、统一中国之后。这时他已可以充分利用吴国的文献资料。同时，仅从《三国志》看，吴国全然没有同除了邪马台国之外的倭人诸国有所接触的迹象。正如此前所说，陈寿的后台张华正是站在《乌丸鲜卑东夷传》的舞台上，作为东北国境防卫军的总司令官而活跃的人。在他任上实现了马韩诸国的朝贡，这一功绩被广为传诵。当然，由于对朝鲜半岛的实际地理情况了解比较透彻，《晋书·张华传》中写道，马韩、新弥诸国距离幽州（北京附近）四千余里,其中并没有如从带方郡到狗邪韩国七千余里这样不可靠的话。所以,陈寿是听了张华的讲述,从而知道了朝鲜、日本的实际地理情况。

尽管如此,陈寿在《魏志·倭人传》中,还是写出了从带方郡到邪马台国一万二千余里。这是为何?因为这出自239年卑弥呼的使者参加朝贡的盛大仪式的文书。而这个朝贡仪式,则是司马懿一手操办的。

在此请回想一下,在中国,著书是非常重要的政治行为。特别是"正史",一定是为了什么而写。陈寿是为了阐明现王朝晋朝的皇权起源,为了证明其为"正统",而撰写了《三国志》。书中应该写的是场面话而不是真心话。尽管陈寿十分清楚这不是事实,但他也不能修订官方的记录。如果他能说真心话而修订官方记录的话,那就不是"正史"了。

更何况,陈寿是因为张华才有了他自己的存在价值。而张华则依附于司马昭。司马师、司马昭兄弟能掌握魏的政权,又得益于父亲司马懿"革命"的成功。而司马懿一生中最辉煌的瞬间之一便是操办倭女王卑弥呼使者的朝贡。司马懿为了彰显自己的伟大功绩,决心夸大倭国对吴国的战略上的价值,于是将邪马台国的位置挪到了吴国背后的热带地区。

以上就是《魏志·倭人传》的由来。如果能明白该文献的这个本质,也就没有必要为不理解这种"道里记事"而煞费苦心了。九州说、大和说的论争也就没有意义了。大家也不会因为倭人诸国的户数过多而觉得不可思议了。即使想要严密地解释《魏志·倭人传》的字面含义,但是因为这压根就不是什么很可靠的文献,所以还是将这些无用功适可而止比较好。

分析完中国文献的代表《魏志·倭人传》后,让我们再回到对《日本书纪》的内容的批判。

第三章

《日本书纪》的构造

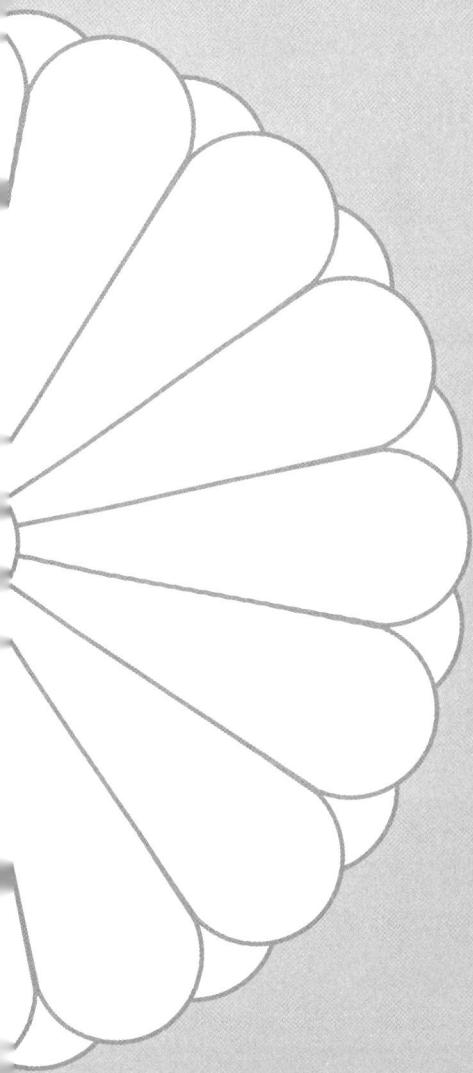

从《日本书纪》看皇位去向

《日本书纪》共三十卷，讲述了从在大和橿原宫即位的神武天皇起，到持统天皇让位给其孙文武天皇的四十代、一千三百五十五年间的历史。[①] 然而对这段历史描述深信不疑的人应该也不存在吧。

第一点，就《日本书纪》本身而言，文字技术是在第十六代的应神天皇时代[②]，由从百济来日本的阿直岐史的始祖阿直岐和书首的始祖王仁传入日本。[③] 因此，在这之前约千年的记录自然是没有的。

第二点，作为与应神天皇同时代的人——在《日本书纪》中登场的百济王们，都是 4 世纪后半期在位的王。因此，《日本书纪》中可以相信的部分，是从 4 世纪开始的，在这个时代之前的记录是不可信的。

第三点，恰巧在那之前的 3 世纪，已经有例子——《魏志·倭人传》存在，虽然它记载着的内容或许是当时日本的实情，但它又与《日

[①] 准确来讲，《日本书纪》的记事起于神代，终于持统朝。而记载时间"一千三百五十五年"的说法，源于日本战前通行的"皇历"。但实际上《日本书纪》对于神武天皇具体的即位时间的记载并不明确。——译者注

[②] 神功皇后一度作为第十五代天皇被记入天皇世数，而《大日本史》则驳斥了这种说法。其文曰："按仲哀之崩，天下无主，皇后奉遗腹，以号令四海，称为胎中之帝。……皇后称制，实行天子之事，故今不没其实，备后举动于二帝本纪，而不别作皇后纪。"本书作者应是采取了计入神功皇后的算法。——编者注

[③] 学者认为阿直岐史和书首氏为与日本朝廷文书相关的渡来人氏族，而阿直岐和王仁分别是这两个氏族的始祖。——译者注

本书纪》所记述的古代日本的意象全然不符。

基于以上三点理由，《日本书纪》中的记载，尤其是与非常古老的时代相关的部分便不能就此相信，大家对此的大部分意见也都比较一致。但又因为没有其他史料，所以无论多么可疑的记事，都要用来合理地解释《日本书纪》，从而弄得众人非常辛苦，这叫人很无奈。

话说，《日本书纪》完成于 8 世纪，如果日本建国在 4 世纪的话，到《日本书纪》完成为止也就经历了四百年。无论是有着多么丰富记录的文明国家的历史学家，也不可能将四百年前的事情像现代史一样准确地记述下来。所以，一定是越古老的部分就越不准确。

更何况《日本书纪》所记录的那个时代的日本，文字的使用还未普及，记录极为匮乏。所以与接近《日本书纪》末尾部分的新时代的记述相比，古代传承下来的历史的可信度急剧下降也是理所当然的。所以，如果想从《日本书纪》的记载来复原日本的建国史，就要按照这样的顺序进行：首先要围绕其编纂的情况开始探究，从较近的时代开始向前追溯，再检查其记事的真实性。用这个方法来分析《日本书纪》的内容得出的结论就是：

1. 从第一代神武天皇到第十六代应神天皇的历代全部是虚构的；

2. 第十七代仁德天皇被当作古时的初代天皇；

3. 第二十四代显宗天皇和第二十七代继体天皇是各自新王朝的初代天皇。

为什么这样说呢？我们来详细说说吧。

男性在于创造，女性在于培育。

这不仅仅是说孩子，历史也同样如此。从天武天皇下令编纂《日本书纪》开始，到其完成的 720 年，一共历时 39 年。这期间，经过持统、元明、元正三代女帝的不断努力，维护了数次几近断绝的天武天皇的直系血统，实现了父子相续的理想。[①] 诚然，女性的执念是可怕的，但也得益于此，在这个时代"培育"出来的《日本书纪》不仅是站在天武天皇的立场，也是在维护三代女帝的主张，因而留下了很多对古代史实进行加工的痕迹。那就让我们按照顺序，首先来看一看从天武天皇到元正天皇这段时间的《日本书纪》所必须维护的现实政治的情况。

第一，天武天皇必须将父亲舒明天皇的即位正当化。

舒明天皇是敏达天皇的孙子。换言之，登上皇位的不是天皇的儿子。根据《日本书纪》的记载，敏达天皇最初的皇后是息长真手王的女儿广姬，其唯一的亲生儿子是押坂彦人大兄皇子。彦人大兄与异母妹糠手姬皇女结婚生下舒明天皇。

后来广姬皇后去世，敏达天皇与异母妹额田部皇女再婚。额田部皇女就是之后的推古天皇。

在这个时代，父子相续的制度还未根深蒂固，天皇的地位与后世的象征地位也不相同。这时的天皇是现实政治的中心，没有实力的话就不能胜任天皇。因此，在敏达天皇死后，遗孀额田部皇女的同母兄用明天皇即位。

但用明天皇是上一代皇后的兄长，这一点的依据并不充分。因此用明天皇和异母妹皇后泥部穴穗部皇女生下的圣德太子，与敏达、推

---

① 日本古代并没有中国父系宗族的概念，日本古代社会是受中国父系社会影响下的"双方制"（根据定义不同，也有学者认为是"双系制"）的社会，并无父子相承的观念。另外，奈良时代的天皇不仅延续了天武天皇的血统，从母系一脉来看，同样也延续了天智天皇的血统。与其说奈良时代的天皇们是"天武系"，不如说是"草壁皇太子系"。——译者注

古所生的菟道贝蛸皇女结婚。

由此，彦人大兄皇子和圣德太子围绕皇位展开斗争，形势对彦人大兄皇子越来越不利。用明天皇的下一任天皇，就是穴穗部皇女的同母弟崇峻天皇。

但是这位崇峻天皇不久便横死了。《日本书纪》关于此事件的记述也比较模糊，无论怎么解读都完全不得要领。《日本书纪》的梗概是，在敏达天皇死后不久，物部守屋大连和苏我马子宿祢大臣关系破裂，最终马子消灭了守屋。崇峻天皇和圣德太子都站在马子阵营，由此崇峻天皇即位。根据《日本书纪》，崇峻天皇偶尔指着献给他的猪说：

"何时，如断此猪之颈断朕所嫌之人。"

闻此，马子很担心他指的就是自己，于是谋杀了崇峻天皇。这是种暗示的写法，但在《日本书纪》中，一句也没有提到崇峻天皇想要打倒马子。

这一篇已经很奇妙了，随着事情的发展，《日本书纪》的记述也越来越奇怪。崇峻天皇死后，即位的是推古天皇。正如刚才所说，推古天皇是三代之前的天皇敏达天皇的遗孀。就算要立女帝的话，为什么不是立崇峻天皇的遗孀大伴小手子妃呢？

当然不能，崇峻天皇的死是横死，又因为其妃不是皇族出身，所以不能成为女帝。好吧，这样的话，为什么又不能立用明天皇的遗孀穴穗部皇后为天皇呢？她是钦明天皇的皇女，没有什么好争辩的了吧？但是，《日本书纪》中说，敏达天皇的遗孀推古天皇即位，其女婿圣德太子被立为皇太子摄政，掌握所有政务。①

---

① 学界现在普遍认为推古朝是推古天皇、圣德太子以及苏我马子的联合执政。过去普遍认为推古天皇没有实权，并夸大了圣德太子的权力范围，但现在的学界认为圣德太子的实际权力比过去想的要小。——译者注

　　但《日本书纪》中的记述与《隋书·倭国传》记述的事实完全不同。正如此前所说,这个时代的倭王不是女性,是叫"阿每·多利思比孤·阿辈鸡弥"的男王。显然,男王如果有妻子的话也会有太子。当然,虽然《日本书纪》是在说谎,但是其真相在这里是题外话,姑且放下不说。接下来,让我们来揭示一下圣德太子已经成年且有了摄政的资格,却没有即位为天皇,以及由于圣德太子不是天皇,之后舒明天皇即位较容易被正当化的原因。

舒明天皇与皇极天皇

　　根据《日本书纪》的记述,628 年 3 月推古天皇临终时,继承皇位的候补者有两个人,一个是彦人大兄的儿子田村皇子(舒明天皇),另一个就是圣德太子的儿子山背大兄。换言之,两人都是天皇的孙子,因此在这点上,两人的条件是对等的。但从推古天皇的立场上看,田村皇子是丈夫前妻的孙子,而山背大兄是同母兄的孙子。所以如果从血统来说,山背大兄这边的关系更近一些。从人情的角度来说,当然是要山背大兄继承皇位的。但是成为天皇的却是田村皇子。这点确实让人觉得有些勉强。果然,《日本书纪》在此处的记述更加含糊。

　　首先在《推古天皇纪》中,病床上的天皇召见田村皇子,说:

　　"升天位而经纶弘基,驭万机以亨育黎元,本非辄言,恒之所重。故,汝慎以察之,不可轻言。"

　　同日又召见山背大兄,留下了遗言:

　　"汝肝稚之。若虽心望,而勿谊言。必待群言以宣从。"

这样一来，推古天皇到底是想指定哪一位皇子继承皇位并不明确，因此这两句遗言便成了纷争的原因。九月推古天皇的葬礼结束之后，苏我虾夷大臣通过阿倍内麻吕臣①就皇位继承问题向群臣征集意见的话语中，对田村皇子的遗言变成了：

"慎以察之，不可缓。"

从"不可轻言"到"不可缓"，仅一句之差，遗言整体的语感就变得很微妙了。

之后，虾夷大臣接受了山背大兄抗议立田村皇子的行动的要求，把麻吕臣手下的群臣派遣到山背大兄身边让他们听其吩咐。在此，群臣引用推古天皇的遗言对田村皇子说：

"慎以言之，不可缓。"

这语感又稍有变化。

但是山背大兄主张的是其亲耳所听，至少《日本书纪·舒明天皇纪》所引用的推古天皇的遗言是：

"汝本为朕之心腹，爱宠之情不可为比。其国家大基，是非朕世，自本务之。汝虽肝稚，慎以言。"

这话虽然模糊，但是能读出是推古天皇让山背大兄继任皇位。

无论怎样，与此问题相关的《日本书纪》中的记述含糊不清，让人感觉是在辩解什么。最终，支持田村皇子的苏我虾夷大臣和支持山背大兄的苏我一族的境部摩理势臣对立，虾夷出动军队将摩理势消灭。就这样，终于在第二年正月，田村皇子（舒明天皇）即位了。天皇的孙子登上皇位竟然如此艰难。

---

① 原书为"阿倍的麻吕的臣"，但此处出现的人物应是阿倍内麻吕，他是飞鸟时代的豪族。此处应当是原书写错了。"臣"和前面的"大臣"都是当时的官职。——编者注

虽然舒明天皇已经即位，但山背大兄并没有放弃皇位请求权。而舒明天皇的子孙也不能自动继承皇位。于是第二点，就有必要将天武天皇的兄长天智天皇的皇位继承正当化。

舒明天皇立异母兄弟茅渟王的女儿宝皇女（皇极〔齐明〕天皇）为皇后，生下天智天皇、间人皇女、天武天皇三人。舒明天皇又与苏我马子的女儿法提郎媛生下古人大兄皇子。但在 641 年，舒明天皇过世的时候，长男天智天皇才 16 岁，此时继承皇位过于年轻了。

从舒明天皇的遗孀宝皇后的角度来说，经过一番争执的结果就是绝不让握在亡夫手里的皇位轻易地让与他家。比起让山背大兄当上天皇，不如皇后自己成为天皇。因此，便出现了皇极天皇这位女帝。

在此要注意的是女帝的本质。女帝本不是真正的天皇 ①，而是摄政皇后的延伸，是为了确保在中意的天皇候选人成人前，皇位不会落入他处之举。但与摄政皇后不同的一点是，不是天皇的女儿应该不能成为女帝——至少原则上是要这样考虑的。

但在皇极天皇之前，到底有没有女帝的先例，是完全不清楚的。若仅限于《日本书纪》中的记载，便有推古天皇这个光鲜的先例在。因为她是钦明天皇的女儿，又是敏达天皇的皇后，所以看起来较为合适。但正如之前所说，推古天皇是个存疑的人物。《日本书纪》中记载的那个时代，《隋书》记载的却是另外的男王在位。而若仅限于《日本书纪》的记载，神功皇后不过是其子应神天皇的摄政，又不是天皇的女儿，故不能算得上是女帝的先例。这样一来就只剩下在《日本书纪》

---

① 日本学界认为，没有"女帝不是真正的天皇"这一说法。之后的奈良时代，女帝的存在甚至被律令明文法制化，女帝和男帝在权力以及地位上没有差别。女帝的继承权来自皇族的身份，皇后的身份是相对次要的，只能说成为皇后有助于增加其即位的概率。——译者注

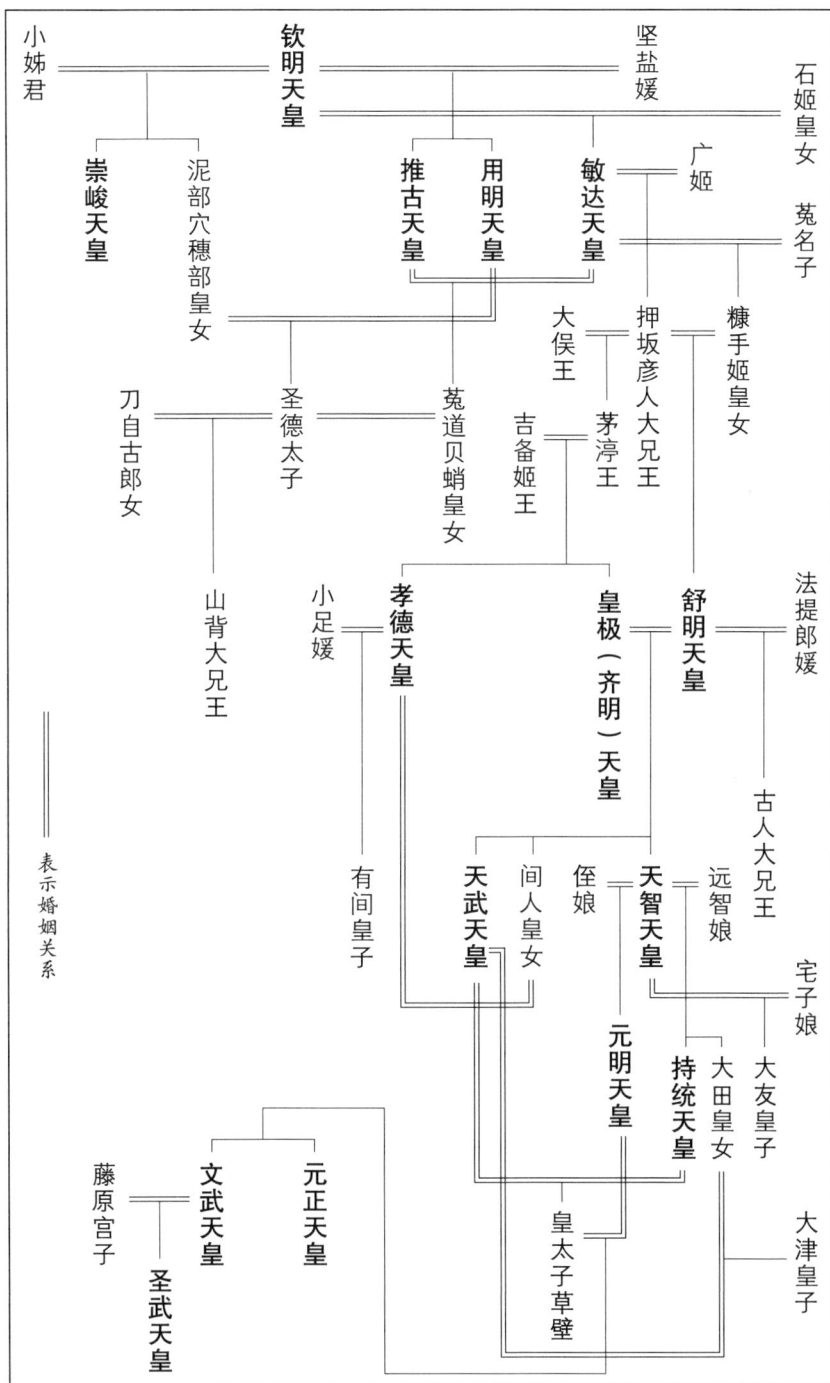

钦明天皇 —— 坚盐媛 —— 石姬皇女

小姊君 —— 钦明天皇 —— 蒐名子

崇峻天皇

泥部穴穗部皇女

推古天皇 —— 用明天皇 —— 敏达天皇 —— 广姬

大俣王

押坂彦人大兄王

茅渟王

糠手姬皇女

吉备姬王

刀自古郎女

圣德太子

蒐道贝蛸皇女

山背大兄王

小足媛

孝德天皇

皇极（齐明）天皇

舒明天皇

法提郎媛

古人大兄王

远智娘

宅子娘

有间皇子

天武天皇

间人皇女

伍娘

天智天皇

大友皇子

元明天皇

持统天皇

大田皇女

藤原宫子

文武天皇

元正天皇

圣武天皇

皇太子草壁

大津皇子

表示婚姻关系

中连一代也算不上的饭丰天皇了。[①] 但是这位女帝是位比推古天皇还神秘的人物。这位饭丰天皇（饭丰皇女）的事情我们以后再讨论。

这样一来，皇极天皇或许就是日本最早的女帝了。这就将比舒明天皇的即位还勉强的事情说通了。

白村江战败

如果按照《日本书纪·皇极天皇纪》的记载，在643年，舒明天皇葬礼结束后，苏我虾夷的儿子入鹿废了山背大兄，计划立古人大兄为天皇。入鹿派遣军队袭击斑鸠宫，尽数消灭了山背大兄以下的圣德太子一族。听闻此事，苏我虾夷大怒，斥责入鹿。《日本书纪》如此的记载，让我们不能辨其真假。必须说，因为立舒明天皇的是苏我虾夷，而其子入鹿为了确保舒明天皇子孙的皇位，打倒舒明家的竞争对手，是无可厚非的。

可是，645年，苏我虾夷和入鹿父子在政变中被杀，所谓"大化改新"开始了，皇极天皇被迫退位，非终身制的天皇从此出现。皇极天皇让位的对象是其同母弟孝德天皇。这时皇极天皇的目的已经不仅仅是确保自己孙子的皇位继承权，她要让自己的曾孙也登上皇位。

皇极天皇让位之际，指定其长男天智天皇成为皇太子。这恐怕是日本最早的皇太子了。也就是说，圣德太子到底是不是真正的皇太子，和推古天皇一样，也是疑点重重。因为在此后的《日本书纪》的记载中，

---

① 在《古事纪》和《日本书纪》中没有将饭丰皇女称为"饭丰天皇"的记录。她曾在清宁天皇逝世后短暂执政，但并未正式被列为天皇。也正因此说她在《日本书纪》中连一代也算不上。在本书原文中，此处称她为"饭丰天皇"为尊重作者原意，直译为"饭丰天皇"。原作在后文提到她时，使用了"饭丰青尊""饭丰女王""饭丰皇女""饭丰青皇女""青海皇女"等多个名称。她的不同名称反映了其在不同历史记载中的不同身份和地位，为使故事脉络中人物关系清晰，在后文中凡是出现她的名称都会标出她就是"饭丰皇女"。——编者注

就没有从正面记述过立太子的事情了。

在《日本书纪·孝德天皇纪》中，有两点比较醒目：一是反复强调了天皇治世时的实际掌权者是皇太子天智天皇，其舅父孝德天皇只不过是暂时担任天皇的傀儡；[①]二是明显夸大了出身卑微的中臣镰子（藤原镰足）的势力，而他只有内臣这个非正式的职位。这个职位类似于中国侍奉皇帝的宦官，与物部和苏我这种高贵的旧家族更是无法相比。不用说，在《孝德天皇纪》中赞扬此事，是为镰足的曾外孙圣武天皇而做的修饰。

不了解实际情况而徒有虚名的大化改新暂且不论，比较明显的一点是，退位的皇极天皇牢牢掌控着孝德天皇。孝德天皇的皇后是皇极天皇的亲生女儿间人皇女。因此，当时作为皇祖母尊而退居二线的皇极天皇，可以通过女儿操纵其弟孝德天皇。[②]不管怎样，孝德天皇不过是敏达天皇的曾孙，能够占得皇位，多亏了姐姐皇极天皇和妻子间人皇后。

为了减少竞争皇位的对手，皇太子天智天皇以谋反罪杀死了异母兄古人大兄。同时，希望将皇位传给自己儿子的皇极天皇也有这个意向。

就这样，654年，孝德天皇去世。之后，皇极天皇复位，皇祖母尊[③]又重新成为天皇。这就是齐明天皇。这是为了不将皇位传给孝德天皇的子孙而采取的手段。退位一次的天皇复位在此之前是没有先例的。孝德天皇与间人皇后没有孩子，但阿倍仓梯麻吕大臣的女儿小足媛妃生了有间皇子。658年，有间皇子以谋反罪被逮捕绞杀。由此，齐明天皇的夙愿——确立亲生儿子天智天皇的皇位继承权——在舒明

[①] 现在学界一般倾向于认为孝德天皇是掌握实权的。——译者注

[②] 现在学界认为，并没有证据证明退位后的皇极皇祖母尊操纵了孝德天皇。——译者注

[③] 皇极天皇让位给孝德天皇时，并没有确立太上天皇制，因此当时皇极天皇的身份是皇祖母尊。所以在孝德天皇去世后，《日本书纪》中说皇祖母尊重新当上了天皇，也就是皇极天皇复位，被后世尊为齐明天皇。——译者注

天皇死后 17 年终于得以实现。

　　660 年，唐联合新罗，消灭了百济王国，最后的百济王义慈及以下王族、重臣尽数被俘。在仅有对马海峡之隔的当时的超级大国——唐的压倒性陆海军军力威胁下，日本为来做人质的百济王子丰璋提供军力，企图复兴百济王国。因此，661 年齐明天皇率领整个宫廷迁往北九州，最初到了娜大津长津宫（博多），后又定居朝仓宫，准备把这里作为大本营指挥作战。然而也是在这一年，齐明天皇在朝仓宫去世。可是因为半岛战况告急，皇太子天智天皇不能立即回到大和的飞鸟京举行即位仪式。就在天智天皇滞留长津宫期间，日本—百济联军在 663 年的白村江之战中大败于唐—新罗联军，百济王国就此彻底灭亡，日本失去了其在朝鲜半岛的全部势力。天智天皇回到飞鸟，于 667 年完成皇极（齐明）天皇的葬礼后，将都城迁往近江。翌年，天智天皇终于在大津宫即位，正式成为天皇。

　　从舒明天皇即位到其长男天智天皇最终成为天皇的 39 年间，皇位按照舒明—皇极（齐明）—孝德—皇极（齐明）—天智的顺序曲折继承。其间又出现了山背大兄、古人大兄、有间皇子 3 位牺牲者。进一步说，不论是女帝还是皇太子制度，都是在天智天皇即位前创造出来的手段。因此，天武天皇必须将皇位在舒明家固定下来之前的这段历史正当化。

天武天皇的国史编纂

　　第三，天武天皇必须要将自己的即位正当化。

　　天智天皇的皇后，即被消灭的古人大兄的女儿倭姬王没有孩子。于是天智天皇与苏我仓山田石川麻吕大臣的两个女儿结婚，姐姐远智娘生下大田皇女、鸬野皇女（持统天皇）、建皇子三人，妹妹侄娘生下御名部皇女、阿倍皇女（元明天皇）二人。虽然还有其他与天智天皇正式结婚的妻子，但所生皆为皇女，导致作为皇位继承的候选人而受到关注的就只有建皇子一人。但建皇子是个哑巴，而且在 658 年就死掉了，年仅 8 岁。

背景到此结束，接下来就到核心部分了，而《日本书纪》中对此的记述变得更加模糊了。根据《天智天皇纪》的记载，在天智天皇的子嗣中，还有一个身份低微的宫人——伊贺的采女宅子娘所生的大友皇子。

如果大友皇子的母亲当真是身份低微的人，那在 672 年天智天皇去世时，大友皇子的皇位继承权就不会引起这么大的争议了。[1] 但是，事实上却发生了大津宫的大友皇子朝廷和动员东宫军队的天武天皇之间的壬申之乱。无论如何，天武天皇是靠实力打倒了大友皇子，从而获得皇位的。因为这是段活生生的"现代史"[2]，所以《日本书纪》也并不是谎话连篇，它充其量就是含糊其词。

第四，天武天皇的遗孀持统天皇，必须将其向孙子文武天皇让位的行为正当化。

天武天皇和刚刚说的天智天皇的皇女——即大田皇女和鸬野皇女姐妹二人结婚，大田皇女生下大津皇子，鸬野皇女生下草壁皇子。从身份来看，这两个皇子是皇位继承的最有力候选人。

鸬野皇女在壬申之乱之际，跟随丈夫天武天皇回到东国，成为有劳苦之功的皇后，其独子草壁皇子在 681 年被立为皇太子。在那之后

---

[1] 学界一般认为，天智天皇晚年有实行父子直系继承的意图。——译者注

[2] 壬申之乱发生于 672 年，而《日本书纪》编纂于 681 年至 720 年。因此，壬申之乱发生的时间对《日本书纪》的编纂来说相当于"现代"。——译者注

的第 22 天，天武天皇命令由 12 人组成的"国史编纂委员会""记定帝纪及上古诸事"。

686 年天武天皇去世，鸬野皇后独掌政权后，立即以谋反罪逮捕了大津皇子并让其自尽，保障了其骨肉草壁皇太子的皇位继承权。

但母亲的担忧不过是徒劳的，689 年，28 岁的草壁皇太子英年早逝。母亲鸬野皇后在第二年即位为天皇，以防皇位落入他家，这就是持统天皇。她以同样的理由成为继皇极（齐明）天皇后的第二位女帝。

早逝的草壁皇太子与母亲的异母妹阿倍皇女（元明天皇）结婚，生有冰高皇女（元正天皇）、文武天皇、吉备皇女三个孩子。持统天皇等到其孙成人，即文武天皇 15 岁时的 697 年，将皇位让出成为太上天皇。① 此后五年，持统天皇一直辅佐其孙的政务，直到去世。她是日本最早的太上天皇。

这里需要注意的是，在《日本书纪》的记述中，直到 697 年持统天皇让位为止，都没有提到文武天皇和元明天皇的治世。这与舒明天皇相同，因此可以看作是以非天皇子嗣的文武天皇即位为开端，开始了新的时代。

第五，草壁皇太子的遗孀元明天皇必须将自己的即位正当化。

让持统天皇煞费苦心才得以即位的文武天皇与其父亲草壁皇太子一样短命，在 707 年就去世了，年仅 25 岁。剩下的皇子就只有藤原不比等（镰足之子）的女儿宫子生下的圣武天皇。但这时圣武天皇只有 7 岁。那时候天武天皇的十个皇子中，六子舍人皇子和十子新田部皇子都还健在，也充分具备继承皇位的资格。

---

① 文武天皇 15 岁时就继承皇位显得非常异类，因为太过年轻。从奈良时代的发展来看，反对文武天皇即位的势力很大，可见文武天皇当时即位的勉强。——译者注

为了克服危机以确保其孙圣武天皇继承皇位，阿倍皇太子妃①即位为天皇。这就是元明天皇，第三位女帝出现了。这又是件没有前例的事情，虽然阿倍皇太子妃是天皇的母亲，但她不是皇后，这样的人成为女帝还是第一次。

第六，元明天皇必须将其向女儿元正天皇让位的行为正当化。

715年，圣武天皇15岁时，元明天皇欲仿效持统天皇的例子让位给其孙。但圣武天皇的母亲出身不好，因此这件事遭到了皇族和贵族的强烈反对。所以作为变通方法，元明天皇让位给其长女冰高皇女，这是让圣武天皇更进一步靠近皇位所采取的措施。冰高皇女就是元正天皇。第四位女帝出现了，但是元正天皇不是皇后，不是皇太子妃，也不是天皇的母亲，仅是天皇的同母姊，毫无疑问元正天皇成为女帝也是空前的。

第七，元明、元正两位天皇必须将圣武天皇的皇位继承正当化。

714年，圣武天皇被元明天皇立为皇太子。在元正天皇即位的翌年，即716年，圣武天皇与藤原不比等的女儿光明子结婚。4年后的720年，《日本书纪》编纂完毕，并由总负责人舍人亲王正式献给元正天皇。《日本书纪》完成3个月后，藤原不比等去世，翌年元明天皇也去世了。但这时，圣武天皇的皇位继承权已变得不可动摇。724年，元正天皇完成了其使命，让位给其侄圣武天皇，拉开了藤原时代的序幕。

"万世一系"的"现象"

以上就是对于《日本书纪》来说的"现代史"，同时《日本书纪》

---

① 文武天皇即位后，阿倍皇女的身份应该是"皇太妃"，而非"皇太子妃"。——译者注

也作为日本最早的官撰史书发挥了应有的作用。把这些记在心上，再重新审视一遍《日本书纪》，就会注意到一个显著的特征。

那就是"万世一系"这一现象。在《日本书纪》中，分别立纪的有三十九位天皇、一位皇后，对其按父系逆向追溯血统，发现他们全部都通过第一代人皇——神武天皇与日向地神三代相联系，而地神三代又与天神相联系。这虽然是众所周知的事实，但我并不认为这是史实的真相。从舒明天皇到圣武天皇的皇位的传承便可了解到，天皇的地位就是实际的政治权力所在，并不同于后世是象征意义的存在。当然，历代天皇也必然被要求具备与之相符的卓越能力。但是从父子相续的角度来说，父亲死的时候孩子未必成人，更不能保证孩子这时已经具备了卓越的能力。正因为如此，皇极（齐明）、持统、元明、元正四代女帝如此努力，终于实现了舒明—天智、天武—草壁—文武—圣武这样直系父子相续的理想。

总之，《日本书纪》所主张的"万世一系"，不过是这些女性的执念的体现，而她们的理想就是实现直系父子相续。在古代日本，事实上即使有能力的赘婿成为天皇，进而发生有新的家系夺取皇位之类的事情也并不奇怪。《日本书纪》就记录到文武天皇的即位为止。我们试着以此为线索，从《日本书纪》中探究那些与文武天皇一样不是天皇的子嗣而成为天皇的人的事迹。但要将皇极（齐明）天皇在孝德天皇那里"暂时寄存皇位"的形式排除在外。这样一来，就可以明白《日本书纪》中的四十位天皇、皇后在谱系上可以分成以下五个王家。

第一王家（十三人）

    1.神武天皇

2. 绥靖天皇

3. 安宁天皇

4. 懿德天皇

5. 孝昭天皇

6. 孝安天皇

7. 孝灵天皇

8. 孝元天皇

9. 开化天皇

10. 崇神天皇

11. 垂仁天皇

12. 景行天皇

13. 成务天皇

第二王家（十人）

1. 仲哀天皇

2. 神功皇后（女）

3. 应神天皇

4. 仁德天皇

5. 履中天皇

6. 反正天皇

7. 允恭天皇

8. 安康天皇

9. 雄略天皇

10. 清宁天皇

第三王家（三人）

    1. 显宗天皇

    2. 仁贤天皇

    3. 武烈天皇

第四王家（八人）

    1. 继体天皇

    2. 安闲天皇

    3. 宣化天皇

    4. 钦明天皇

    5. 敏达天皇

    6. 用明天皇

    7. 崇峻天皇

    8. 推古天皇

第五王家（六人）

    1. 舒明天皇

    2. 皇极（齐明）天皇（女）

    3. 孝德天皇

    4. 天智天皇

    5. 天武天皇

    6. 持统天皇（女）

为了避免误会，还要再确认一下，我并没有说这五个王家是按照这个顺序实际存在和交替的。总之，可以说《日本书纪》本身所主张的天皇的谱系，就是这样的构造。但这些家系是不是以这样的形式真实存在，又全然是另一回事。

这里所说的第五王家，正如上文所说，是自敏达天皇的孙子舒明天皇不顾反对即位直至天武天皇的孙子文武天皇从其祖母持统天皇那继位成为天皇为止的这段时间，只有在这段时间内的历史，对于《日本书纪》的编撰者而言才是"现代史"。

天皇的祖先们

那么，这里有个问题要思考一下。在《日本书纪》完成的720年，正是元正天皇治世，那时其母元明天皇也在世。从元明天皇的角度看，舒明天皇即位是在91年前，尽管这已经是祖父世代的事情了，但那之后的史实——在皇族、贵族之中也好，在内外诸臣之间也罢——很多人都还非常清楚。所以尽管想对家族的历史进行修饰，但在编纂史书的时候也不会轻易造假。

但如果是推古天皇及其以前的史实，那就不一样了。不仅那是更古老的高祖父世代及以前的故事，而且那个时代的历史的叙述中心，即用明天皇—圣德太子—山背大兄这一脉家系，也已被现在的王家所取代。即使歪曲史实，也不用担心有人埋怨。在这层意义上，可以说以舒明天皇即位的629年为界，在时间上就发生了质的变化，那之后是"现代史"，那之前则是"古代史"。

所以在《日本书纪》中，关于推古朝及其以前时代的记述，绝不能就此相信。在此还需注意的一点就是，在推古天皇当朝时期，中国的记载中确实是男王在位，而不是女帝。

那么，这个可疑的推古天皇的祖父，也就是在这里说的第四王家的第一位天皇继体天皇。据《日本书纪》所言，继体天皇是第二王家应神天皇的五世孙。但是不可思议的是，不论是应神天皇的哪个儿子的子孙都未被记载，中间过程都被省略了，只是记载了继体天皇的父亲彦主人王。同时，武烈天皇没有孩子，第三王家绝嗣，所以继体天皇被越前三国迎来，在河内的樟叶宫即位。

这样一来因为谱系含糊其词，所以有很多人提出疑问，继体天皇是否真的是应神天皇的子孙，是不是实际上完全属于其他的家系？但是，继体天皇也好，应神天皇也罢，证明他们是真实存在的人物可能才是首要问题。现在，这样的证据一个也没有，这些问题除了令人头疼别无他用。现在我们能说的事情唯有一点：根据《日本书纪》所记载的谱系，推古天皇的家系是从其祖父继体天皇初次获得皇位而开始的，在那之前，治理日本的是别的王家。

但就《日本书纪》的谱系而言，对从舒明天皇开始的第五王家来说，第四王家只有三代——继体、钦明、敏达是其直系祖先。所以关于这三个人的事迹，可能有所歪曲，不过也有可能在某种程度上传达了一些真实的东西，只是何种程度的问题。

并且，在旁系的天皇中，宣化天皇的女儿石姬皇女成了钦明天皇的皇后并生下了敏达天皇，宣化天皇通过母系传承成为舒明天皇的祖先之一。所以可以认为对于《日本书纪》的编撰者们来说，宣化天皇仍然是他们关心的对象。因此，《日本书纪》关于宣化天皇的记述中，或许包含了真正的历史。

但到了继体天皇之前的第三王家，故事变得让人一看就觉得可疑。根据《日本书纪》的记载，这一王家初代的显宗天皇成了第二王家履中天皇的孙子。

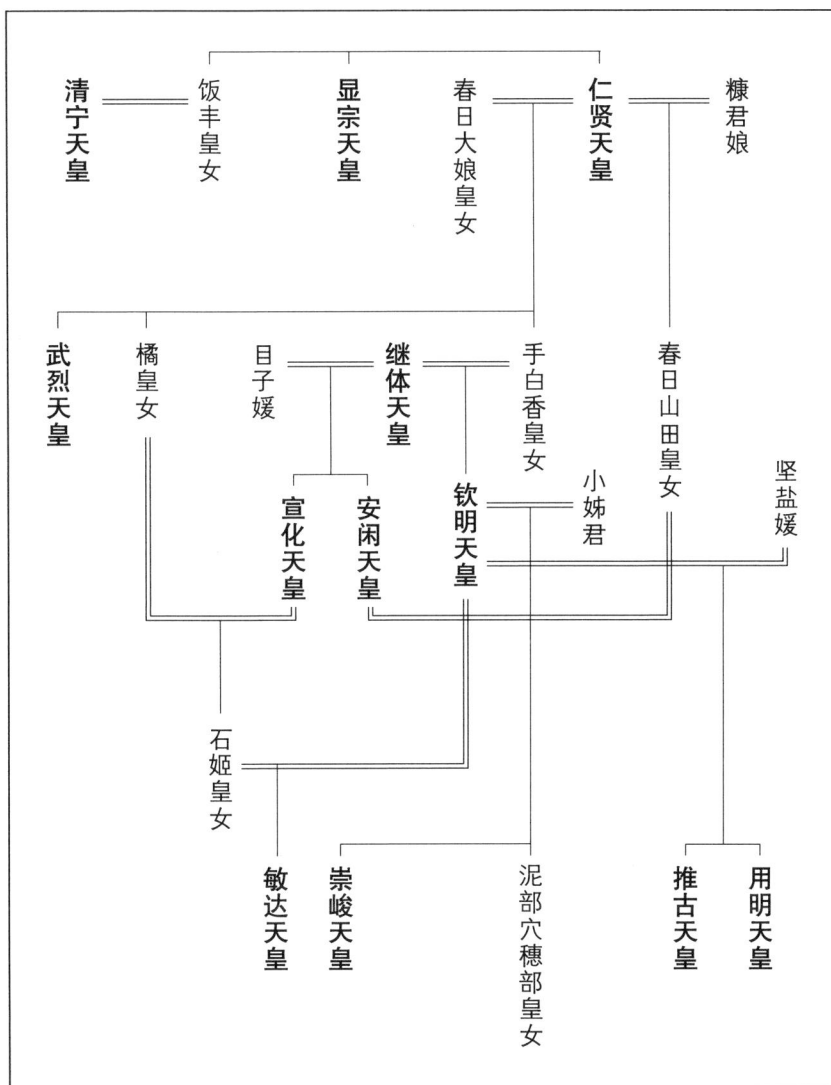

　　履中天皇的长子是磐坂市边押磐（押羽）皇子，次子是御马皇子。安康天皇指名将市边押磐皇子作为自己的继承人。但安康天皇被暗杀后，其弟雄略天皇将其他的兄弟全部杀掉，并引诱市边押磐皇子外出狩猎，并趁其不意将其射杀，后又攻打御马皇子且将其杀害。这样一来，雄略天皇即位，但其子清宁天皇没有子嗣，第二王家的世系就此断绝了。

　　在清宁天皇将逝之际，有报告说在播磨的赤石郡（明石），发现了已故的市边押磐皇子的遗子二人。这二人就是显宗天皇和仁贤天皇。

　　父亲被雄略天皇射杀后，二人首先逃到了丹波的余社郡，从那里又去了播磨的赤石郡，并隐藏身份，自称是丹波小子，在别人家里被使唤。一次很偶然的机会，主人的家里举行乔迁新房的贺宴，从首都来的来目部小楯也去赴宴。席间，显宗、仁贤二人被要求当场献舞，首先是兄长仁贤天皇跳舞，接下来站着的弟弟显宗天皇唱了室寿歌。他们在跳舞、唱歌的同时道破了自己的身份。吃惊的小楯将这件事上奏给清宁天皇，天皇大喜，将兄弟迎到宫中，指名将兄长仁贤天皇立为皇太子。

　　清宁天皇去世之后，兄弟二人互相谦让，都不愿继位。因此饭丰皇女执掌了政权。这位女帝去世之后，兄长仁贤天皇说服其弟显宗天皇：“此天子之位，有功者可以处之。着贵蒙迎，皆弟之谋也。”终于显宗天皇即位。

　　且说这时他们还不知道父亲市边押磐皇子的墓所。后来，有一位叫置目的仕女长指出，在近江的蚊屋野是埋葬市边押磐皇子遗体的地方。人们将尸骨挖出来一看，与皇子一起被杀的舍人的遗骨也混杂其中，不能区分。因此在蚊屋野挨着建造了两个陵将他们下葬。

　　显宗天皇没有子嗣，在其死后，其兄仁贤天皇即位。而仁贤天皇的儿子武烈天皇因为暴虐且没有孩子，导致第三王家的世系就此断绝。

以上就是《日本书纪》在这一时段的记载的概要。

《日本书纪》中关于第三王家的讲述，宛如"伽话"①，所以无论如何也不会有人认为是真的。尤其是显宗在新房乔迁贺宴上和着客人的琴声唱歌表明身份这部分，则恰恰让人想到后世的谣曲的结构。也就是说，来目部小楯和显宗天皇之间对口说唱，通过歌舞来体现显宗天皇高贵的真实身份的内容，本就是在新尝祭中被表演的神乐的一部分，即神把自己装扮成小人物，在访客面前显露真身的情节。恐怕在更古老的传说中，与第四王家的始祖继体天皇从越前被迎接相同，第三王家的显宗、仁贤二人也不过是出身播磨罢了。

谜之女帝

且说《日本书纪》中记载的第三王家的故事，保留了《日本书纪》的编撰者们大肆加工改写的痕迹。

首先，按故事本身来说，市边押磐皇子不单单是皇子，更是天皇；其次，显宗、仁贤二人不是他的儿子，而是他的后裔。

《显宗天皇纪》中，天皇最终道破身份的歌词如下所述：

> 石の上　振の神榲
>
> 木伐り　末截ひ
>
> 市辺の宮に　天の下治らしし
>
> 天万国万　押盤の尊の御裔　僕是也

---

① 原文为"お伽話"，在日语中的大概意思为讲给儿童听的故事、童话，但又与汉语中的童话的含义有所区别。因此，为与原文的含义相符，译为"伽话"。——译者注

犹如伐断石上布摇晃的神杉，

又斩尽所有枝桠，

我正是那让四海臣服，

于市边宫治天下的押磐尊的后代啊。

在这里，市边押磐皇子被说成"于市边宫治天下"，因此在故事的原型中，他应该是天皇。而且显宗天皇自报姓名为"御裔"，所以即使不是押磐天皇的皇子，也一定是皇孙。这位押磐天皇和当今《日本书纪》中的市边押磐皇子相同，我们不清楚他是否为雄略天皇所杀，也不确定他到底是不是真实存在的人物。

那么，证明《日本书纪》中所记载的第三王家的故事有改写痕迹的第三点，就是显宗、仁贤二人互让皇位的故事。《显宗天皇纪》这一部分是长篇的汉文，兄弟间你一言我一语的问答接连不断，其全文就是由中国的类书（名句的出典辞典）《艺文类聚》和正史《汉书》《后汉书》《梁书》中的相关文句摘录拼合而成的。总之，这就是个虚构的美好故事，只不过形式比较新。在故事的原型中，兄弟间的关系比较紧张。这点从下个部分的《仁贤天皇纪》就可窥见一斑。

难波的小野皇后（显宗天皇的皇后），因对过去的无礼行为感到害怕而自杀。

显宗天皇时期，时任皇太子的仁贤天皇在宴席上侍奉。他欲取瓜而食却没有刀，显宗天皇就把自己的刀拿起来，命令其夫人小野给皇太子拿过去。小野皇后走到皇太子面前，站着就把刀放在了盛瓜的盘子上。也在这一天，小野皇后往杯子里斟酒后，就顺便站着喊了皇太子。小野皇后害怕因为这样的无礼而获死罪，便自杀了。

这如果反映的是史实的话，在仁贤天皇的时代，他是不会让显宗天皇的皇后活下去的。而这个故事怎么也不会和以表现互让皇位这样感人的兄弟情谊为主题的故事并存于同一篇记载中。

《日本书纪》第四个改写痕迹，就是饭丰天皇（饭丰皇女）这位谜之女帝的事迹。关于此人在《日本书纪》中的记载，全部都很奇怪，尽管她并不能算作是正式的天皇，但在《显宗天皇纪》中，如下文所述，她完全是被视为天皇对待的。

清宁天皇去世的那个月，身为皇太子的仁贤天皇和显宗天皇互让皇位，继承人选久久不能确定。为此，显宗天皇的姐姐饭丰青皇女（饭丰皇女）在忍海角刺宫执掌政权，自称"饭丰青尊"。当时的诗人这样吟咏道：

> 倭辺に　見が欲しものは
> 忍海の高城なる　角刺の宮

> 我在大和想看到的，
> 就是那位于忍海之地的高城的角刺宫啊。

冬季十一月，饭丰青尊（饭丰皇女）去世，被葬于葛城埴口丘陵。

奇怪的是，饭丰天皇（饭丰皇女）的出身并不明确，于是就有了《日本书纪》中相互矛盾的三种说法。

在目前引用的《显宗天皇纪》文中，饭丰青皇女（饭丰皇女）是显宗天皇的姐姐。但若看《履中天皇纪》的话，履中天皇与苇田宿祢的女儿黑姬所生的是磐坂的市边押磐皇子、御马皇子、青海皇女（饭丰皇女），所以饭丰皇女并不是显宗天皇的姐姐，而是姑母。

但也有把饭丰天皇（饭丰皇女）当作显宗天皇的妹妹的说法。《显宗天皇纪》的开头引用了史料《谱第》，其中记载市边押磐皇子与苇田宿祢之子蚁臣的女儿荑媛结婚并生下三男二女。一是居夏姬、二是仁贤天皇、三是显宗天皇、四是饭丰女王（饭丰皇女）、五是橘王。还需要注意的是，在某本书的记载中，饭丰女王（饭丰皇女）又成了仁贤天皇的姐姐。

姐姐和妹妹的差别也许不是很大，但饭丰天皇（饭丰皇女）是押磐皇子的妹妹还是女儿，这种分歧就在根本上改变了故事的脉络。想来在这三种说法中，最古老的形式是把饭丰天皇（饭丰皇女）作为显宗、仁贤二人的妹妹的。后来这个说法被改写为姐姐，进而又被改写成姑母。下文中我来说明一下这种想法的理由。

被改写的谱系

那么，在关于饭丰天皇（饭丰皇女）的谜题中，最让人难以理解的就是她的婚姻关系。在《清宁天皇纪》中记录了一件事情，大致如下：

饭丰皇女在角刺宫初次与其夫交合之后便对人说，只是略懂了女子之道，其他好像也没有什么。之后便不想再与男子同房。

《日本书纪》这样严肃的史书，为什么会记载如此无意义的内容，我们也不得而知。不可思议的是，这位皇女的丈夫是谁，哪里都没有记载。虽说不能算作一代天皇，但毕竟是在忍海角刺宫中治理天下的女帝，与谁结婚之类的事，记录一下总是应当的吧。

若是上文所述不可思议的话，那么有关清宁天皇的记载也绝对与关于饭丰天皇（饭丰皇女）的记载不相上下。在《清宁天皇纪》中有这样的故事：清宁天皇遗憾于不得子嗣，便派遣大伴室屋大连设置白发部舍人、白发部膳夫、白发部靫负，并留下名字，祈求不要被后世所遗忘。

"白发"是清宁天皇的本名。如果你好好阅读《清宁天皇纪》就会发现，不要说是皇后了，就连与清宁天皇妻妾相关的任何记载都没有留下。唯有感慨其没有结婚也没有孩子这样奇怪的内容。

这个奇怪内容的真相其实很简单，那就是，饭丰皇女是清宁天皇的皇后，但由于皇后冷淡所以没能生下孩子。清宁天皇死后，饭丰皇后即位，这就是日本最早的女帝。而皇位也通过饭丰皇后传给了其兄长显宗、仁贤天皇。就这样，第三王家诞生了。这就是《日本书纪》中原始史料的故事脉络。

那么，兄长仁贤天皇尚在，弟弟显宗天皇首先即位，不由得让人想到这件事情在史实上一定是有什么复杂的原因存在。显宗天皇的小野皇后自杀的事情也正反映了这一点。为了隐藏背后的黑暗，将仁贤天皇的即位正当化，这才创造出了兄弟互让皇位的故事。

但这样做的话，就成了妹妹饭丰天皇（饭丰皇女）先于兄长们即位，然而这样又会变得不自然。但如果说兄弟俩的出现时间是在清宁天皇死后，而且是在饭丰天皇（饭丰皇女）即位后的话，就没有问题了。但根据《日本书纪》的记载，清宁天皇将兄弟二人接到宫中，并指名将兄长仁贤天皇立为太子，仁贤天皇的皇位继承权被强化。从这一点来看，饭丰天皇（饭丰皇女）即位的理由就变得不足。

但是，关于饭丰天皇（饭丰皇女），《日本书纪》中甚至特别加入了和歌来讲述其皇居的壮丽。所以，离开了这个人，就不能说明第三王家的由来了。因此，饭丰天皇（饭丰皇女）又从显宗、仁贤天皇的妹妹，被改写成了姐姐。如果这样的话，在弟弟们互相谦让之时，先由姐姐临时掌权就不会不自然了。

然而，就如刚刚所说，在原始史料的记载中，第三王家是被称为"那让四海臣服，于市边宫治天下的押磐尊"这位天皇的"御裔"。显宗、仁贤天皇弟兄绝不可能像《日本书纪》中记载的那样，仅仅是皇子——市边押磐的儿子。但是，《日本书纪》是偏向性极强的史书，它基于第五王家皇极（齐明）、持统天皇到元明、元正天皇四代女帝的执念考虑，将直系父子相续作为理想。因此，为了迎合"万世一系"的主张，对第三王家的谱系进行加工，将市边宫的押磐天皇降格为市边押磐皇子，并被写成被传为履中天皇的皇子——御马皇子的兄长。而且为了让其子孙显宗、仁贤弟兄与清宁天皇同时代，还将显宗、仁贤弟兄二人改写成是押磐皇子的儿子。

这样一来，显宗天皇就与第五王家初代天皇舒明天皇的情况一样了。《日本书纪》也是这样主张的：舒明天皇是敏达天皇的孙子，祖父死后皇位先后传予其叔祖用明天皇和崇峻天皇。多亏了推古天皇这位女帝的遗言，皇位才又传给了舒明天皇。与这极为相似的是，第三王家的初代天皇显宗天皇也是履中天皇的孙子，祖父死后，皇位转移给了祖父的弟弟反正、允恭，进而转移到允恭的儿子安康、雄略，雄略的儿子清宁死后，经过饭丰天皇（饭丰皇女）这位女帝，皇位才落入到显宗天皇手中。

如刚才所言，《日本书纪》最大的使命之一，就是将舒明天皇的即位正当化。因此，如果这样改写第三王家的谱系，对于第五王家来说，实在是便利的先例。

但是，这样的话，对于舒明天皇的儿子们，即天智、天武兄弟来说就比较为难了。为难之处就在于他们的舅父孝德天皇的存在。

舒明天皇死后，皇位传于皇后皇极（齐明）天皇，然后从皇极（齐明）天皇的手中传给其弟孝德天皇。这对于天智、天武来说，并不是令人欢喜的事态。当皇极（齐明）天皇复位后，孝德天皇的儿子有间皇子被害。所以《日本书纪》中不能明显地写出饭丰天皇（饭丰皇女）让位给其弟。如果这样写的话，就会将孝德天皇的即位正当化，那么天智、天武兄弟的皇位继承权就有被质疑的风险。因为将饭丰天皇（饭丰皇女）从历代中排除也并不显眼，所以在从清宁天皇的死到显宗天皇的即位的过程中，

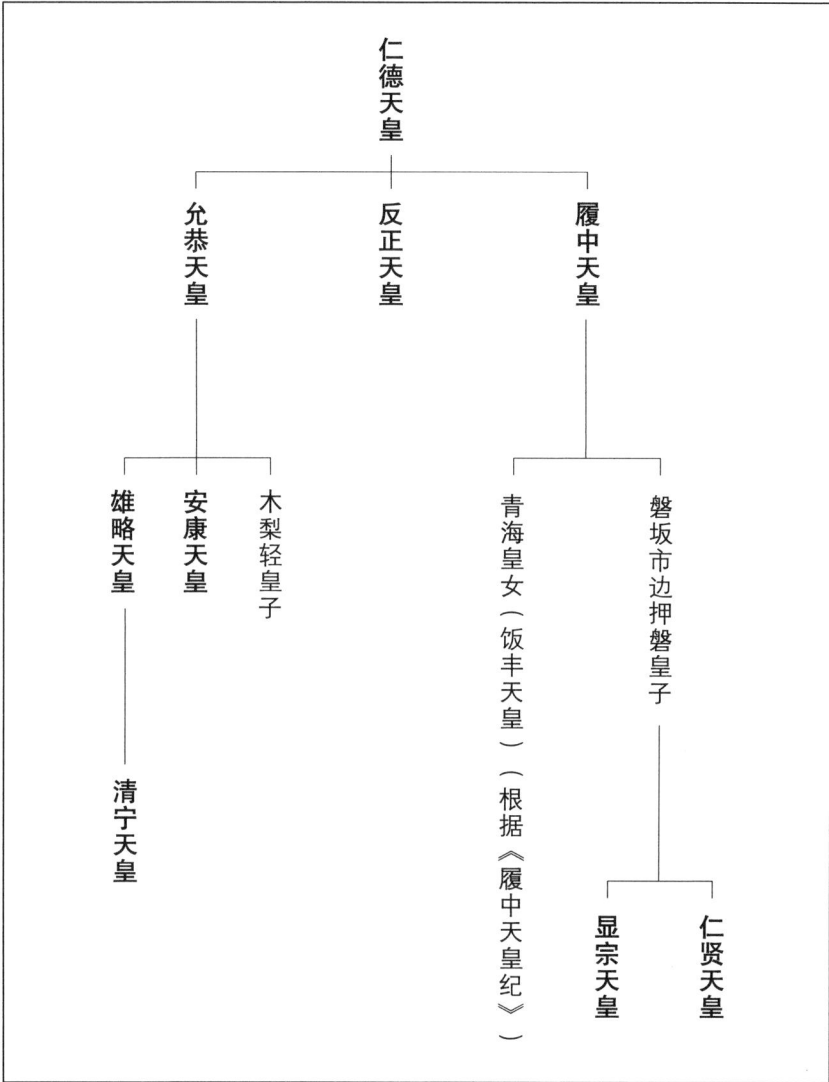

饭丰天皇（饭丰皇女）被改写成仅在位数月，其意义也就被简化了。

但是，在《日本书纪》成书前不久的 715 年，元明天皇让位于女儿元正天皇。这是元明天皇为了让其孙圣武天皇继承皇位进行的部署，前文已就此说明。这个让位着实是极其勉强的行为——岂止是皇后，就连太子妃都不是的人，成为女帝完全是史无前例的。因此，《日本书纪》的编撰者们就将饭丰皇后和丈夫清宁天皇分开，并且在谱系上不将其作为显宗天皇的姐姐，而是将其作为显宗天皇的姑母，她也就成了一代前的市边押磐皇子的妹妹，履中天皇的皇女。这样一来，饭丰天皇（饭丰皇女）和其侄显宗天皇的关系，恰恰就与元正天皇和最终应该即位的圣武天皇的关系相同，那么既不是皇后也不是太子妃的女帝即位的前例便出现了。

这就是现在我们在《日本书纪》中所看到的第三王家的故事。

天武天皇的血统

至此，还有最后一个疑问有待解决。那就是在《日本书纪》记载的第三王家的三位天皇中，对仁贤天皇做的特别处理。仁贤天皇在清宁天皇在世时就被指定为皇太子，但《日本书纪》又把他与显宗天皇的不和用皇位互让的故事加以掩盖，那么为什么在《日本书纪》中要把仁贤天皇的即位正当化呢？尤其是皇太子制度，实际上好像开始于《日本书纪》编纂之前不久的天智天皇时期。[1]

这是因为仁贤天皇通过母系当上了敏达天皇的祖先，就从敏达天皇的孙子舒明天皇开始的第五王家来说，第五王家的天皇们极多地继

---

① 日本学界一般认为，此时具有继承含义的皇太子制度并没有确立。——译者注

承了仁贤天皇的血统。这对于敏达天皇家系对皇位继承权的主张来说，是极其重要的依据。

《日本书纪·雄略天皇纪》中，在罗列记载了雄略天皇的后妃们之后，还记载了下文的故事。

春日和珥臣深目有个女儿，叫童女君，生下了春日大娘皇女。童女君本是采女，只与天皇同寝一次就怀孕了，并生下了女孩。天皇对此表示怀疑，不承认其为皇女。渐渐地，女孩开始会走路了。天皇大殿临朝，物部目大连侍奉左右。这时，女孩从庭院中走过，大连回过头对群臣说："那个女孩真是个美人啊。正如古人所言，'女如其母'，院子里四处走的是谁的女儿呢？"

天皇说："为何这么问？"

大连这样回答："我看这女娃走路的容姿，与天皇您甚是相似。"

天皇说："见过此女的人都如你所说，但是只与我同寝一夜便怀孕而生下女孩，不合常理。因此我一直不相信这是我的女儿。"

大连问："那么，一个晚上您召见了几次呢？"

天皇说："七次。"

大连说："这位妇人将纯洁的身心献给您，侍奉您一夜，为何您如此轻易地就怀疑她，质疑她的清白呢？据我所知，容易怀孕的女子，仅仅裤子接触到身体就会怀孕，更何况一整晚都睡在一起，这怎么还需要怀疑呢？"

于是天皇命令大连册命女孩为皇女，其母为妃。

后来，春日大娘皇女与仁贤天皇结婚，生下了一男六女，第三个孩子是手白香皇女，第五个孩子是橘皇女。之后，武烈天皇去世，第三王家就此断绝。从越前被迎回即位的继体天皇，立手白香皇女为皇后，生下了钦明天皇。

此外，继体天皇最早的夫人的孩子——宣化天皇——与橘皇女结婚，生下了石姬皇女。石姬皇女又成为钦明天皇的皇后，两人生下了敏达天皇。

再看看钦明天皇的其他皇子、皇女的母亲：用明天皇、推古天皇的母亲是苏我大臣稻目宿祢的女儿坚盐媛；崇峻天皇和圣德太子的母亲泥部穴穗部皇女的母亲是坚盐媛的同母妹小姊君。

换言之，敏达—彦人大兄—舒明这一家系从父母双方处均继承了仁贤天皇的高贵血统。与此相反，处于竞争立场的用明—圣德—山背大兄的家系，只是通过父系与仁贤天皇有所关联。

这是否是史实暂且不论，《日本书纪》记载的第三王家的历史中，之所以特别袒护仁贤天皇，是因为想要抬高舒明天皇的血统，进而努力将天武—草壁—文武—圣武的皇位继承正当化。

这样来看，我们可以了解到，在《日本书纪》全书的构成中，显宗、仁贤、武烈这三代组成的第三王家，是专门作为第五王家的祖先敏达天皇的外戚而发挥作用的。这样的话，此前从仲哀天皇经由应神、仁德天皇到雄略、清宁的第二王家又是怎样的呢？

明确来讲，对于敏达天皇、舒明天皇来说，他们与第二王家的关联是极其薄弱的。的确，在父系方面，敏达天皇的祖父继体天皇，是应神天皇的五世孙。正如前文所说，《日本书纪》中甚至没有记载其中间的世代，对该谱系的记录也异常冷淡。与其如此，不如将继体天皇入赘为仁贤天皇的女婿看作是其皇位继承资格的由来。在母系方面，仁贤天皇的皇后成了雄略天皇的皇女，这也是个奇怪的故事。才同寝一夜就怀孕，并生下皇女，这正是描述出身不明确的人的故事形式。雄略天皇不是也不承认她是自己的女儿吗？其实，这也不过是被编造出来的新起源的故事。结论是，其实第二王家与将《日本书纪》视为现代史的第五王家没有任何关联，第二王家是比起"古代史"更遥远的"原始时代"的传说。

第四章

初代的倭国大王——仁德天皇

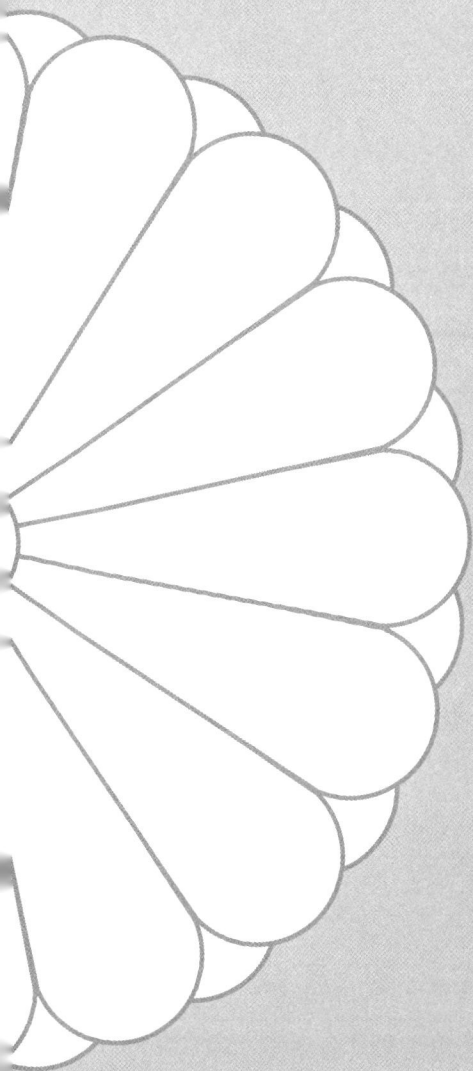

传说的时代

即使试图原封不动地相信《日本书纪》中所记载的谱系，也是很难办到的事情，因为直到第二十三代清宁天皇为止的历代天皇，与《日本书纪》编纂时期的皇室血统的联系是极其薄弱的。

也就是说，虽然说第二十七代的继体天皇的五世祖是第十六代的应神天皇，但在《日本书纪》中并没有记载应神天皇所处年代的事件。这段谱系给人的感觉就像被修饰过一样。

第二十五代的仁贤天皇又是第十八代的履中天皇的孙子，而《日本书纪》所记录的《显宗天皇歌》中的文句又与此相矛盾，所以这一段谱系似乎也是新作的谱系。

另外，仁贤天皇的皇后春日大娘皇女生下了手白香皇女，而后手白香皇女成为继体天皇的皇后，并生下了第三十代的钦明天皇。这位春日大娘皇女同时也是第二十二代雄略天皇的女儿。但在《日本书纪》所记录的春日大娘皇女出生的故事中，雄略天皇不承认她是自己的女儿，这无异于已经坦白这个谱系比较奇怪。

《日本书纪》编纂时代的皇室，和清宁天皇以前的历代天皇在血统上的联系，只有三个，并且这三个联系也是极其含糊的。我尤其要说明的是，应神天皇并不是真实存在的人物。所以清宁天皇之前的天皇，对于《日本书纪》的编撰者们来说，与现实政治完全没有关系，他们属于古老传说的时代。

但是，即使是同一个传说的时代，也存在着古老的传承与新创作的故事两部分。能把两部分清楚地展示给我们的,仍旧是《日本书纪》的谱系。也就是说，从第一代的神武天皇到第十七代的仁德天皇，基本都是父子相续，没有兄弟相续。只有继承第十三代成务天皇家业的，是其侄仲哀天皇，这一个例外。但是即便如此，也是没有兄弟相续的。

但从仁德天皇之后，兄弟相续就成为原则。也就是说，第十八代的履中天皇、第十九代的反正天皇、第二十代的允恭天皇都是兄弟。第二十一代的安康天皇、第二十二代的雄略天皇也是兄弟，直到雄略天皇的儿子——第二十三代清宁天皇，这一脉的皇统就此断绝。

也就是说，在《日本书纪》讲述的皇室的谱系中，即便同一个传说的时代，也存在两种继承类型，即父子相续型和兄弟相续型。这两种皇位继承类型的分水岭是仁德天皇。但是，史书《日本书纪》撰写于持统、元明、元正三代女帝为了实现直系父子相续的理想而奋斗的时代，她们怀着让自己可爱的亲生儿子来继承亡夫家业的执念。[①]那么，为什么《日本书纪》所传达的天皇的谱系,越是古老越是父子相续型呢？

自不必言，就谱系而言，越是古老就越容易伪造。从神武天皇到仁德天皇的这种父子相续型谱系，就很有可能是《日本书纪》的编撰者们为了顺应当时现实政治的需求而创造的。

与此相反，从履中天皇到清宁天皇的六代谱系，是以兄弟相续为原则的，而这又好似对《日本书纪》的编撰者们来说不大方便。尽管如此，这样的谱系在《日本书纪》中所记载的，也是从古时就确立的传承，事

---

① 三女帝是为了让草壁皇子的直系后代，即后来的文武天皇和圣武天皇即位而即位的。以圣武天皇的父亲一系来看，持统天皇为其曾祖母，元明天皇为其祖母，而元正天皇为其姑母，作者的"她们秉持着让自己可爱的亲生儿子来继承亡夫家业的执念"只适用于元明天皇（儿子为文武天皇），并不适用持统和元正两女帝。持统是为了自己的孙子（文武天皇）而即位的。终生未婚的元正女帝是为了自己的侄子（圣武天皇）而即位的。——译者注

已至此一定是已经没有改变的余地了。换言之，这里面的历代天皇是在《日本书纪》之前的古老纪录中就已经出现过的人物。因此，可以这样想，这些所谓谱系与事迹，可能的确在某种程度上传达了史实。让我们以此为出发点推敲一下《日本书纪》记述的历代天皇的事迹吧。

与海洋关系密切的天皇

如前文所说，《日本书纪》这一部分记载的皇统可以分为从神武天皇到成务天皇的第一王家和从仲哀天皇到清宁天皇的第二王家。而两个王家的联系点就是日本武尊——第十二代景行天皇的儿子，但是他还没有登上皇位就去世了。之后日本武尊的儿子继承了皇位，就是仲哀天皇。

也就是说，仲哀天皇与舒明天皇、文武天皇一样，不是上一代天皇的儿子，而是以上代天皇的孙子的身份登上了皇位。这在《日本书纪》编撰者们的意识中，算得上是划时代的事件。所以，我就从仲哀天皇开始，按顺序简述一下第二王家的事迹。

读了《日本书纪·仲哀天皇纪》，我们马上就会发现很特殊的一点：这位天皇从未在陆地上定居过，而是和妻子神功皇后共同在海上漂泊，终此一生。

《仲哀天皇纪》中，最早被记载为天皇居所的地方是越前的角鹿（敦贺），仲哀天皇在这里建造了笥饭宫并住下来。不用说，敦贺就是个海港。

接下来，仲哀天皇把神功皇后留在了角鹿，自己出发去南国巡幸，住在纪伊的德勒津宫，这里也是海港。

后来，仲哀天皇讨伐熊袭国，便从纪伊的德勒津宫出发，沿海路朝穴门（长门国丰浦郡）方向走，并指示神功皇后从角鹿出发，绕着日本海在穴门汇合。就这样，两人在穴门的丰浦宫住下来。

接下来，他们从那里向着筑紫出航。首先朝冈（筑紫国远贺郡）进发，冈的县主之祖熊鳄前来迎接并归顺仲哀天皇，随后接待他们参观冈津。

之后在伊睹（筑前国怡土郡），伊睹的县主之祖五十迹手前来迎接二人并归顺。天皇褒奖他说"辛苦了"（イソシ〔isosi〕），所以自那之后，称其为"伊苏国"（イソの国〔isonokuni〕）。这个名字说习惯了之后，就又成了"伊睹"（イト〔ito〕）。这就是这个地名的起源传说，当然这个传说是如此牵强。不用说，"伊睹"就是《魏志·倭人传》中的伊都国了。

此后，仲哀天皇和神功皇后又去了傩县（筑前国那珂郡），住在橿日宫。这里就是《魏志·倭人传》的"奴国"，也就是以金印而闻名的"汉委奴国王"的故地。

橿日宫就是现在的香椎宫，在后世的《延喜式》（927 年完成）中被称为"香椎庙"，是祭拜皇室祖先诸神的宗庙。在这里，神功皇后被神灵附体，想要中止了征伐熊袭，并且劝说仲哀天皇去讨伐海对面的金银财宝之国——新罗。仲哀天皇站在高山上望向大海的对面，因为没有看到国家存在的迹象，所以他怀疑新罗国是否存在，不相信神谕。仲哀天皇坚持征伐熊袭，不过最终没有成功，他还猝死了。神功皇后将天皇的遗体移到穴门，并在丰浦宫发丧。

因此，从角鹿开始，德勒津—穴门—冈津—伊睹—傩—穴门，从海港到海港，仲哀天皇在海上漂流着度过了一生，可以发现他与海洋有着非常密切的关系。但是，若要论及他的妻子神功皇后的话，她不仅仅与海洋的关系极深，还有着支配海洋的神秘力量。这一点在《仲哀天皇纪》中也被反复说明。

首先，在《仲哀天皇纪》中，神功皇后从丈夫那里收到了在穴门汇合的指示，从角鹿起航，到淳田门的时候在船上进餐。这时船的周围聚集了很多鲷鱼，神功皇后便给它们灌酒，鲷鱼喝醉后都浮出海面。丰收的海人高兴地说"这是圣王赏赐的鱼"。自那以后，这处的鲷鱼，每年六月就会像喝醉了一样浮出海面，一下一下地张开嘴。

之后又写道，神功皇后船到穴门，停泊在丰浦津的那天，皇后在海中获得了如意珠。所谓"如意珠"，就相当于印度传说中出现的"如意宝珠"，是可以帮自己实现愿望的宝石。在这里，《日本书纪》的编撰者们特意说明了如意珠是"得于海中"，这很可能是比照了"神代卷"中海神赐予彦火火出见的"潮满琼"与"潮涸琼"，进而使其获得了支配海洋的力量的故事。

进入到《神功皇后纪》，仲哀天皇死后，神功皇后又请求诸神赐下神谕，诸神便一个接一个地附体皇后并通报姓名。第一位是天照大神，第二位是稚日女尊，第三位是事代主神，接下来是表筒男命、中筒男命、底筒男命三位神仙，这三位神仙就是以航海闻名的"住吉三神"①。

祭拜这些神灵后，熊袭立即就归顺了。之后，神功皇后到达了肥前的松浦县，在玉岛河畔进餐。皇后将针掰弯做成鱼钩，以饭粒为饵，又取下外衣的绳子做成钓鱼线，踩在河中的石头上面，拿起做好的鱼竿祈祷说"如果我能将海对面的国家收入囊中，那就让我钓起这河中的鱼儿吧"，说罢，香鱼便上钩了。因为皇后称其为"罕见之物"（め

---

① 在《古事记》中被称为"墨江三大神"，"住吉"是他们神社所在地的地名，他们几乎总是合为一体出现。——编者注

づらしき物なり〔medurasikimononari〕），所以那个地方就被称为"梅豆罗"（メヅラの国〔meduranokuni〕）了。说习惯了之后，便成了"松浦"（マツラ〔matura〕）。据说自那以后，这个国家有了女子们每到四月上旬就钓香鱼的习俗，而男子们即使去钓了也是钓不到的。再来说这鱼的故事，当然"松浦"并不是"メヅラ"（medura）的方言发音，而是《魏志·倭人传》中的"末卢国"。

回到橿日浦的神功皇后，面对大海解开头发祈祷着，如果远征能成功，那就让头发自己分开两边。然后她把头发放入海水中洗濯，头发真的就分开两边。于是神功皇后把头发扎成像男子一样的"发髻"，并命令群臣做好征伐的准备。

接下来，她派遣吾瓮的海人乌摩吕，去探察海的对面到底有没有国家。乌摩吕回来之后报告说"没有看见国家"。接着神功皇后又派遣矶鹿的海人草去调查，过了几天他回来报告说："西北方向有一座山，山上有云，可能有国家。"矶鹿就是志贺，也就是"汉委奴国王"金印出土的志贺岛。

神功皇后的舰队又从对马的和珥津启航向新罗进发，海中的大鱼全都浮到海面来帮助航行。大风吹起，船只乘着风没多久就到了新罗，海水也涨起，已及国土之半，新罗王恐惧地投降了。因为神功皇后凯旋回到筑紫，生下了应神天皇，所以那个地方被称为"宇泳"。"宇泳"当然就是《魏志·倭人传》中的"不弥国"了。

在远征期间，护佑皇后的住吉三神让皇后到穴门的山田邑祭拜荒魂，这里就是下关的住吉神社。

神功皇后从穴门的丰浦宫出航向东方行驶。仲哀天皇其他嫔妃所生的两个皇子——麛坂、忍熊，听闻此消息发动军队意欲迎击。于是，应神天皇的船沿着太平洋朝纪伊进发，神功皇后的船从濑户内海朝难波进发。

但是，神功皇后的船在海中只是打转而不能前进。因此，他们回到了务古水门（尼崎），并听从诸神的教谕，在广田（西宫）祭拜天照大神，在生田（神户）祭拜稚日女尊，在长田（神户）祭拜事代主神，又在住吉神社（大阪）祭拜了住吉三神。

得益于此，他们顺利地到达了纪伊，在日高与应神天皇汇合，住在小竹宫。

将神功皇后作为主人公的故事到这里就全部结束了，这之后与两位皇子作战的主角变成了武内宿祢。也就是说，武内宿祢率领皇后的军队，在山城的菟道（宇治）与两位皇子的军队作战，并将他们打败，然后追击到近江的濑田，杀掉了两位皇子。

在这之后的《神功皇后纪》中的传承，想必几乎是从百济的史料中摘取的。因为是性质不同的传承，在这里就不多列举了。

那么，通观以上神功皇后的事迹，我们可以总结出以下四个明显的特征：

第一，与丈夫仲哀天皇相同，神功皇后的活动也都是从港口到港口的海上移动，基本不会涉足内陆。

第二，与神功皇后相关的海洋和鱼族的灵验故事过多。

第三，与被称为"住吉三神"的海神渊源极深。天照大神、稚日女尊、事代主神虽然不是海神，但是他们分别作为广田神社、生田神社、长田神社的祭神而成为航海诸神。

第四，在神功皇后的故事中，到处都记录有海人和其居住地。

人们将这些特征总结起来思考，总觉得研究仲哀、神功夫妻的真实身份能得出有趣的解释。那么在得出结论之前，我们再来探讨一下他们两人生下的孩子——应神天皇的事迹。

没有主人公的《应神天皇纪》

《日本书纪·应神天皇纪》有三个显著的特点。

首先，将应神天皇本身作为主人公的故事一个也没有。

例如：日向国有个关于发长媛的故事。应神天皇听说诸县君牛诸井的女儿发长媛是个美人，便将她召到身边。但是皇子（仁德天皇）目睹了媛的美丽，对其怀有恋慕之情。对此有所察觉的天皇在宴席上叫出媛，又用手招呼仁德天皇，然后用手指着媛唱歌：

> いざ、吾君　野にひる摘みに
> ひる摘みに　我が行く道に
> 香ぐはし　花たちばな
> 下枝らは　人みな取り
> 上枝は　鳥居枯し
> 三つ栗　中つ枝の
> ふほごもり　赤れるをとめ
> いざさかばえな

> 喂！皇子啊，去原野上采蒜吧！
> 在去采摘的路上，
> 盛开着芬芳的柑橘花。
> 人们皆来取下枝的花朵，
> 鸟儿落到上边的枝头，
> 中间的枝叶饱含着美丽的花蕾，
> 有一位像花朵般美丽的姑娘。

啊！快去邀请她！

听闻此歌，仁德天皇得知是应神天皇意欲将媛赐予自己，大喜，唱道：

> 水たまる　依綱の池に
>
> ぬなは繰り　延へけく知らに
>
> 堰杙つく　川俣江の
>
> 菱がらの　さしけく知らに
>
> 吾が心し　いや愚にして

> 水波荡漾的依网池边，
>
> 想要采莼菜却不知如何伸手去摘。
>
> 江水拍打着川俣江边的护岸木桩，
>
> 却不知水中的菱茎蔓延向何方。
>
> 我真是愚笨啊！

仁德天皇与发长媛结婚后，对媛唱道：

> 道の後　こはだをとめを
>
> 神のごと　聞こえしかど
>
> あひ枕まく

> 道の後　こはだをとめ
>
> 争はず　寝しくをしぞ
>
> 愛しみ思ふ

> 远方国度的姑娘啊，

她惊人的美貌声名远扬，

如今已成为与我同床共枕的人；

远方国家的姑娘啊，

顺从地与我同寝甚好。

这与其说是应神天皇的故事，倒不如说仁德天皇才是主人公。

接下来说的是阿直岐和王仁的故事。百济王派遣阿直岐向应神天皇献上良马两匹，天皇便让阿直岐将马饲养在大和轻之坂上的马厩中，之后这里就被称为"厩坂"了。因为阿直岐精通儒教经典，所以应神天皇让他担任皇太子菟道稚郎子的老师。应神天皇从阿直岐处得知王仁是更优秀的学者，便将他从百济请来。于是菟道稚郎子就跟随王仁成为精通所有典籍的人。

这个故事是阿直岐史和书首始祖的传说，应神天皇不过是配角。

之后是一个叫国樔的人的故事。天皇去吉野宫的时候，从吉野河上游的山里来了个叫作国樔的人，并献酒而歌：

かしの生に　横臼を作り
横臼に　かめる大御酒
うまらに　聞こし持ち食せ
まろが父

在构树林里做好横臼[①]，

再用这横臼酿出御酒，

---

① 矮而宽的舂米器具。——编者注

尽情地饮这酒吧，

我的父亲啊！

国樔唱罢便拍着嘴仰头大笑。这段是在说明在《延喜式》时代就已定期举行的"国栖之奏"的起源，没有理由一定要将其视作应神天皇时代的史实。

下一个便是御友别的故事了。天皇去了难波，住在大隅宫。天皇登上高台向远处眺望，站在一旁的叫作兄媛的妃子却望向西方叹气。天皇问其缘由，她回答说是思念父母了，天皇便允许兄媛归乡。兄媛从难波的大津出发，航向故乡吉备。天皇从高台上遥遥地望着唱起了歌：

淡路島　いやふた並び

小豆島　いやふた並び

寄ろしき島々　誰かた去れ放ちし

吉備なる妹を　あひ見つるもの

淡路岛与小豆岛并立。

小豆岛与淡路岛并立。

我愿驻足的岛屿，

是谁离开我而去了远方。

使我难与吉备的兄媛亲密。

之后天皇去淡路岛狩猎，路过小豆岛，搬到了吉备的叶田苇守宫。兄媛的兄长御友别去拜见天皇，并恭敬地侍奉天皇。天皇非常喜悦，便将吉备国封给御友别的子弟，并将织部赐给兄媛。

这是吉备臣一族始祖的传说，应神天皇仍然不是主角。天皇去淡路岛和小豆岛狩猎这件事，不过是因为与这个故事相联系的歌谣的文句中出现了这两个岛的名字罢了。而这个叫兄媛的妃子，在《应神天皇纪》最初部分记载的谱系中并没有出现。可以看出，整个故事都是新编造出来的。

再有，就是"枯野之船"的故事了。"枯野"由伊豆国奉命制造，是一艘长十丈的巨船。国人因其破旧而将其作为柴火，烧出了五百笼的盐。但是有个部分怎么烧也烧不着，让人感到不可思议，于是这部分便被献给天皇。天皇将其做成琴，吟唱道：

> 枯野を　塩に焼き
> しが余り　琴に作り
> かき弾くや　由良の門の
> 門中の海石に　触れ立つ
> なづの木の　さやさや

> 将朽木作为烧盐的材料，
> 余下的部分用来做琴，
> 一弹起琴，便震动由良海峡中的礁石，
> 好像海藻飘舞发出的簌簌声。

这个也是无论在哪位天皇的时代都可以被列举出来的老话。

最后，就是菟道稚郎子被立为太子的故事了。应神天皇对着皇子大山守命和仁德天皇问道："你们的孩子可爱吗？"答："非常可爱。"天皇又问道："年长的孩子和年幼的孩子，哪个可爱呢？"大山守命答道："年长的孩子比较可爱。"天皇听闻后不悦。仁德天皇觉察到其内心，说道："年长的孩子已经成人，对其不必再操心，但是因为年幼的孩子还不知道以后会怎样，所以很可爱。"应神天皇大悦，说道："你所言正合我意。"便指定菟道稚郎子为继承人，让大山守命掌管山水林野。

这段是在接下来的《仁德天皇纪》的开篇记载的菟道稚郎子消灭了大山守皇子的故事中被导入的部分，应神天皇本身并没有扮演十分重要的角色。

以上的六个故事，就是《应神天皇纪》中这位天皇出场过的所有故事。无论拿出其中的哪一个故事，都不是以应神天皇为中心展开的。这不是很奇怪吗？

皇居、陵寝不明

《应神天皇纪》的第二个特点，就是完全不清楚这位天皇的宫殿在哪里。

最早被记载的是，应神天皇生于"筑紫的蚊田"，之后天皇再出现的地方就是国樔人来朝故事中的"吉野宫"。再接下来就是御友别故事中出现的"难波大隅宫"和"叶田苇守宫"。而天皇去世的地方也仅仅是被记载为"明宫"，也有一种说法是天皇在大隅宫去世。

这里的"明宫"就是个问题，至少仅根据《日本书纪》就想知道这个皇居在哪儿是不可能的。但比起《日本书纪》，较新的《续日本纪》（797 年完成）和《延喜式》中，都将其称为"轻岛明宫"或者是"轻岛丰明宫"，认为其存在于大和的轻之地。但这些恐怕也是从《日本书纪》里阿直岐的故事中得到的暗示——其饲养百济王所献良马的地方为轻之厩坂，那么皇居一定是在其附近，从而发明了这样的名字。

总之，应神天皇的大本营究竟在哪里，通过《应神天皇纪》的记述是完全无法判断的。

奇怪的事情不只是这些。不仅是在《应神天皇纪》中，甚至在《日本书纪》全卷中都没有关于应神天皇陵寝所在地的记载。也就是说，这个天皇是没有陵寝的。

应神天皇的本名是"誉田"或者是"誉田别"。但在《日本书纪》里更往后一些的部分，即《雄略天皇纪》中，却出现了"誉田陵"的字样。

河内国飞鸟户郡的田边史伯孙的女儿是同国古市郡的书首加龙的妻子。听闻女儿产子，伯孙便前去女婿家祝贺，在月明之夜归来。中途在蓬蔂丘的誉田陵和一个骑着赤马的人同行。这匹赤马看起来是匹良马，因为想要这匹马，伯孙便挑衅骑马人与其赛马，然而伯孙的苇毛马怎么也追不上。骑马的人知道伯孙想要自己的马，便答应同伯孙交换。喜出望外的伯孙和那人换了马便骑回了家。翌日一看，厩里的赤马变成了埴轮马（土俑马）。伯孙觉得可疑，便跑去誉田陵一看究竟，却发现自己的苇毛马竟然在埴轮马里边。

这是个有名的故事，这里所说的"蓬蔂丘的誉田陵"，就是《延喜式·诸陵式》中记载的位于河内国志纪郡的应神天皇的"惠我藻伏冈陵"，也就是如今我们所说的在大阪府羽曳野市的"应神陵"的古坟，这点是可以确定的。但必须要注意的是，《雄略天皇纪》把这个古坟称为"誉田陵"，绝没有写成"誉田天皇陵"。

也就是说，在《日本书纪》完成的 720 年，誉田陵应该还没有被当作应神天皇陵。

这样看来，关于应神天皇，如果不存在以其为主人公而活跃的故事，加上皇居的场所不确定，甚至连陵寝也不存在，那么就不用担心这位天皇是不是真实存在的人物了。恐怕，他是为了将仁德天皇以后的历代天皇与始祖仲哀天皇、神功皇后联系起来而重新创作的人物。同时,《日本书纪》的编撰者们又将本来没有特定天皇名字的歌物语,以及各式各样的氏族祖先的传说放入应神天皇时代的记载中并罗列出来,也就成了今天我们所看到的《应神天皇纪》的形式。

如果是这样的话,作为应神天皇父母的仲哀天皇、神功皇后到底又是怎样的呢?刚刚我保留了结论,那现在可以做出判断了:这两位不是人,而是海神,是香椎宫的祭神。

香椎宫的起源是极近的事情,仲哀、神功二柱神的出现,恐怕也不能追溯到齐明天皇为了再兴百济将大本营设立在这里的 661 年。在唐—新罗联军强大的武力重压下,日本处于必须倾尽国力而战的异常紧张的状态中,因此做出一种宗教式的虚构也是很容易理解的。现在的《齐明天皇纪》中有段记载:为了建朝仓宫而砍掉朝仓社的木头,神灵大怒而在大殿落雷;宫中又出现了鬼火;很多大舍人、近侍病死,天皇也在朝仓宫中去世;在朝仓山上有戴着大笠的鬼出现并注视为天皇送葬的行列……这些记载都传达了当时异样的气氛。在这样的情况下,如同附体神功皇后并通报姓名、承诺守护远征军的诸神一样,香椎诸神也出现在齐明天皇一行中,而将这二柱从筑紫请回来的是天智天皇。神功皇后的本名是气长足姬(オキナガタラシヒメ〔Okinagatarasihime〕),这与齐明天皇的亡夫——舒明天皇的本名息长足日广额(オキナガタラシヒ・ヒロヌカ〔Okinagatarasihihironuka〕)基本相同。此外,天智天皇曾迁都至近江的大津宫,而"息长"是大津近江的地名。

因此,《日本书纪》中《仲哀天皇纪》和《神功皇后纪》所讲述的两个人的事迹,恐怕是被香椎诸神"附体"的巫女凭灵感而说的二柱的缘起与由来。后来为了反映齐明天皇和天智天皇时代的现实，就被书写成了这样的形式。

不存在的东征

不过，刚刚在介绍《仲哀天皇纪》与《神功皇后纪》中的故事的时候，就如上文所注意到的，在这二柱神的起源上，《魏志·倭人传》中举出名字的北九州倭人诸国——末卢、伊都、奴、不弥——全部登场了，而以金印闻名的奴国之地成为其中心，并且在北九州出生的应神天皇迁往近畿成了王。若将此与神武天皇东征的传说联想到一起的话，那么北九州的邪马台国之后搬迁到近畿，出现了大和朝廷等等观点是可能存在的。被如此天马行空的想象诱惑的人，或许是有的。不过很遗憾，这极富魅力的设想，完全没有什么根据。

首先，如果是以北九州为舞台的故事的话，那松浦、伊睹、傩等地的出现就是理所当然的，没有必要也没有理由认为女王卑弥呼时代的记忆还残留着。尤其是因为博多港在地理上的必然性——这里一直是与朝鲜半岛的联络地，因此奴国在这里兴起，且后人在这奴国的故地建立了香椎宫。也正因为如此，齐明、天智朝再兴百济的作战基地也被设置在这里，但香椎宫与很久以前的奴国王家并没有什么关系。

其次，香椎宫在《延喜式》中被称为"香椎庙"，享受着如皇室祖庙一般的待遇。《日本书纪》更是将香椎的祭神人格化，并作为仲哀天皇、神功皇后编入皇室的谱系。看一下《续日本纪》，香椎宫（庙）的名字只出现了3次，分别是在737年、759年和762年，无论哪一次都是面临与新罗作战的危机之际而上供的记事。可以看出，即使说香椎宫是庙,其实也并不是皇室的祖庙,它只是与新罗征伐有关系的特殊的庙。这就是香椎宫的信仰,因为它是白村江战败的产物。

再次,应神天皇出生于筑紫,这是因为,母亲神功皇后是从海中驾临,并在海边生下了海之女神。在《日本书纪》的"神代卷"中登场的海神的女儿丰玉姬也是同一类型的女神,她乘风破浪来到海边,生下了彦波潋。但她因为被看到了真身龙形而感到害羞,便断绝了海陆的交通起身离去。作为香椎祭神的儿子的应神天皇,生于筑紫的海边是理所当然的,但这并不能作为皇室在北九州起源的根据。

最后,应神天皇并没有从北九州迁移到近畿。神功皇后与诸神同船航行在濑户内海,并让诸神在广田、长田、生田、住吉下船。神功皇后的东征仅此而已,应神天皇并没有与之同行。带着天皇去东方的是武内宿祢,此行的终点则是纪伊,而绝不是所谓"大和朝廷"所在的地方。这位武内宿祢也是个虚构的人物,是作为苏我氏的祖先被想象出来的。正如上文所说,应神天皇宫殿的名字在每个故事中都不一样,它的所在地究竟在哪里也并不清楚,就连陵寝也不存在。尤其是应神天皇从北九州来到畿内建立王朝等一些话,都不是轻易就可以说的。

由此,请诸位务必记住,至少在与第二王家相关的领域,可以看作暗示皇室是从西方起源的确切迹象是完全找不到的。

创业的君主——仁德天皇

但是,说起从仁德天皇起往后的七代,与让人印象不深的应神天皇不同,他们的都城和陵寝的地点都有明确的记录。唯有例外的是允恭天皇,其宫殿的名字并未被记载。即便如此,我们也能从故事的脉络看出允恭天皇的宫殿是在大和国高市郡，也就是当今橿原市一带。

用《新古今集》中的一首歌来歌颂《仁德天皇纪》中的这位圣君是再合适不过的了：

> たかき屋に　のぼりてみれば
> 煙立つ　たみのかまどは
> にぎはひにけり

> 仁德天皇登上高殿，眺望国家的风景，
> 民家的灶前炊烟升起，
> 想到民众都能安心生活，心生喜悦。

也就是说，仁德天皇定都难波，称其宫殿为高津宫，此建筑极为朴素。有一天，天皇向群臣说道："我登上高台眺望远方，不见烟起。想来，不就是人民生活贫困，家家都不能做饭吗？"于是，他免除了三年的赋税和徭役，以身作则地节衣缩食，连宫殿破损了也不修理。三年之后，天皇又登上高台，遥望处处升起的炊烟，对皇后说："我已经富有了，不用再担心了。"皇后说："所谓富有，指的又是什么呢？"天皇说："那一定是国家充盈着炊烟，人民富裕了。"皇后又道："宫殿破损了也不能修理，为何是变得富裕了呢？"天皇说道："君主本为人民而存在，人民富裕了就不能说君主贫困。"同时，诸国请求营建宫殿也不予许可。又三年后，仁德天皇才开始征收赋税、征发徭役，着手宫殿的营建。这时的人们并没有被强征，都是主动加入到工事之中，夜以继日地竞相工作。不久，宫殿就全部完工。即使到了今天，圣帝还一直倍受歌颂。

这个故事乍看之下，展现出的是儒学教化下的"圣王德化"，但其本质上是日本建国故事的一部分，它讲述了建都难波的缘由，也叙述了自那之后马上出现在大阪平原上的接连不断的大规模工事的故事。

天皇对群臣说："国家湿地辽阔，耕地稀少，河水流速缓慢且地面排水不良。雨量一多海水就会倒流，市街和道路便会浸水。因此要好好挖渠排水，防止浸水，保护耕地和住所啊！"

于是，天皇在国都的周围建设了难波堀江、茨田堤、横野堤、猪甘津小桥，又在京中修建了大道，大道从南门直达丹比邑。之后又挖了感玖大沟，引石河的水灌溉上铃鹿、下铃鹿、上丰浦、下丰浦的原野，开垦了四万余顷田地。

这无疑是国家工程的规模，展现了创业君主仁德天皇的风貌。仁德天皇生前建造自己陵墓的故事也于民间广泛流传。天皇去河内的石津原，定下了陵地，开始修陵。可是修陵时从田野中跳出来一头鹿，跑到了忙于劳役的百姓中间，忽然间倒下死去了。人们感到可疑便去找它受伤的部位，这时从鹿耳中飞出了一只百舌鸟。人们往鹿耳里一看，发现耳朵被咬裂了。自那以后，那个地方就被称为"百舌鸟耳原"了。

不用说，这就是世界上屈指可数的巨大王墓——著名的仁德天皇陵。在这片原野上，仁德、履中、反正三代天皇相继被葬于此处。但除此之外，《日本书纪》中再没有特别记载天皇陵兴建的相关内容。可以说这是与创业君主相符的记事。但是，从仁德天皇开始的七代天皇都有相同的特征，国都和陵地自不必说，他们都有将本人作为主人公的故事，这些故事也全是围绕着皇位继承的斗争而展开的。

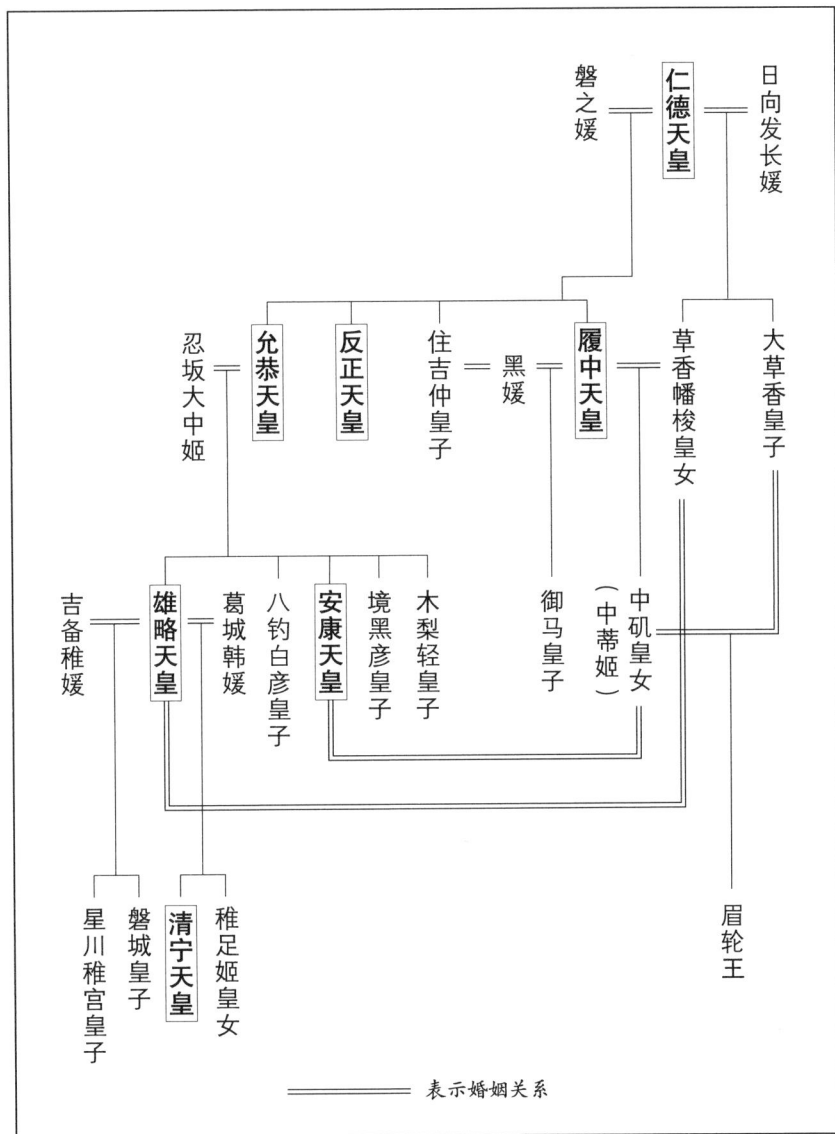

表示婚姻关系

隼与鹪鹩

仁德天皇与他的妻子磐之媛皇后，生下了履中天皇、住吉仲皇子、反正天皇、允恭天皇四个孩子。而磐之媛是葛城袭津彦的女儿。

前文也曾经提到过，仁德天皇与日向发长媛也生有大草香皇子和草香幡梭皇女。

磐之媛被描述成一个善妒之人。天皇在封一个叫八田皇女的人为妃后，磐之媛就变得歇斯底里，在山城的筒城宫中闭门不出。尽管天皇竭力劝导，但是她终究也没有再回到难波，最后死在了筒城宫。有很长很长的歌物语讲述了这个故事。

磐之媛皇后死后，八田皇女成为皇后。在《应神天皇纪》中，这位八田皇女被当作菟道稚郎子太子的同母妹。根据《仁德天皇纪》的记载，在应神天皇死后，大山守皇子想杀害太子自己登上皇位。太子从仁德天皇那里收到通知后，便在菟道的渡口变装成渡守伺机而动，在河中掀翻了船，将大山守皇子溺死了。

这之后，太子就建了菟道宫并住在那里，三年间与仁德天皇互让皇位。因为仁德天皇没有接受，太子就自杀了。仁德天皇迅速从难波赶到菟道，跨在尸体上喊了三遍太子的名字，太子复活了。太子劝仁德天皇即位，并在临终时把妹妹八田皇女托付于仁德天皇，就又死去了。后来仁德天皇将太子葬到了菟道的山上。

之前所说的大山守皇子之乱的故事，与仁德天皇几乎没有关系。菟道稚郎子原本不过是宇治地方传说的主人公，是虚构的应神天皇的皇子。他被编入皇室的系谱，无非是为了将仁德天皇改写成具有儒教风度的圣王的一个小工具罢了。

而且，在《应神天皇纪》中，举出了八田皇女的同母妹的名字，叫"雌鸟皇女"。这位皇女在《仁德天皇纪》中也登场了，在隼别皇子和仁德天皇争风吃醋的歌物语中成了中心人物。天皇想立雌鸟皇女为妃，派隼别皇子为使者，然而隼别皇子自己与雌鸟皇女结婚了。不知情的仁德天皇来雌鸟皇女的宫殿拜访，皇女的织布女唱道：

> ひさかたの　天金機
> 雌鳥が　織る金機
> 隼別の　御襲料
>
> 好久没有听到金机织布的声音，
> 而此时雌鸟在用金机织着布。
> 织的是隼别王袭衣的料子。

隼别皇子又枕在皇女的膝盖上说："鹪鹩和隼哪个快呢？"皇女说："隼更快呢。"

皇子说："所以我领先了。"因为仁德天皇的本名是大鹪鹩，皇子的舍人唱道：

> 隼は　天に上り
> 飛びかけり　いつきが上の
> さざきとらさね
>
> 隼啊，
> 冲上天空，
> 去捕那斋场的鹪鹩。

仁德天皇大怒想杀了隼别皇子。皇子和雌鸟皇女一起逃走了，后来在伊势被杀身亡。刺客违背了命令，偷走了皇女随身携带的玉。事情后来败露了，刺客便以死抵罪，从此这个地方就被称为"玉手"。

这个故事是通过对比隼与鹪鹩两种鸟类延伸出来的。在这个故事中出现的名字叫作"雌鸟"的皇女，不用说也知道她不是真实存在的人物。如果同母兄妹的菟道稚郎子太子和雌鸟皇女都是虚构的话，八田皇后是否真的存在也变得可疑。结果，在对《日本书纪》中这个王家故事脉络的叙述中，仁德天皇的后妃里只有磐之媛和发长媛两个人的存在有意义。她们的血统彼此纠缠，构成了直到雄略天皇为止的皇位继承斗争的背景。

围绕皇位继承的斗争

仁德天皇死后，当时还是太子的履中天皇还没即位，那时他想与一个叫作黑媛的人结婚，于是便派同母弟住吉仲皇子去找黑媛。可是仲皇子自称是太子，并且与黑媛共度一夜，却忘了戴自己的手铃就回去了。第二夜，不知情的太子来到了黑媛家中，进入卧室。太子在床边听到了铃铛的声音，觉得很奇怪，便问道："这是什么铃铛？"黑媛说："这不是昨夜您自己带来的铃铛吗？"太子察知了情况，就默默地离去了。

知道此事后担惊受怕的仲皇子，意欲起兵杀掉太子，并包围了太子的宫殿。近臣们救出了太子，逃离了难波京去了大和，居住在石上神宫。后来，他的弟弟反正天皇追着哥哥来到了石上，但太子怀疑他的动机，没有去见他，说让他杀了仲皇子再来见自己。反正天皇回到难波，利用仲皇子的近侍隼人，伺机暗杀了仲皇子。就这样，反正天皇又回到了石上，太子见了反正天皇，大大提拔了他。

于是，太子在大和的磐余稚樱宫即位成为履中天皇，他的妃子黑媛生下了磐坂市边押磐皇子、御马皇子、青海皇女（饭丰皇女）。

虽然《履中天皇纪》中是这样记载的，但与之前所说的显宗、仁贤弟兄谱系的相关内容一样，市边押磐皇子和饭丰皇女原本并不是履中天皇的孩子，而只有御马皇子是黑媛生的。后面又说，由御马皇子被雄略天皇所杀派生出了市边押磐皇子也被雄略天皇所杀。

此事在此暂且不论。根据《履中天皇纪》的记载，黑媛因筑紫的宗像神社中三女神降下的灾祸而死。黑媛死后，履中天皇与异母妹草香幡梭皇女再婚，生下了中矶皇女（中蒂姬）。中蒂姬与母亲的哥哥大草香皇子结婚，生下了眉轮王。

且说履中天皇死后，同母弟反正天皇即位，他死后，同样兄弟相续，于是允恭天皇即位。

允恭天皇和皇后忍坂大中姬之间生有五男四女，其中男子是木梨轻皇子、境黑彦皇子、安康天皇、八钓白彦皇子、雄略天皇。

木梨轻皇子与同母妹轻大娘皇女相恋，打破了近亲结合的禁忌[①]。允恭天皇死后，木梨轻皇子违背群臣的建议，与弟弟安康天皇作战，结果导致自己失败而死。

安康天皇为了弟弟雄略天皇，向皇女的兄长大草香皇子派出使者欲求娶伯父履中天皇的遗孀草香幡梭皇女。大草香皇子欣然允诺。作为承诺的证明，大草香皇子将带有玉饰的宝冠托付给使者根使主。根使主起了贪心，藏起了宝冠，向安康天皇报告说大草香皇子做出了侮辱性的答复。天皇大怒，起兵杀了大草香皇子。大草香皇子之妻中蒂姬自己嫁给了安康天皇，并将幡梭皇女嫁给了雄略天皇。

大草香皇子与中蒂姬的孩子是眉轮王，他跟随母亲从小在宫中长

① 日本古代社会和同为父系社会的中国汉民族社会不同，并没有严格的外婚制度。除了亲子以及同父同母的兄妹之间存在近亲结合的禁忌之外，日本古代并没有严格的近亲结合的禁忌，尤其是皇族的内婚很普遍。木梨轻皇子兄妹被认为打破了禁忌是因为他们是同父同母兄妹。——译者注

大。有一天，他偷听到了安康天皇和皇后的对话，知道了自己生身父亲的不幸命运，便刺杀了熟睡中的安康天皇。

雄略天皇怀疑此举是他的兄长们所为，于是起兵杀害了八钓白彦皇子。坂合（境）黑彦皇子和眉轮王逃到了葛城的圆大臣家，后来他们全部被消灭了。

此后，雄略天皇对于安康天皇曾指定市边押磐皇子为继承人怀恨在心，就以狩猎为借口将市边押磐皇子骗到了近江的蚊屋野，将其射杀。

因为御马皇子从前就和三轮的君身狭关系很好，雄略天皇想就此报复他，于是雄略天皇出兵三轮。在三轮的磐井，雄略天皇的军队与御马皇子的军队发生战斗，御马皇子战败被捕。御马皇子被杀的时候，他指着井诅咒道："我祈祷这里的水只有人民能喝，君主不能喝。"

以上就是《雄略天皇纪》的记述。在这里只有市边押磐皇子的故事是错误的。坂合黑彦、八钓白彦和御马皇子全部是在大和境内被雄略天皇的武力消灭的。只有市边押磐皇子是在远离此地的近江，而且是在和平狩猎中被暗杀的，这一情节与这种非常时期的氛围并不相符。这是因为，这个故事与御马皇子的悲剧相关，是后来加进去的一段内容。

继续《雄略天皇纪》的故事。吴国①的使者来朝的时候，根使主被选为陪同人员。根使主戴上了私吞的大草香皇子的宝冠，出席了为吴国使者举行的宴会。对美丽宝冠的赞誉很快传开，听闻消息的天皇命令群臣保持和宴会上相同的着装在殿前侍奉。幡梭皇后看见根使主

---

① 《日本书纪》中的"吴"的实际所指不明，一般认为是指中国的江南。——译者注

的宝冠后哭泣起来。天皇问其原因，皇后说道："这宝冠，正是兄长大草香皇子应承安康天皇所言，要将我赐予陛下时，我方要献上的东西。"根使主逃走，并在和泉的日根为天皇的军队所杀。

吉备上道臣田狭在雄略天皇的宫殿旁炫耀其妻稚媛的美貌。驻足偷听的天皇任命田狭为任那国司。天皇在田狭外出期间召见稚媛，并与稚媛生下了磐城皇子和星川稚宫皇子。

另外，圆大臣被天皇消灭后，其女儿韩媛与雄略天皇生下了稚足姬皇女。

雄略天皇临终前在卧榻上对大伴室屋大连和东汉掬直留下遗嘱，不让星川稚宫皇子加害清宁天皇。天皇死后，吉备稚媛指点其子星川稚宫皇子，让其夺取大藏。磐城皇子想要阻止他，但也无济于事。室屋和掬直发动军队包围了大藏，并放火烧死了吉备稚媛和星川稚宫皇子。就这样，清宁天皇即位了。

倭王武的表文

这一个接一个的故事都很血腥，让人有些吃不消。这些就是《日本书纪》中从《仁德天皇纪》到《清宁天皇纪》的部分所记载的这七代天皇的故事梗概。将这些内容与《应神天皇纪》中断片似的故事集合相比较，就会发现这些故事立马现实起来。不由得让人感到登场人物的行动各自相互关联，同时整个故事也在全面展开。

这样的话，是不是将这七代天皇的故事作为史实去接受就可以了呢？答案是否定的。

不过，因为这个谱系与故事的脉络紧密联系，所以我们猜测是有什么根据存在。但这些故事只是对皇位的相关问题表现出了过多的关心，除此之外，有关国内政治和军事的重要问题几乎没有涉及。在对外关系方面，《日本书纪》里有很多引用百济史料而展开的记事，这样的史料在性质上与国内的形势完全没有联系。也就是说，从《日本书纪》的讲述中，我们感受到的只是对当时实情的极度歪曲。这就像之前说的那样，对于下令编撰《日本书纪》的皇室来说，从仁德天皇到清宁天皇的时代，是个完全没有血统关系的时代。不管怎样都好，因为那已经是很久以前的传说的时代了。

不过，对我们而言，幸运的是有同时代的对这七代的确切记录。这份记录不是别的，正是十分著名的倭王武的表文。根据公元488年完成的、由沈约所著的《宋书》的记载，478年倭王武派遣的使者呈递给南朝刘宋皇帝的表文中有如下内容：

> 封国偏远，作藩于外，自昔祖祢，躬擐甲胄，跋涉山川，不遑宁处。东征毛人五十五国，西服众夷六十六国，渡平海北九十五国，王道融泰，廓土遐畿，累叶朝宗，不愆于岁。

这是5世纪的日本人在当时自述的建国历史。因此，其可信度之高，是诸如《日本书纪》这类的史书无法相提并论的。这个表文所传达的意象，与刚刚概观过的《日本书纪》的故事内容完全不同。"祢"是祭祀父亲的庙，因此"祖祢"意味着死去的祖父和父亲。所以从表文中来看，自倭王"武"的祖父那代以来，倭王们就亲自率领军队东征西讨，甚至出兵海外。[1] 但是，根据《宋书》的记载，倭王"赞"

---

① 现在学界对于倭王武所上表文也有很多细致的研究，其内容存在自我夸大的可能性，并不完全可信。——译者注

首次出现是在公元 421 年。被立为"赞"下任的倭王是其弟"珍"，他的首次出现是在 438 年。在 442 年，与"珍"不知是何亲缘关系的"济"出现了。"济"的孩子"兴"出现于 460 年，"兴"的弟弟"武"则最早在 447 年或 448 年出现。

5 世纪，与《日本书纪》中的第二王家所处的年代正好吻合。"赞"和"珍"是兄弟、"济"之子"兴"和"武"是兄弟，这与在《日本书纪》中记载的履中和反正是兄弟、允恭之子安康和雄略是兄弟的关系相一致。所以一般可以认为，所谓"倭五王"就是《日本书纪》中所说的从履中天皇到雄略天皇的五代。事到如今自不必多言。

但在这里有一个难点，即在《梁书·诸夷传》的记载中，"珍"被写成了"弥"，其子是"济"。如果将反正天皇当作"珍"、将允恭天皇当作"济"的话，两者的关系应不是父子，而是兄弟，所以从这里看，这样推测是不妥当的。但《梁书》是在《宋书》成书后约一百五十年的 636 年才出现的，不过是作者姚思廉将《宋书》的字面内容加以归纳后写就的东西。那个时代，父子相续已经成了中国人的常识，所以这不过就是将没有写明亲缘关系的"济"敷衍地写成了前王"珍"（弥）之子罢了。

这样一来，倭王武的祖父那一代，并不是"赞"和"珍"，而应该是再往前的一代人。将此观点与分析《日本书纪》中的传说所得到的结果——第二王家的仲哀、神功、应神三代天皇应该并不真实存在，在最古老的传承形式上，仁德天皇仿佛有被当作初代天皇的迹象——放在一起考虑的话，便可以得出结论：亲自指挥军队转战于各地、处于"东征毛人五十五国，西服众夷六十六国，渡平海北九十五国"的建国时期的倭王们，就是仁德天皇、履中天皇、反正天皇、允恭天皇他们几位①。

可是，无论反复阅读多少遍《日本书纪》，都不能让人感受到倭王武表文中描绘出的那种如戏剧般的日本建国时期的紧张氛围。在《日本书纪》中，这段历史给人的印象好像是只有建都难波、开拓河内平原的仁德天皇才展现了创业君主的风范，而依靠武力实现日本统一等事实则被完全忘记，仿佛日本从记录的最开始直到关东与九州实现统一的过程中，反复发生的只有充斥着血雨腥风的皇位争夺战。

不用说，这自然不能反映史实。在此之前引用《马来纪年》的例子时我已提醒过大家，这本书所讲述的马六甲王国的建国历史，与同时代中国和葡萄牙的记录完全不符。与其说是史实，倒不如说它只是通过传达 1511 年在葡萄牙舰队的攻击下，马六甲陷落之前的情况，将此投射到过去的一种意象。与此相同，《日本书纪》也只是将舒明天皇即位以来的国情和围绕皇位问题的政争模式，带到了古老的第二王家时代的记述中。无论多么细致地分析具备如此性质的《日本书纪》，据此而描写出的古代日本的容姿，只会与 5 世纪——古老年代的史实相去甚远。这充其量不过是《日本书纪》完成时，8 世纪的人们模糊构思的"过去"，换言之，这不过是再现了古老故事的世界。这样的观点是在研究古代史时不能忘记的，无论多少次反复确认都不为过。

---

① 对《宋书》的"倭五王"到底对应《日本书纪》中的哪几位天皇这一问题的回答，学界有多种观点。有基于对《日本书纪》的怀疑而认为两书的谱系本就不能一一相对应的说法。但由于存在金石文的证据，倭王武和雄略天皇被认为是同一人基本是学界的定论。——译者注

第五章

大和朝廷并不真实存在

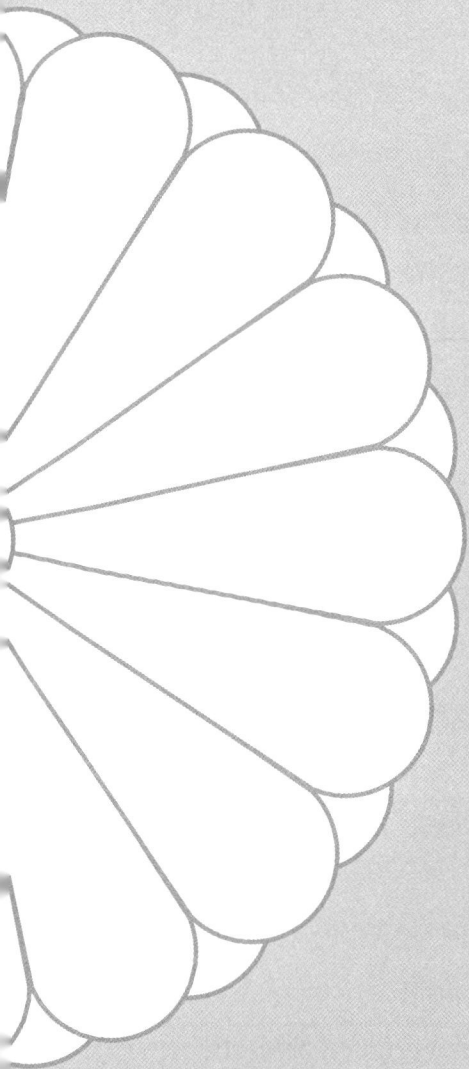

被创造的 "大和朝廷"

若从《日本书纪》中接近末尾的讲述新时代①的部分开始向前追溯，细细品味的话，就会发现其可信度在下降。因此，我们也会知道，在《日本书纪》中被置于第十七代的仁德天皇是真实存在的最早的君主。而在那之前的仲哀天皇、神功皇后、应神天皇三代都不是真实存在的人物。尤其是仲哀、神功夫妇，他们在 663 年的白村江战败前后，才开始作为香椎诸神而为人所知。

这样一来，就有了一个问题，《日本书纪》此前记载的从神武天皇到成务天皇的这十三代，到底有多少可信度呢？尤其是根据《日本书纪》的记载，这十三代天皇都定都于大和，并且在奈良盆地各处留下了天皇陵。这点非常重要，因为依据这些，人们就会判定这是所谓历代 "大和朝廷" 的所在了。

在 5 世纪初，仁德天皇于难波建设国都、其子孙在河内营建宏伟的王墓之前，在山的另一边的大和土地上，是否存在着此前的王朝呢？如果有的话，这个 "大和王朝" 和开始于仁德天皇的 "河内王朝" 之间，又有着怎样的联系呢？进一步说，大和朝廷的 "ヤマト"（yamato）和被记载于《魏志·倭人传》中的存在于 3 世纪的 "邪马台国" 之间

---

① 即编纂《日本书纪》的天武、持统朝。——译者注

又有怎样的关系呢？ ①

令人费解的是，就像不知为何人们无法抑制自己对太古时期紫云缭绕的"大和朝廷"充满诗意的想象一样，就连身处 21 世纪的我们，也对其存在的真实性毫不怀疑。不过，也有很多人来回摆弄王朝谱系，沉醉于诸如"葛城王朝"②"三轮王朝"③ 和"入彦王朝"④ 之类的空想，这又是为什么呢？

抛开上述先入为主的想法，我们尝试冷静地去思考《日本书纪》的记载，发现从神武天皇到成务天皇的这十三代，不论是谱系还是事迹，都看不出一点儿像是史实的东西，所存在的仅仅是一种痕迹。这个痕迹表明，围绕这十三代天皇的传承的全部内容都比仲哀、神功夫妇的出现更晚，是到了 7 世纪才被创造出来的。

换言之，所谓"大和朝廷"完全就是幻象。它只不过就是将 7~8 世纪的时候大和在政治上的重要性投射到遥远过去的产物，绝不是自古以来保存至今的历史。

这样一来，也许就会有人提出异议：若真是这样的话，如今存留在奈良县各地的，以神武天皇的亩傍山东北陵（橿原市）为代表的这十三代的天皇陵，又到底是怎么回事呢？可是，将这些古坟按照从神武天皇到成务天皇历代进行分配的根据不是别的，正是《日本书纪》的记载。因此，在分析了《日本书纪》的原文后，确定了这些故事其

---

① "大和"的日语读音为"ヤマト"（yamato），"邪马台"的日语读音为"ヤマタイ"（yamatai），两者发音有些相似。——译者注

② "葛城王朝"由鸟越宪三郎提出，认为初代神武天皇到第十代崇神天皇是存在的，并将其划为一个王朝，其王朝的所在地在奈良县的葛城，故名。——译者注

③ "三轮王朝"由水野祐提出，认为崇神天皇一族的统治是存在的，其统治中心位于三轮山，故名。水野祐在自己的研究中又将其称为"古王朝"。——译者注

④ 在"三轮王朝"的君主名字中，都有"入彦"（イリヒコ）的字样，因此"三轮王朝"又被称为"入彦王朝"。——译者注

实是后世新创造的、并不是自古传承的那一瞬间，"大和朝廷"的幻象也就自然烟消云散了。无论奈良盆地有多少古坟，出土了多少文物，都不能证明其真实存在。除非从崇神陵或者垂仁陵中发现了以汉字镌刻的墓志铭之类的资料，否则考古学对这个问题毫无用处。

在《日本书纪》的谱系中，从神武天皇到成务天皇全部是直系父子相续。

> 1. 神武天皇的三子是绥靖天皇；
>
> 2. 绥靖天皇的独子是安宁天皇；
>
> 3. 安宁天皇的次子是懿德天皇；
>
> 4. 懿德天皇的独子是孝昭天皇；
>
> 5. 孝昭天皇的次子是孝安天皇；
>
> 6. 孝安天皇的独子是孝灵天皇；
>
> 7. 孝灵天皇的次子是孝元天皇；
>
> 8. 孝元天皇的次子是开化天皇；
>
> 9. 开化天皇的次子是崇神天皇；
>
> 10. 崇神天皇的三子是垂仁天皇；
>
> 11. 垂仁天皇的三子是景行天皇；
>
> 12. 景行天皇的四子是成务天皇。

因此，其间连一次兄弟相续的情况都没有。

从仁德天皇到持统天皇共二十四代，试着比较除去女帝的二十一代天皇的皇位继承方式，会发现兄弟相续与父子相续的比例为 3 : 2。

父子相续（六例）

仁德—履中

允恭—安康

雄略—清宁

仁贤—武烈

继体—安闲

钦明—敏达

兄弟相续（九例）

履中—反正

反正—允恭

安康—雄略

显宗—仁贤

安闲—宣化

宣化—钦明

敏达—用明

用明—崇峻

天智—天武

也就是说，在5世纪以后的皇室继承中，兄弟相续的情况比父子相续更普遍。与此相比，更古老的"大和朝廷"中只有直系父子相续，而且就其中十三代天皇而言，这一继承方式至少被严格执行了三百年，其间连一次兄弟、旁系相续的情况都没有。

直系父子相续是中国自周朝以来持续了三千多年的传统。不过就算在中国，兄弟相续以及因直系血统断绝而以旁系血统来继承帝位的例子，在任何王朝都会存在。这一点，不论在哪一份世界史年表中都会有清楚的记录。只要看一下中国历代王朝的图谱，就会马上明白。

尽管如此，就所谓"大和朝廷"而言，在这十三代间，居然连一次例外都没有，无论怎么想，这种情况也太不正常了。

事到如今也就不必说了。持统、元明、元正三代女帝都对《日本书纪》的编纂倾注了热情。因此第一王家的谱系就是为了迎合直系父子相续的理想而被捏造出来的东西。它与仁德天皇以前的日本的实际情况没有任何关系，完全是被创造出来的。

针对这样的断言，也许会有不同的观点。例如：这个谱系只是传达了真实存在过的古时天皇的名字，实际上其中也有兄弟相续的情况存在，却错误地将其全部记录成是父子相续了。或者还有另外的观点：谱系本身是正确的，但它可能只列举了后世皇室的直系祖先，其中可能存在没有留下名字的天皇。皇位继承顺序也可能与谱系中并不相同。

这两个不同的观点，乍一看貌似都合乎情理，但若是好好考虑一下，就会发现这两个观点的共通点是，《日本书纪》的记述没有传达史实。利用如此没有可信度的史料，出发点就是模棱两可的，所以无论研究者再怎么努力，得出的结论也只能是存疑的。尽管如此，想要确认"大和朝廷"的真实性，彻底究明其实际情况，就已经是超越了历史学的领域的个人嗜好了。即使是空中楼阁，享受构筑它的乐趣也是无妨的。

崇神天皇其实是草壁皇太子

《日本书纪》记载了从神武到成务间的三个与皇位继承相关联的皇室家庭纠纷的传说。有趣的是，这些都与 7 世纪日本真实发生的政治问题颇为相似。

第一个是《绥靖天皇纪》中有关手研耳的故事。

神武天皇在日向居住的时候迎娶了吾田（萨摩）的吾平津姬，与她生下了长子手研耳。天皇在迁到大和之后，就迎娶了事代主神的女儿媛蹈鞴五十铃媛为皇后，生下了次子神八井耳和三子绥靖天皇。

因为手研耳年长，很早就开始代管国政，所以在神武天皇死后，手研耳于服丧期间摄政，便起了恶念，企图杀害两个同父异母的弟弟。二人得知此事后打造弓箭，欲袭击正在片丘的大岩屋中睡觉的手研耳。神八井耳因害怕而手抖，没有放箭。弟弟绥靖天皇从兄长手里拿过弓箭，立即射杀了手研耳。兄长感到惭愧，便将皇位让给弟弟，绥靖天皇就这样即位了。

这个故事要表达的意思是，即使年长，庶子也是没有皇位继承权的。而在嫡子之间，更加英勇的弟弟继承皇位也是可以的。

看看7世纪的皇室，就可以知道故事中描绘的人物各自代表着谁：神武天皇代表舒明天皇，手研耳代表古人大兄皇子，神八井耳代表天智天皇，绥靖天皇代表天武天皇。就如之前所阐述的，舒明天皇和苏我氏法提郎媛生下的古人大兄，是皇位的实力候选人，但是他却被舒明天皇和其皇后皇极（齐明）天皇之子天智天皇杀害了。在天智天皇死后，其儿子大友皇子被他父亲的同母弟弟天武天皇夺取了皇位。

所以，手研耳的故事否定了古人大兄和天智天皇的皇位继承权，并委婉地主张天武天皇才是舒明天皇的正统继承人。

第二个家庭纷争就是《崇神天皇纪》中武埴安彦叛乱的故事。

孝元天皇的皇后郁色谜，生下了两男一女，分别为大彦、开化天皇、倭迹迹姬，妃子埴安媛生下了武埴安彦。大彦的女儿御间城姬成为开化天皇的儿子崇神天皇的皇后。

大彦作为将军被派遣到北陆，来到大和的和珥坂时，听到一个少女正在唱歌：

> ミマキイリビコはや
> 己が命を　殺せむと
> ぬすまく知らに　姫遊びすも

> 御间城入彦呀，
> 还不知道有人在伺机取他的性命，
> 正在和姑娘游戏呢。

"御间城入彦"是崇神天皇的本名。大彦感到可疑便问少女，少女又唱了一遍同样的歌，转瞬便不见了踪影。听闻大彦的报告，崇神天皇的叔母倭迹迹日百袭姬判断，这是武埴安彦谋反的前兆，便建议先发制人，于是派遣部队讨伐。武埴安彦果真率军来袭，但大败于大彦的部队而被杀。

这也与前面手研耳的故事相同，反映了天智天皇在 645 年杀害了古人大兄的事件。也就是说，一方面，这个故事中的孝元天皇就是舒明天皇，其妃子埴安媛就是法提郎媛，其子武埴安彦就是古人大兄。另一方面，皇后郁色谜就是皇极（齐明）天皇，其子大彦就是天智天皇，大彦之弟开化天皇就是天武天皇。开化天皇的儿子崇神天皇在这个故事中并没有扮演重要的角色，仅仅是被描述为"与女子游戏"的孩子，这就是天武天皇和皇后持统天皇的独生子——草壁皇太子。其证据就是，崇神天皇的皇后是大彦女儿御间城姬，而草壁皇太子的妃子不就是天智天皇的女儿元明天皇吗？

预言武埴安彦叛乱的倭迹迹日百袭姬在《崇神天皇纪》中被记载

为"天皇之姑"。"姑"是父亲的姐妹的意思。她和倭迹迹姬是同一个人，也就是天智和天武的同母姊妹间人皇女。

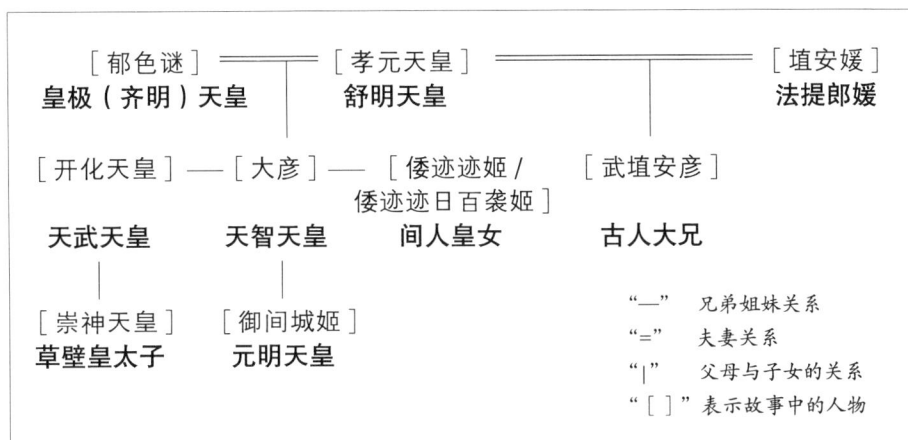

```
[郁色谜]═══════[孝元天皇]═══════════════════[埴安媛]
皇极（齐明）天皇    舒明天皇                      法提郎媛

[开化天皇]───[大彦]───[倭迹迹姬 /       [武埴安彦]
                      倭迹迹日百袭姬]
天武天皇      天智天皇    间人皇女          古人大兄

[崇神天皇]   [御间城姬]              "—"    兄弟姐妹关系
草壁皇太子    元明天皇               "="    夫妻关系
                                    "|"    父母与子女的关系
                                   "[ ]"  表示故事中的人物
```

辜负丈夫的间人皇后

接着这个故事，在《崇神天皇纪》中又记载了倭迹迹日百袭姬辜负其丈夫信任的故事。

自谋反事件之后，倭迹迹日百袭姬就成为大物主神的妻子。但是这位神白天不现身，只有晚上才会出现。于是倭迹迹日百袭姬对丈夫说："您平日在白天从不现身，我一直无法一睹您的风采。明天早晨，请您无论如何都要现身，让我一睹您的英姿。"神回答道："你的请求合乎情理。明天早晨，我会来到你的梳妆盒中。不过你见到我的样子时，千万不要害怕。"

倭迹迹日百袭姬觉得这很不可思议。当黎明来临时，她打开梳妆盒一看，里面有一条美丽的小蛇，其长度和粗细类似和服上的细绳。

她惊叫出声，神感到惭愧，立即变成了人形，对倭迹迹日百袭姬说道："你不小心让我丢了人，那我也让你丢人吧。"于是神走到空中，登上御诸山（三轮山）。倭迹迹日百袭姬抬头望着他，灰心丧气地瘫倒在地，用筷子插入阴部死去。之后，倭迹迹日百袭姬被葬于大市，人们将她的墓称为"箸墓"。

这座墓白天由人造，晚上由神造，用从大坂山运过来的石头筑成。人们从山到墓依次排队，用手接力式地搬运石头。那时人们这样说道：

> 大坂に　継ぎ登れる
>
> 石むらを　手ごしに越さば
>
> 越しかてむかも

> 人们依次排着队登大坂山，
>
> 一个个地用手传递石头啊。

以上是《崇神天皇纪》里的故事。7 世纪的间人皇女也确实存在辜负丈夫的信赖的事实。

间人皇女与母亲皇极（齐明）天皇的同母弟孝德天皇结婚并成为皇后，住在难波长柄的丰埼宫。可是在 653 年，皇太子天智天皇提议迁都大和京时，孝德天皇表示反对。但是皇极（齐明）天皇和其子女天智天皇、间人皇后、天武天皇仍执意迁都，他们与群臣一起迁到了大和飞鸟河边的行宫，并将孝德天皇扔在了难波。

被抛弃的孝德天皇送给间人皇后一曲含恨歌：

> かなき著け　吾が飼ふ駒は
>
> 引き出せず　吾が飼ふ駒を

人见つらむか

我饲养的马啊，套着金木，

我还没有将它从马厩中牵出，

为何他人就看见了我心爱的马。

翌年，孝德天皇病死在难波，遗孀间人皇后在 11 年后的 665 年死去。两年后，他们与皇极（齐明）天皇合葬。

想来，对妻子怀恨在心的大物主神飞走和被皇后抛弃的孝德天皇郁郁而死，性质是相同的。若是神，就飞走回到山上的神灵居所；若是人，就化成死者的灵魂离去。因为与这样含有怨念的错综复杂的事件有关，倭迹迹日百袭姬一定就是间人皇女。

可以看出，箸墓的由来的故事，其实是对孝德天皇的郁郁而终负有责任的人们，出于减轻自己良心负担的心理，将间人皇后塑造为恶人，从而虚构出来的。正因为如此，作为对间人皇后的惩罚，倭迹迹日百袭姬必须以悲剧式的方式死亡。同时，根据草壁皇太子就是崇神天皇，草壁皇太子的妻子元明天皇就是御间城姬来推断，这个故事的创作时间一定是在天武天皇将草壁皇子立为皇太子的 681 年之后。

稻城的悲剧

有关大和朝廷皇室内斗的第三个故事，就是《垂仁天皇纪》中的"狭穗彦叛乱"。

垂仁天皇与皇后狭穗姬生下了誉津别皇子。天皇很疼爱这个皇子，常让其伴随左右。可是直到皇子长大，还是不能开口说话。

　　皇后的同母兄狭穗彦王对狭穗姬皇后说："兄长和夫君你和谁更亲近呢？"皇后下意识回答道："与兄长更亲近。"狭穗彦说："当女人的容颜衰老后就会失宠，这样下去你就完了。如果我当上了天皇，你岂不是一生安心了吗？为了我把天皇杀了吧。"便将短刀交给了皇后。

　　在来目的高宫，天皇枕在皇后膝上午休。皇后觉得这正是刺杀天皇的好时机，但又没有勇气下手。想到这里，眼泪就落到了天皇的脸上。天皇睁开眼睛，说道："我刚刚做了个梦，锦色的小蛇绕着我的脖颈，狭穗那边下起大雨，淋湿了我的脸。这是什么征兆呢？"皇后连忙跪下，坦白了兄长的阴谋，说道："锦色的小蛇是兄长给我的短刀，倾盆大雨正是我的泪水。"天皇说道："这不是你的过错。"并立即出动军队讨伐狭穗彦。狭穗彦也集结军队予以防卫，堆起稻子做成临时的城堡。这座城堡极其坚固难以攻破，也被称为"稻城"。

　　一个月之后，狭穗彦依然没有投降，皇后很是伤心，说道："若是兄长死了，我便无颜面对天下。"于是皇后抱着誉津别皇子走进稻城。天皇要求狭穗彦交出皇后和皇子，但没有得到回应，于是天皇便放火烧了稻城。皇后把皇子抱了出来，说："如果不能为我和皇子赦免我的兄长，我便去死。"大火熊熊燃起，稻城坍塌，狭穗彦兄妹在城中死去。

　　誉津别皇子30岁的时候，虽然长了很长的胡子，但仅仅会像婴儿那样啼哭，从来也不说话。有一次，天皇站在大殿前，誉津别皇子在旁边。碰巧这时有白鸟从天空飞过，皇子仰头看向白鸟说道："那是什么啊？"天皇大喜，说："有没有谁能捉到那只鸟呢？"鸟取造之祖天汤河板举说："我定会将它抓来。"天皇说："如果你能把这只鸟捉来，我一定会重赏于你。"因此，天汤河板举向着白鸟飞走的方向追过去，一直追到出云国才抓到了它，还有一种说法是在但马国抓到的。天汤河板举带着白鸟回来，誉津别皇子一边逗弄着白鸟，一边滔滔不绝地说着话。因此，天皇重赏了天汤河板举，赐予他"鸟取造"的姓氏，另外还建立了鸟取部、鸟养部和誉津部。《垂仁天皇纪》中的故事可以分为狭穗彦兄妹的故事和誉津别皇子的故事两部分。这本来就是分开的两个故事。

总而言之，狭穗彦、狭穗姬的故事意欲表明皇后的同母兄没有皇位继承权，这使人联想到皇极（齐明）天皇和其同母弟孝德天皇的皇位继承情况。舒明天皇死后，皇位从其妻子皇极（齐明）天皇手中传到了皇极（齐明）天皇的同母弟孝德天皇手中。舒明天皇的亲生儿子天智天皇、天武天皇和孝德天皇之间夹杂的并不和谐的气氛被遮蔽，不经意间露出的不和谐迹象只有孝德天皇被抛弃而死的情节。《日本书纪》的编撰者们必须要主张孝德天皇的即位是不合理的，但因此他们的良心受到了谴责，所以编造了狭穗彦、狭穗姬的故事。

这个故事的素材其实是别有深意的，其中蕴含着"稻作礼仪"。狭穗彦、狭穗姬兄妹名字中的"狭"（サ〔sa〕）意味着"稻之精灵"。从秧田刚刚移植到大田时的水稻秧苗叫"早苗"（サナエ〔sanae〕），插秧前迎田神的仪式叫"早降"（サオリ〔saori〕），插秧的少女叫"早乙女"（サオトメ〔saotome〕），插秧后送田神的仪式叫"早上"（サノボリ〔sanobori〕），将插秧的月份叫作"五月"（サツキ〔satuki〕），那时连绵的淫雨叫"五月雨"（サミダレ〔samidare〕），全部都有"サ（sa）"。所以，狭穗彦和狭穗姬的"狭穗"（サホ〔saho〕）也就是所谓"稻灵之穗"。在秋收之前，从大田中割下一株水稻作为田神的附体，这就是"狭穗"。拥有"狭穗"这个名字的兄妹在稻堆中被烧死，正象征着秋收后"送田神祭"的仪式，这与现在"火节"（左义长祭）中把"正月神"附体的门松和轮饰放入火中送神有着同样的意义。总之，垂仁天皇的皇后及其兄长都不是真实存在的人物。

但誉津别皇子的故事的含义就与这完全不同了。

之前说过天智天皇的皇后是天皇亲手消灭的异母兄古人大兄皇子的女儿，叫作"倭姬王"，但她与天智天皇没有子嗣。之后天智天皇又与苏我仓山田石川麻吕大臣的两个女儿结婚，姐姐远智娘生下了大田皇女、持统天皇、建皇子，妹妹侄娘生下了御名部皇女和元明天皇。建皇子生于古人大兄悲剧发生的 6 年后——651 年，但他是个不能讲话的哑巴。658 年，年仅 8 岁的建皇子就死去了。祖母皇极（齐明）天皇特别喜爱这个孙子，因此感到心慌意乱，命令群臣："我死之后一定把我和我的孙子葬在一起。"并且作了一首歌：

今城なる　小丘が上に
雲だにも　著くし立たば
何か歎かむ（その一）
射ゆ鹿猪を　つなぐ川上の
若草の　若くありきと
吾が思はなくに（その二）
飛鳥川　みなぎらひつつ
行く水の　間もなくも
思ほゆるかも（その三）

今城的小山丘上，
还飘着朵朵云彩，
为何要叹息呢？（其一）
追寻被弓箭射中的鹿和猪的足迹来到河边，
那个孩子也像这青草般稚嫩吧，
我真是想不到啊！（其二）

飞鸟川的水涨起来了，

就像这不断流逝的川水，

我依然总是想起那个孩子啊！（其三）

皇极（齐明）天皇自始至终在悲泣中吟唱这首歌。

这一年冬天，她去了纪伊温泉，又思念起孙子建皇子，感到伤悲，随口吟唱道：

山越えて　海渡るとも

おもしろき　今城の中は

忘らゆましじ（その一）

水門の　潮のくだり

海くだり　後も暗に

置きてか行かむ（その二）

愛しき　吾が若き子を

置きてか行かむ（その三）

即便我翻过高山，渡过大海，

经历奇妙的旅程，我依然不能忘记，

建皇子还在时的今城啊！（其一）

在水门的激流中，乘着舟前往纪州，

因为这灰暗的心情，

把建皇子抛在身后便下了船（其二）

我那可爱的孩子啊，

把他抛到身后就走了么？（其三）

她又命令秦的大藏造万里："不要忘记把这首歌传唱给后世。"

以上就是《齐明天皇纪》中的记述。如果能看懂这个也就会明白了吧，誉津别皇子能开始说话的这个故事是为了悼念薄命而终的建皇子，为了让他此生未能被满足的愿望得以在古老的大和朝廷实现而书写的，这也是 7 世纪的政治现实在被编纂历史中的投射。

《日本书纪》编纂工作的赞助者

本书中到目前为止有关《日本书纪》的论述，主要是围绕从神武天皇到成务天皇的皇位继承次序以及这期间皇室内部纠纷的故事。不过，有一个人的视线贯穿了这些故事的始终。这个人不是别人，正是《日本书纪》编纂工作的最大赞助者持统天皇。

贯穿这十三代皇位继承的原则是，由皇后亲生的儿子，也就是嫡子来进行直系父子相续。持统天皇以被丈夫天武天皇指认为唯一的正式皇后而自居，意欲让独生子草壁皇子和草壁皇子的独生子文武天皇继承皇位，并完美地执行了自己的主张——誓死让天武天皇同父异母的皇子们远离皇位。而这段直系父子相续的系谱中，出现了三次皇位纷争。从持统天皇的立场来看，不遵从这个原则的人就是罪恶的，持统天皇也给出了一定会消灭他们的警告。

也就是说，在手研耳的故事中，持统天皇承认了父亲天智天皇杀害了异母兄古人大兄并夺得了皇位继承权的行为。同时，她又将自己和丈夫天武天皇从天智天皇的儿子大友皇子手中夺得皇位的行为正当化。武埴安彦的故事是持统天皇进一步的举措，表达的是亲生儿子草壁皇太子的皇位继承权不容侵犯。对此间成为政治斗争牺牲品的孝德天皇，持统天皇通过狭穗彦和狭穗姬的故事，否认了孝德天皇的皇位继承权。之后，持统天皇又通过倭迹迹日百袭姬的故事，把孝德天皇的死归咎于间人皇后。尤其是在最后的故事中，持统天皇对间人皇后说："叔母大人，如此对待大人是否合适？"由此观之，持统天皇对间人皇后的女子情谊不是一目了然吗？

这样看来，大和朝廷的十三代中，至少从绥靖天皇到垂仁天皇这十代的故事，在《日本书纪》中的记述全部是以7世纪的事件为基础创作的。然而，除了在此引用的内容外，《崇神天皇纪》和《垂仁天皇纪》中还有大量记事，几乎都是与神社祭祀相关的故事或是氏族起源的说明，找不到有政治意味的史实。

余下的只有第一代神武天皇和第十二代景行天皇、第十三代成务天皇的故事了。可是《成务天皇纪》中几乎没有内容，而《神武天皇纪》和《景行天皇纪》中关于征服战争的故事几乎占满了全卷。乍一看，这些故事与478年倭王武的表文中写到的，王们指挥自己的军队转战东西、实现了日本统一的时代极为相似。这给人留下的印象是好像这记录的才是"建国大业"的史实。在此，我们就要再研究一下《日本书纪》第二卷的内容了。

不孝的熊袭王女

《神武天皇纪》中并没有写明天皇最早的居所，但是提到了册封日向国吾田邑的吾平津姬为妃的事件，所以它应该是在后来的萨摩的阿多郡或是大隅国的姶罗郡附近。总之，7世纪的日向国包含了当今的宫崎县和鹿儿岛县，因此日向国其实就是南九州的统称。

神武天皇从南九州出航，先到了北九州的菟狭（丰前国宇佐郡），受到了菟狭国造之祖菟狭津彦、菟狭津姬的欢迎，又顺路去了冈之水门（筑前国远贺郡），从那里沿濑户内海向东航行，经过安芸国、吉备国到了难波。因在难波遇到了抵抗，神武天皇又迁回到纪伊国，通过山路进入菟田（大和国宇陀郡），并平定了大和地区。这就是《神武天皇纪》的梗概。

有趣的是，这段神武天皇的故事中说的"日向国"，指的就是南九州，这里只是使用了比较新的名字而已。与此相对，在这之后的《景行天皇纪》中又以"熊袭国"这个较老的名字称呼。"熊袭"是"熊"和"袭"的复合词。从球磨郡位于肥后国，赠于郡位于大隅国这点来考虑，可以认为火国（肥前、肥后）是"熊"，日向国（日向、大隅、萨摩）是"袭"。归根结底，除了北九州的丰前、丰后、筑前、筑后之外的九州全岛就是"熊袭"。

《景行天皇纪》中记录了因为熊袭反叛没有朝贡，天皇向九州发兵的事情。之后，编撰者们还不顾实际地理情况，将征服九州各地的故事杂乱地罗列，故事中大部分都只是把地名的起源与景行天皇的行动牵强地联系在一起。不过如果去除掉这些地名起源的传说，熊袭征伐的故事原型就清晰了。

景行天皇到了日向国，建了行宫高屋宫并在那里驻跸。此后，在商讨熊袭征伐问题时，天皇对群臣说："据我所知，袭国有厚鹿文和迮鹿文两个大酋长，他们还有很多同伙，被称为'熊袭八十枭帅'，很难对付。有没有不诉诸武力就可以轻松征服这个国家的方法呢？"一个家臣说："熊袭枭帅家中有两个女儿，姐姐叫市乾鹿文，妹妹叫市鹿文，容貌美丽又很勇敢。向她们馈赠厚礼将其召至身边，再趁虚而入，不发动战争敌人也会灭亡的。"天皇同意了，并赠送礼物将这两位姑娘召至身边，装作很宠爱市乾鹿文的样子。市乾鹿文对天皇说："您不必担心熊袭不归顺，我有个好办法。请派给我一两名士兵。"就这样，市乾鹿文回了家，准备了许多烈酒，让自己的父亲饮下。等他喝醉睡下，市乾鹿文切断了父亲的弓弦，跟来的一名士兵杀了熊袭枭帅。但天皇厌恶她的不孝，杀了市乾鹿文，赐予妹妹市鹿文火国造的官职。

就这样，天皇完全征服了袭国，并在高屋宫住了六年。袭国有个美人叫御刀媛，天皇封她为妃，她生下了丰国别皇子，这就是日向国造的始祖。后来，天皇便从日向归来了。

总而言之，《景行天皇纪》讲述了大和的王欺骗了熊袭的王女，让王女背叛父亲，以此方法征服敌人的故事。这只是表现了现在世界上任何地方都存在的一种民间传说的类型。只不过编撰者们给其添加了各种各样的修饰，好像大和朝廷的军队威风凛凛地进攻而席卷了九州全境。尤其留下了明显加工痕迹的是敌王的名字。故事的原文中家臣进言的部分明明说的是熊袭枭帅一人，但在之前景行天皇的言辞中，变成了厚鹿文和迮鹿文两个人。熊袭枭帅本来只是熊袭的酋长的普通称呼。然而为了让故事变得更加热闹，就在景行天皇提到熊袭枭帅有两个人的基础上，又把他们变成了被称为"八十枭帅"的小王们，这就是现行的《日本书纪》中的记录。

因此，在景行天皇的熊袭征伐的故事中，完全没有像是史实的内容。将原本日向国国造家的祖先传说加以修改，就成为大和朝廷王的故事。

草薙剑

接下来，《景行天皇纪》又记载了日本武尊皇子征伐熊袭和东国的故事。

景行天皇的皇后播磨稻日大郎姬产下了大碓和小碓这对孪生兄弟。小碓名叫倭男具那，又被叫作日本武尊。

熊袭再次叛乱，国境纷争不绝，景行天皇便派遣日本武尊去讨伐。他带着美浓的弟彦公，石占横立和尾张的田子稻置、乳近稻置出发了。

他们到达熊袭国，发现熊袭的大酋长取石鹿文（又名"川上枭帅"）在聚集亲族摆酒设宴。日本武尊解开头发变装成少女，裙子下面藏了柄剑，进入川上枭帅开设酒宴的房间，坐在妇人们之中。川上枭帅很中意这位"少女"的美貌，便把"她"拉到了身边，喝酒调戏"她"。夜深之后人越来越少，川上枭帅也酩酊大醉。日本武尊从裙子下拔出剑正要刺入川上枭帅的胸膛。川上枭帅说："等一下，我有话要说。"

日本武尊停了下来，川上枭帅问道："你是谁？"

"景行天皇的儿子，名为小碓。"

"给您一个名号，请您饶恕我。"

"我会饶恕你。"

"从此称您为日本武尊皇子。"

川上枭帅说罢，日本武尊就用剑刺穿了他的胸膛将他杀死。自那之后，"日本武尊皇子"这个名号一直沿用至今。后来，皇子派遣弟彦公，将川上枭帅一族全部杀掉。

我在这里稍作解释。这个故事讲述的是大和王派遣的"少女"将熊袭王用酒灌醉并将其暗杀。这与此前景行天皇的故事相同，只不过存在刺客是熊袭的王女还是女装的美少年的区别。所以，这本来就是同类型的民间传说。

让我们继续谈谈《景行天皇纪》中的故事。有一次东方异族反叛，国境不安。天皇对群臣说："如今东国不安，灾神多出，要派谁去平定战乱呢？"日本武尊说："这次该轮到大碓皇子了。"大碓皇子听后惊慌失措，躲进了茅草里。天皇让其过来并大声斥责了他，然后给其美浓的领地，将其子孙分为身毛津君、守君两个氏族。

日本武尊再次出征，先祭拜了伊势神宫，从斋宫的伯母倭姬那领了草薙剑。之后，他巡视了骏河、相模、上总、陆奥、常陆、甲斐、武藏、上野、信浓、美浓、尾张等地，并与尾张氏的女儿宫簹媛结婚。日本武尊在近江的伊吹山因山神作祟而生病，被迫回到了尾张。但他没有去宫簹媛的家里，而是直接回了伊势，随后死在能褒野，并被葬在了那里。后来，日本武尊化作白鸟从陵墓飞出，先飞到大和的琴弹原，又飞到河内的旧市邑，最终飞向天空。因此，这三个地方都建造了陵墓，人们就将其称为"白鸟陵"。日本武尊所配的草薙剑，保存在尾张国年鱼市（爱知郡）的热田神宫。

大体看一下以上《景行天皇纪》中关于日本武尊的传说，就会注意到伊势、美浓、尾张三国有很深的渊源。日本武尊带着去征伐熊袭的四名家臣，一个是美浓人，两个是尾张人，因为石占是伊势的地名，所以石占横立是伊势人。日本武尊向东方远征是从伊势神宫出发的，然后他在尾张结婚，并将剑留在了尾张的热田神宫，最后在伊势死去并葬于那里。

日本武尊的本名是小碓，这是个成对的名字。孪生哥哥大碓是身毛津君、守君之祖，身毛津君是发源于美浓国武义郡的氏族。想来，"日本武尊"这个名字是与"熊袭枭帅"成对的，而"小碓"与美浓的"大碓"也是成对的。所以，熊袭征伐的主人公就是日本武尊，因为要将故事略微改动并与景行天皇联系起来，所以活跃于伊势、尾张、美浓等地的东国英雄，其实指的就是小碓皇子。

先将日本武尊看成两个人，再试着思考一下，这个东国征伐的故事发生在什么时候？又是由于什么而发生的呢？此处必须要注意的是，这个皇子是景行天皇和其皇后所生的双胞胎中的弟弟，而且还参拜了伊势神宫。这就会让人立刻联想到天武天皇。天武天皇是舒明天皇和其皇后皇极（齐明）天皇所生的两个皇子中的弟弟，而且他也在伊势神宫参拜了天照大神。

671年，天智天皇在近江的大津宫病危，天武天皇考虑到兄长天智天皇之子大友皇子的继承权，为了避嫌在吉野宫出家隐退了。那一年末，天智天皇驾崩，近江的大友皇子和吉野的天武天皇间的关系变得紧张起来。翌年，近江朝廷在美浓、尾张两国发布动员令，听闻此事的天武天皇率先派三名部下急赴美浓，召集军队，其中一个部下叫身毛津君广。就这样，壬申之乱开始了。天武天皇与妻子持统天皇、孩子草壁皇子等人在较少的部下的护卫下从吉野出发奔向东国，然后从伊贺越过铃鹿山口进入伊势，并在朝明郡迹太川岸边祭拜了天照大神。美浓的三千军队成功守卫了美浓和近江边界的不破道，因此天武天皇也就前往不破，与从尾张而来的两万军队汇合。于是，天武天皇的军队从不破向近江、从伊势向大和进军，最终消灭了大友皇子的势力。

知道了这里的史实，我们就会明白，《景行天皇纪》中的东国英雄的原型实际上就是天武天皇，因此他与伊势、尾张、美浓的渊源极深。而且日本武尊化成白鸟飞走的故事，也说明了天武天皇不是人而是神。此外，《景行天皇纪》中日本武尊的故事，也是在686年天武天皇驾崩后所作。

更为有趣的是，根据《天武天皇纪》的记载，这年五月天皇卧病在床，六月占卜算出了草薙剑之祟①。于是天皇立刻派人将剑送到了

---

① 天智天皇七年（668年），新罗僧人道行从热田神宫中盗得草薙剑，试图将剑渡海带回新罗，后被朝廷追回。后来，草薙剑从热田神宫被迎入宫中供奉。686年，天武天皇病重，经过阴阳师占卜，认为是由于草薙剑供奉在宫中，激发热田神宫的戾气，导致天皇重病缠身。因此天武天皇决定将草薙剑送回热田神宫供奉，以期病情好转，并改元朱鸟。但天武天皇还是于当年九月驾崩。——译者注

尾张的热田神宫并供奉在那里，在七月改年号为朱鸟元年。然而这都无济于事，天武天皇还是在九月驾崩了。本应为日本武尊遗物的草薙剑被供奉在热田神宫，实际上这件事发生在天武天皇死前不久，这意味着草薙剑也是天武天皇的遗物。而与日本武尊化成白鸟离去相对，天武天皇在朱鸟改元后不久驾崩，总让人觉得它们有些关联。

总而言之，坦白地说，日本武尊并不是自古以来传说中的主人公，而是作为天武天皇的影子，在 7 世纪末被重新创作出来的人物。

神武天皇的出现

接下来，按照《日本书纪》记述的顺序，重新追溯一下大和朝廷征伐九州的历史。

在最早的《神武天皇纪》中，南九州的日向便是大和朝廷的发祥地。

但是，在之后的《景行天皇纪》中，天皇和日本武尊征伐熊袭的故事里没有南九州和皇室祖先有关系之类的内容，就好像已经完全忘记了神武天皇的事情。

景行天皇不仅巡游了南九州，还巡游了包括北九州在内的全岛各地。但令人感觉不可思议的是，在北九州，冈、伊睹、傩、山门、松浦等自古就被开发的要地，景行天皇却没有去巡游。为什么仅仅没有去这几个地方呢？

并且，直到《仲哀天皇纪》《神功皇后纪》的叙述中，才提到这五个县归顺皇室。

换言之，大和朝廷最早征服了距离自己最远、最不便的南九州，而较近且交通便利的北九州却放在了最后，这不合常理。

当然，这是因为先完成了《仲哀天皇纪》《神功皇后纪》，而之后书写的《景行天皇纪》又将这五个县从景行天皇的路线中去掉，最后将皇室的故乡认作日向，从而创作了《神武天皇纪》。

因此，可以得出如下结论，神武天皇是大和朝廷十三代中最后出现于《日本书纪》中的人物。有趣的是，《日本书纪》也很清楚地写出了这个天皇是谁，以及是何时、何地、为什么、如何被创作出来的。

这是 672 年壬申之乱中的事情。根据《天武天皇纪》，这时大伴连吹负居住在大和的飞鸟京，为了天武天皇而聚集兵力驻守在此。吹负的军队在奈良山与近江朝廷的军队交战大败。他逃到宇陀墨坂，与从伊势越过铃鹿山口前来救援的友军会师后，再次返回到金纲井（橿原市）布阵，同时集结己方的残兵败将。

这时在吹负阵中的高市郡（橿原市）大领高市县主许梅忽然间不能说话了，三日后神灵附体，通报了名号："我住在高市社，名为事代主神，又居住在身狭社，名为生身魂之神。"接着又道："去为神倭伊波礼毗古（神武）天皇的陵墓献上马匹和各式各样的兵器。"又说道："敌军会从西边过来，要小心。"说罢，便恢复了神志。于是，吹负立刻派遣许梅祭拜御陵，并献上马和兵器，之后又祭拜高市社和身狭社诸神，献上供品。

之后，近江军从河内翻过了二上山，并从山北边的逢坂进军而来，吹负在当麻迎击却被击败。这个时候从伊势过来的援军陆续赶到，形势明显变得对吹负有利。最终，吹负击败了从北方来进攻飞鸟京的近江军，从大和来的近江朝廷势力被一扫而光。

实际上，这是神武天皇的名字首次被人间所知。也就是说，因为战场的不安和紧张，而一时陷入精神异常的高市县主不过是说出了寄宿在当地不知名的大古坟中的神灵的名字。但是由于神灵显灵，大伴连吹负打败了敌军，平定了大和，所以从这时候起开始出现了神武天皇平定大和的故事。

《神武天皇纪》中，在熊野的山中迷路的天皇军队由天照大神所送的八咫乌引领，以大伴氏远祖道臣指挥的大来目部为先导来到了菟田（宇陀）。天久米斩了这片土地的酋长，天皇称颂他的功劳唱起了来目歌。

下面就是天皇打败国见丘的八十枭帅后唱的歌：

神風の　伊勢の海の

大石にや　い這ひもとほる

細螺の　細螺の

吾子よ　吾子よ

細螺の　い這ひもとほり

撃ちてし止まむ　撃ちてしやまむ

神风吹过伊势的海，吹过巨大的岩石！

我们就像这细螺，我们就像这细螺，

我们的军人啊，我们的军人啊，

就像这细螺一样环绕在岩石周围，

我们一定会打败敌人啊，我们一定会打败敌人啊！

接下来，天久米率领大来目部在忍坂挖了大室屋，在其中招待残敌，摆开酒宴，趁其酒醉之时把他们全部杀光。大来目部极为高兴地唱起了来目歌。

之后，天久米翻越墨坂，斩了矶城的酋长。

最后，与天皇最大的敌人——鸟见的长髓彦战斗，多亏了飞来的金色的鸢，天皇获得了胜利，长髓彦被同伙杀了。

如此，大和终于平定了，神武天皇与事代主神的女儿结婚，在橿原宫即位了。

在《神武天皇纪》中，得到了天照大神的帮助、唱着"神风之伊势海"的神武天皇，正是立刻到伊势拜见天照大神，并从那之后成功逆转局势的天武天皇。从宇陀的墨坂攻入大和的大伴氏远祖天久米就是从墨坂重整旗鼓大破敌军的大伴连吹负。所以，败给神武天皇并被同伴所杀的长髓彦就是在濑田之战中失败而自杀的大友皇子。通过高市县主许梅之口公开神武天皇的名字的事代主神，成了皇后的父亲也就不是不可思议的事了。

因此，虽然《神武天皇纪》中平定大和的故事看起来像是发生在大和的古代王家的传说，但实际上是彻头彻尾的 672 年壬申之乱的产物。

最后还留有一个疑问，就是这位神武天皇最终为何从日向来到了大和？

这是受到了 663 年白村江战败的影响。这时日本为应对唐军进攻本土，在对马、壹岐、筑紫、长门、赞岐构筑要塞，将都城从大和的飞鸟迁到近江的大津，在河内和大和的边境设立了高安城。以上就是天智天皇时代的事情，但是在壬申之乱后，天武天皇开始大力推进一直被搁置的南九州和西南诸岛的开发计划，679 年向多祢岛（种子岛）派遣使节团去调查实际情况。天皇还命人向南九州的隼人势力推进，其结果便是 682 年有众多的隼人前来朝贡。天皇让大隅的隼人和阿多（萨摩）的隼人相扑，结果大隅的隼人取得了胜利。此外，多祢人、掖玖（屋久）人、阿麻弥（奄美）人也都纷纷前来朝贡。686 年天武天皇驾崩之时，大隅、阿多的隼人代表与群臣一同念悼词。

那么，《日本书纪》开始编纂的时间，正好是天武天皇对南九州抱有极大的关心、奋力对其加以开发的 681 年。若能证明日本皇室发祥于南九州的话，那么在与唐、新罗发生九州归属权问题时，就会对日本较为有利。并且，为了将南九州的隼人带进皇室，让初代天皇作为隼人的女婿就比较便利了。为此，在《神武天皇纪》中，天皇便与吾田的隼人吾平津姬结婚，而为了将她带入大和，所谓东征的故事也就很必要了。

或许比《神武天皇纪》更晚完成的《神代下》卷，进一步表明了神武天皇的祖先本身就是隼人。也就是说，神武天皇的曾祖父彦火琼琼杵从天上降临到日向的高千穗峰，后来到了吾田长屋的笠狭崎，在那里与鹿苇津姬结婚。高千穗峰是隼人的圣地，笠狭也是隼人的地名。

鹿苇津姬生下了三个儿子，长子火阑降清楚地被记载为隼人的始祖，次子彦火火出见与海神的女儿丰玉姬结婚，生下了彦波潋。彦波潋娶了海神的女儿玉依姬，生下了神武天皇。但是，神武天皇的别名又与祖父相同，叫彦火火出见。这样一来，隼人的始祖和大和朝廷的初代天皇就成了同母兄弟。

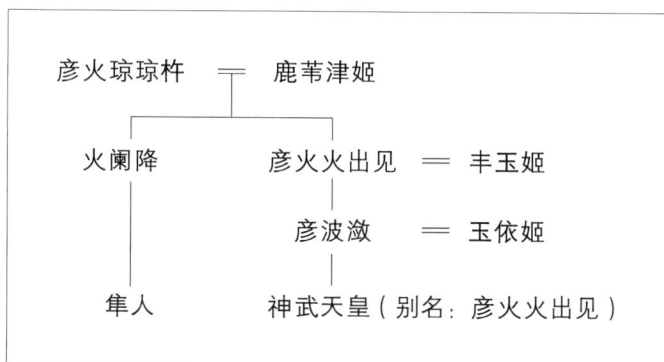

```
彦火琼琼杵 ━━┳━━ 鹿苇津姬

火阑降        彦火火出见 ━━ 丰玉姬

              彦波潋 ━━ 玉依姬

隼人          神武天皇（别名：彦火火出见）
```

无意义的九州说、畿内说

大部分的故事都很长，此处我们重温一下。《日本书纪》中记录的四十位天皇或皇后中，只有从第十七代仁德天皇开始的历代天皇和皇后才被认为是真实存在的人物。

被置于仁德天皇之前的仲哀天皇、神功皇后、应神天皇这三代都是在663年的白村江战败前后，由天智天皇在北九州皇极（齐明）天皇的大本营请回的诸神，他们并不是真实存在的人。

仲哀天皇之前的景行天皇、成务天皇与这些神相比是较晚被创造出的人物。景行天皇的皇子，也就是作为仲哀天皇父亲的日本武尊，是672年的壬申之乱背景下以天武天皇为原型虚构出的人物。

在景行天皇之前出现的从第二代绥靖天皇到第十一代垂仁天皇的历代事迹，都是以从645年大化改新到686年天武天皇去世这段时间内的政治事件为基础编造出来的故事。这些故事全部是为天武、持统夫妻的立场作辩护而编造的。

并且，第一代的神武天皇很明显也是在壬申之乱中出现的，因此其事迹也与日本武尊相同，是以天武天皇为原型的。神武天皇出身于日向，其祖先从天降至高千穗峰，不过是从天武天皇同化隼人的政策中衍生出的故事罢了。

最后，这些历代谱系一以贯之的直系父子相续的原则，是出于持统天皇强烈的意志而编造出来的：她意欲让亲儿子草壁皇太子和亲孙子文武天皇继承皇位。

简单地说，所谓大和朝廷的历史，对持统天皇来说，描述出了其应该具有的"现代史"①的风貌，无过之亦无不及。进一步来说，包括仲哀、神功在内的历代天皇都定都于大和的各地，这只是忠实地反映了这样的主张：与居住在难波的孝德天皇、居住在近江的天智天皇相比，天武、持统、文武、元明、元正五代天皇都定都于大和的飞鸟京、藤原京、平城京，因此大和才是帝王之地。②

"大和朝廷"完全是《日本书纪》创作的产物，在 7 世纪末之前，与此相关的传承一点都不存在，至此我想您已经领会了。这样看来，无论奈良盆地的东部集中了多少前期古坟，都不能仅凭此得出日本国家的起源是在大和这一类的结论。因为前期的古坟群并不是大和独有的。

这件事情一下子就能与《魏志·倭人传》中对"邪马台国"的解释关联起来。前文中已经论述过《三国志》的创作情况，《倭人传》的"道里记事"说明了其是从政治上的必要性出发而故意编纂的。所以，以此为根据推论出邪马台国的所在是不可能的。如今已经很明确，邪马台国的大和朝廷完全是幻影。③

这样一来，将"邪马台"和"大和""山门"联系起来，将位于九州的邪马台国向近畿移动而出现了作为国家的日本等天马行空的想法，讨论起来几乎没有意义。

我们不如从这些既成的观念中解放出来，用新的观点重新审视史料。

---

① 即《日本书纪》编纂的天武、持统朝。——译者注

② 在天武天皇之后很长一段时间内，日本实行的可能是模仿唐朝长安和洛阳的复都制，难波京作为陪都存在了很长一段时间。——译者注

③ 日本学界认为，邪马台国和大和朝廷存在的年代不同：邪马台国存在于弥生时代后期，而大和朝廷成立于古坟时代初期，两者的关系现在还不明确。——译者注

第六章

《古事记》与《三国史记》的价值

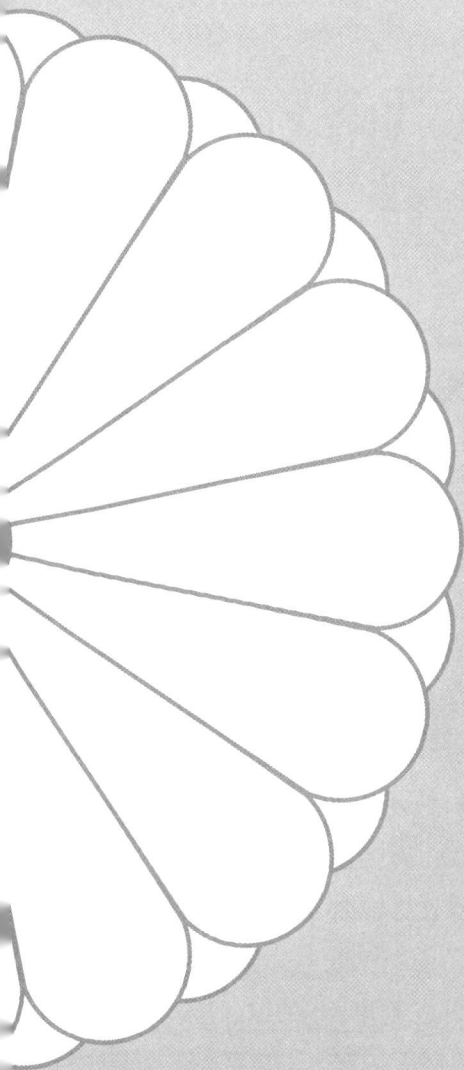

《古事记》比《日本书纪》更古老吗

《古事记》被誉为日本头号古典著作，它与朝鲜最古老的史书《三国史记》间有几处奇妙的共通点：

第一，两者完成的时代都远远晚于其描述的时代；

第二，两者的内容并非原创，而是将当时已有的更确实的材料随意改写而成；

第三，如此改作是为了赞扬作者的门第；

第四，将它们当作 6 世纪及更早以前的古代史资料，是毫无用处的，就算是稍稍有点用处，其可信度也是极低的。

尤其是《古事记》，事到如今自不必说，自本居宣长以来，它就被认为是对日本古老传承的真实记录，是能让我们窥见古代人洒脱心境的珍贵书籍。在这一点上，人们不由得形成了这样一种"公认"的观念：它比过多使用中国式的文饰而失去了历史原貌的《日本书纪》出色得多。

但事实上，这样先入为主的观点是没什么根据的。只有一点可以算是根据：在《古事记》中有篇署名"正五位上勋五等太朝臣安万侣"的序文，并且其中附有比起《日本书纪》成书还要早 8 年的和铜五年（712年）五月二十八日的日期这样的记录。[①] 同时该文还记载了，天武天

---

① 现在所谓《古事记·序》，其实本身是太安万侣给元明天皇的上表文，并不包含在当时的《古事记》中，被作为《古事记·序》并成为《古事记》的一部分是后世的事情。——译者注

皇令名为"稗田阿礼"的 28 岁的舍人诵习古记录。和铜四年（711 年）九月十八日，元明天皇命令太安万侣将稗田阿礼所诵内容汇总成一册书献上。太安万侣将其奉上，并据此创作了《古事记》，将其分为上、中、下三卷。

若是太安万侣的这篇序文没有附在《古事记》里的话，本居宣长等人无论如何也不会这样主张：《古事记》比《日本书纪》更古老，因此将日本古代的原貌保存得更完好。但这篇序文是有问题的，就连贺茂真渊都指出了几个疑点，我们会在后文中提到这几个疑点。尽管如此，《古事记》尚未被作为日本最古老的典籍而通用，而是与《日本书纪》和《万叶集》等 8 世纪奈良时代完成的书籍一并被称为"记·纪·万叶"。这是因为《古事记》原文的内容具有较强的浪漫主义文学色彩。

不过，很抱歉，我可能要泼冷水了，不能因为《古事记》读起来有趣，就认为其完成得早，也不能认为其内容就原封不动地传达了日本的真相。与其这样认为，不如说由于《古事记》中故事优美，以至于我们想去相信它的古老，进而被这种冲动所驱使，将古代看成神秘的自由时代，并想从艰辛的现世中解放以求得灵魂的安放。这难道不是一种感情用事的表现吗？虽然对古代的憧憬是个人的自由，但是，即使是古代，那也是人世间。如果是人世间，那就与现在相同，就一定是生活困难而压抑的时代。所以，无论《古事记》中脱离现实的故事是多么有魅力，这种对古代的"真实感受"的记录，就是我们缺乏批判性精神的证据。

《古事记》并不是在 712 年这个古老年代由太安万侣所作的。事实上，它是在此之后百年有余的平安时代初期的伪作①，并没有什

---

① 早在江户时代就有学者持《古事记》是伪书的说法，但现在主流观点还是否认它是伪书。也有主张应该将《古事记·序》和《古事记》分开来确认的学者。——译者注

么作为日本古代史资料的价值。为何这么说呢？接下来就让我来解释一下。

可疑的《古事记》序文

按照顺序，我们首先从《古事记》的序文说起。

第一个疑点，天武天皇特别向稗田阿礼下敕语，让其诵习"帝皇日继及先代旧辞"。这如果是事实的话，《日本书纪·天武天皇纪》中哪怕提及一句也好，可是别说是类似的记事，就连稗田阿礼的名字也未曾提及。

其实就连稗田阿礼本身是否真实存在都是个问题。"姓为稗田，名为阿礼"，但是这里的"姓"并不是"姓"，而是"氏"的意思。这样一来，稗田阿礼就成为有名和氏却没有姓的人了。①

"姓"是"生来""血统"的意思，也是指生下来就有的身份，在古代日本，原则上来说氏族都会有"姓"这一级别划分。这就类似于印度的种姓，印地语将种姓称为"Jāti"，依然是"血统"的意思。

在印度，没有种姓的人不会被认为是社会的一员。在古代日本也是一样，没有"姓"的稗田阿礼不会是优秀的人才。稗田阿礼任舍人一职，在天皇身边侍奉，并且天皇还命他"诵习"古记录——这是国史编纂的基础工作。

这里的"诵习"是指以统一汉字的使用方法为目的的工作。作者

---

① 日本古代的氏姓和中国的姓氏不同，简单来说，某人的氏代表其归属于哪个氏族，而姓表示其在朝廷中的政治地位。因此，氏和姓都可以由天皇赐予，但皇族是没有氏姓的。理论上，当时的民众应该都是有氏的，但未必有姓，所以下文中作者将姓理解为生下来就有的身份是错误的。此外，日本人原本是没有氏姓的，氏姓制度大概产生于6世纪，在这之前，日本人应该只有名，现代日本的皇族仍然保留着这一习惯。——译者注

将这种工作用于"序"。也就是说，声称受元明天皇的诏旨"撰录稗田阿礼所诵之敕语旧辞以献上"的作者，要解释自己的工作内容，所以他说："言意并朴，敷文构句，于字即难，已因训述者，词不逮心；全以音连者，事趣更长，是以今，或一句之中，交用音训，或一事之内，全以训录，即，辞里叵见，以注明，意况易解，更非注。亦，于姓日下谓玖沙诃，于名带字谓多罗斯"。

总之，作者主要要做的就是统一用字法，而稗田阿礼的研究就成为了工作的基础。这样看的话，稗田阿礼精通汉语学和汉文学，应该是当时首屈一指的大学者。

大学者不是普通人，但是却没有姓。在《日本书纪》和其他奈良时代的书籍中都没有出现这个名字，这是多么奇怪的事情。

奇怪的还不只这一点。和铜四年九月十八日元明天皇命太安万侣撰录《古事记》，以及太安万侣在和铜五年正月二十八日将《古事记》三卷献给天皇等事件，都在这个时代的正史《续日本纪》中完全找不到相关记录。甚至其中也没有太安万侣本身担任过类似国史编纂之类职位的任何痕迹。①

在《续日本纪》中，"太朝臣安麻侣"的字样在庆云元年（704年）开始出现，他在灵龟二年（716年）成为氏族首领，养老七年（723年）七月七日去世时担任民部卿，位阶为从四位下。所以，他肯定是真实存在的人物，可是，别说《古事记》了，就连与《日本书纪》的编纂相关的事情，《续日本纪》中也是一句话都没提。

序文就说这些，接下来进入《古事记》的正文。

《古事记》的上、中、下三卷中，上卷记录的是天地初现之时——从高天原出现的天之御中主神到居住在日向高天穗宫的第三代天津日

① 《续日本纪》并不是完备的史书，它历经过多次反复编纂。——译者注

高日子波限建鹈草葺不合命——的诸神事迹。这部分记载的不是人类的世界，而是幽冥界的故事，当然不是历史。即使是《古事记》作者自己，也不会认为这些是过去真实发生的事情。

诸神与人类不同，是超越过去、现在、未来等时间区隔的存在，所以讲述其活动的神话，不是对过去发生的事件的叙述。不妨说，在真正的神话中，伴随着故事的讲述，诸神开始出现，并展开行动，诸神活动的时间往往就是"现在"。

这一点在这里虽是不必特意指出的事情，但近来，人们好像与诸神极为疏远，连这种不言自明的事情都不知道，反而将所谓"记纪神话"当作某些历史上的事件来解释。由于出现了这种风潮，我就再顺便说几句。

进一步来说，一般是历史先出现，之后再创作出神话，因此神话完成的年代比较晚。如之前关于《日本书纪》所说，即使是历代天皇的"纪"中最晚创作的《神武天皇纪》，其内容也比《神代下》卷的内容出现得更早，所以日本神话的完成是不能追溯到7世纪末的。基于如此新的东西，来寻求日本民族的起源、日本文化的源流，本来就是很牵强的。

那么，回到《古事记》，它的中卷从神武天皇讲到应神天皇，下卷从仁德天皇讲到推古天皇。将这种划分方式与先前分析的《日本书纪》历代天皇谱系进行比较，好像有着很深的意味。

也就是说，从《日本书纪》的写作方式来看，被纳入《古事记》中卷的不是真实存在的人物，而是虚构的从663年的白村江战败前后起到672年的壬申之乱间的历代以天皇为中心的人物。而《古事记》的下卷，始于具备古来传承的日本建国者仁德天皇，终于对《日本书纪》来说是现代史起点的629年——舒明天皇即位前。注意到这一点，再次探讨一下《古事记》正文的内容吧。

《日本书纪》中不存在的出云神话

将《古事记》上卷记载的神话和与之对应的《日本书纪》的"神代卷"的内容进行比较，你会发现大部分文章较为相似。这并不是《日本书纪》模仿了《古事记》，而是《古事记》在编纂时，编撰者从《日本书纪》中收集材料，进而重新书写了《古事记》。

《日本书纪》的"神代卷"最大的特征就是，每当正文的故事部分告一段落，就会将多数的异传注释为"一书曰"。如果像《古事记》这种敕撰之书比《日本书纪》的编纂年代更往前的话，《古事记》当然会被作为"一书"之一，被《日本书纪》所引用。但是，在《日本书纪》中，无论是"某书"中的哪一个，与《古事记》完全一致的内容都不存在。

《古事记》之所以能够与《日本书纪》并称，是因为它并没有沿用正文以及多数"一书"，而是将不同的传承作为材料，再整理归纳成一本书。换言之，《古事记》的作者采取的编纂方针，就是对现有传承中内容最丰富的部分进行采集。

但是，因为本就是不同起源的传承，所以在东拼西凑的时候，前后总会出现些许矛盾的地方。在这种情况下，《古事记》就不可避免地会有这样的地方：或是遗漏了《日本书纪》中记载的某些传承；或是重新作出文章，之后再按条理重新组合。即使将这样的内容排除在外，《古事记》中也存在一些在《日本书纪》中看不到的新元素。

在这些新元素中，首先就是《古事记》的诸神中最早出现的"天之御中主神"。这位神在《日本书纪·神代上》第一部分记载的七种传承中，只在第四个"一书"中出现过。因此，它不是最初的神，而应该是第三位出现的神。认为他出现于"天地出现之初"的说法，最早出现于 807 年斋部广成所写的《古语拾遗》——一部平安时代初期的书籍。因此，这位神受到重视是《日本书纪》成书后近百年才产生的观点。

《古事记》中出现过一个与高天原的"天之御中主神"成对的名字，那就是创造了苇原中国的"大国主神"。《古事记》中对这位神大肆吹捧，虽然有众多以这位神为主人公的有趣故事，但是这种所谓"出云神话"在《日本书纪》中完全没有记载。这些故事貌似是被"风土记"类书籍采用而向都城汇报时使用的，至少我们知道著名的因幡之白兔的故事就是载于《因幡国风土记》的。

《因幡国风土记》的原本没有流传下来。通过与被其他书籍引用过的片断相比较——白兔边跨过一条条鲨鱼的后背边数数，说道"吾蹈其上、读度来"，鲨鱼剥光白兔，白兔说道"剥我衣服"——其表达的细致程度与《古事记》极为相似，实在不能说它们是各自分别书写的。

但是，命令诸国进献"风土记"是和铜六年（713 年）的事情，而作《古事记·序》的时间是下一年。即便如此，应记载于"风土记"的事项过多，若要调查的话需要花费相当大的工夫。因此，诸国大多数都未提交，想方设法提交的也比较少。那些提交的国家完成自己的"风土记"好像也花费了较长的时间。

如今保存完整的《出云国风土记》的完成时间是在 733 年，这个时间晚于《日本书纪》成书的 720 年，因此《出云国风土记》的内容并不会被《日本书纪》采用。《古事记》中有与"风土记"中情节完全一致的文章，但《日本书纪》中却没有，所以比起《日本书纪》，《古事记》的年代更晚。

总之，在《日本书纪》的编纂过程中没有参考《古事记》，而是完全无视了《古事记》所载的大国主神的故事。这是因为即使想要参考，《古事记》那时也还并不存在。

《古事记》的上卷大体就是这些，接下来进入中卷吧！

完成于平安朝

《古事记》中卷对从神武天皇到应神天皇的历代记述的特征之一，就是将其中每一个天皇都作为祖先，从而烦琐地列举所谓"皇别氏族"的名字。这与《日本书纪》中的记载形成了鲜明的对照。例如：《日本书纪·神武天皇纪》中只举出了"多臣"，而《古事记》中却列举出了以"意富臣"为首的二十一个氏族是神武天皇的子孙。然而，在815年完成的《新撰姓氏录》中记载的氏族也不过只有七个而已。

换言之，被称为"皇别"的氏族数量，从720年的《日本书纪》到815年《新撰姓氏录》之间只是略有增加。《古事记》中神武天皇子孙的氏族数量要远远多于《新撰姓氏录》，达到了三倍之多，这就可以说明《古事记》编纂的时间比《新撰姓氏录》更晚。若认为其完成于712年的话，那就让人想不明白为何《日本书纪》在这里也没有参考《古事记》。

在《新撰姓氏录》中，关于书中记录的氏族的起源，明明都一一参照了《日本书纪》，也注释了传承是否一致，却完全无视了《古事记》丰富的皇别氏族的记载，就连一次引用也没有。这就是《古事记》在815年还不存在的证据。

不论怎样，大多数被称为"皇别"的氏族都继承了从神武天皇到应神天皇的历代血统。可是，因为这些人物是 7 世纪末开始创作的虚构人物，氏族来历真实性也较为可疑，因此，它们都不具备什么古老的起源。有趣的是，这些皇别氏族中就有《古事记》的作者太安万侣的"多臣"（意富臣）。

那么，我就《古事记》中卷末尾关于应神天皇的记载说几句。如前所述，在《日本书纪·应神天皇纪》中，这位天皇的宫殿和陵寝的所在地都不明确。但它们在《延喜式·诸陵式》中被明确记载为"惠我藻伏冈陵，轻岛明宫御宇应神天皇，在河内国志纪郡"。《延喜式》完成于 927 年，其内容与 830 年完成的《弘仁式》一脉相承。因此，到了这个时候，应神天皇的宫殿和陵寝的所在才得以确定。《古事记》中说道，应神天皇于"轻岛之明宫"治天下，与《延喜式》中所说御陵位于"川内惠贺之裳伏冈"完全一致。这也是《古事记》被认为在平安时代完成的证据。

接下来，终于到了记录真实存在的天皇的《古事记》下卷了。这卷的内容几乎与《日本书纪》相同，只是《古事记》中的故事更加简略。换言之，《古事记》是不足以作为日本古代史的史料的，似乎只要有《日本书纪》在，没有《古事记》也是可以的。

《古事记》的特征是，对"歌"显示了异常的关心。载于《日本书纪》的歌基本也存在于《古事记》中，但只载于《古事记》中的歌也有很多。结果，尤其是下卷的历代故事，大多数都是"歌物语"。

不仅如此，在这些歌中，有很多都被注释了曲名，例如：

志都歌（志都歌）

志都歌の歌い返し（志都歌副歌）

本岐歌の片歌（本岐歌片歌）

志良宜歌（志良宜歌）

読歌（读歌）

天語歌（天语歌）

宇岐歌（宇岐歌）

夷振の上げ歌（夷振上歌）

夷振の片下ろし（夷振末曲）

宮人振（宫人振）

天田振（天田振）

这些"歌物语"都可以见到曲名，这就说明了《古事记》的作者与宫廷音乐的关系极深。

同时，还有一个有趣的事实：《古事记》中越是古老时代的天皇，故事和"歌"的分量就越重，数量就越多；而到了更近的、更易于被保存留传下来史实的时代，内容却变少了；到了下卷末的仁贤、武烈、继体、安闲、宣化、钦明、敏达、用明、崇峻、推古这十代，被记录下来的就只剩谱系了。

如果《古事记》真的是712年完成的史籍，却连与当时皇室血统关系最深的历代天皇的故事都不记录，无论如何都是不太可能的。在这点上《古事记》与《日本书纪》形成了鲜明对照。如果把这一点与《古事记》中对歌的偏重放在一起考虑的话，只能说这位作者对政治和历史的感觉是迟钝的。

但是，如果《古事记》的完成时间不是在712年，而是在那以后的时代呢？比如，对当时来说，舒明天皇即位纷争等事件已经成为很遥远的过去，也就是说如果作者是在这些事情已经不再能引起读者关心的时代书写了《古事记》的话，书中对古代浪漫兴趣的大量汇集也就不无道理了。从这点来说，将《古事记》的完成年代放到平安时代的话，逻辑就通了。

太安万侣的后裔

到了平安时代，最早采纳《古事记》观点并将其作为讨论对象的书籍出现了，这就是多朝臣人长的《弘仁私记》。

多人长是9世纪初的学者，在弘仁三年（812年），他向十余位高官讲解了《日本书纪》，其讲义后来以"日本后纪"为名流传下来。对这个讲义所作的笔记被称为"私记"，但《弘仁私记》并不是弘仁三年的作品。据其"序"所述，这是翌年即弘仁四年（813年）多人长对六位下级官吏讲解《日本书纪》的记录。

《弘仁私记·序》是最早讲述太安万侣书写《古事记》时也参加了《日本书纪》编纂的文献。文中将讲义的对象——《日本书纪》置之不管，却对太安万侣和《古事记》倾注了非常大的热情，这让人感觉有些奇怪。首先，太安万侣参与编纂《日本书纪》的事情，在《续日本纪》和其他的记录里完全找不到。这件事是在《弘仁私记·序》中首次被提到。

不仅如此，在这个"序"中，多人长对谱系表现出了异常的关心。他举出了五种类型的书籍并列出相对应的书名，批判这些书的谱系记载得不正确。在这之中像《日本书记》和《古事记》这样的"旧记"虽然重要却被一笔带过，而被批判最为激烈的就是《新撰姓氏录》。

《新撰姓氏录》是在弘仁六年（815年），由万多亲王等人亲自完成的书籍，是汇总平安朝贵族的姓氏的集大成之作。如前文所言，《新撰姓氏录》的编纂过程中非常详细地参考了《日本书纪》，但对《古事记》一次也没有引用。多人长对此并不满意。

然而，多人长真正不满的原因是，在《新撰姓氏录》中自己的氏族被当作与"一步登天"的姓氏"茨田连"和"丰岛连"是同族。《日本书纪》中，神武天皇的嫡子只有神八井耳和绥靖天皇两个人，兄长神八井耳的子孙成了"多臣"。但是，在《新撰姓氏录》中，与编撰者万多亲王同姓氏的茨田连和丰岛连成了神八井耳的儿子彦八井耳的子孙。《日本书纪》中并没有"彦八井耳"这个名字，这只是《新撰姓氏录》的发明。在被多人长吹捧的其祖先太安万侣所著的《古事记》中，省略了这个名字中的敬称"耳"而直呼其名为"彦八井"，并且将其作为神八井耳的兄长，这样就把多人长自己的"意富臣"同"茨田连"、"丰岛连"在血统上做了区分。

进而，在《日本书纪》中茨田连出现的记事在《古事记》中皆被删除，就连茨田连在河内国茨田郡修筑的茨田堤，也被说成是秦氏所造。

与多人长不喜欢万多亲王的《新撰姓氏录》相同，被认为是太安万侣所作的《古事记》也表明了不喜欢茨田连。

多（太、意富）氏与新罗系的渡来人秦氏渊源较深。与此相对，茨田氏是百济系的渡来人，自663年白村江战败以来，这两系渡来人一直是仇敌的关系。这两派即便是在672年壬申之乱中也是对立的，新罗系支持大友皇子，而百济系则支持天武天皇。自那以后，两派势力有所消长，794年桓武天皇迁至平安京，新罗系胜利。新都城所在地山城国葛野郡便是新罗系渡来人秦氏的大本营。

但是，继桓武天皇之后的平城天皇由于体弱多病让位于其弟嵯峨天皇，并隐退于平城京。可是由于情人藤原药子的埋怨，平城上皇也开始担心，便再次命令嵯峨天皇迁都平城京。这时，已在平安京的嵯峨天皇与在平城京的平城上皇的关系紧张起来，已经形成了两个政府间的对立。嵯峨天皇命令百济系的大将军坂上田村麻吕包围平城京，杀了药子的兄长藤原仲成。上皇和药子向东国逃跑，在途中被捕，药子自杀，上皇出家。这就是弘仁元年（810年）的"药子之变"①。

这场内乱中，上皇的心腹之一多朝臣入鹿失势，从此，多氏开始没落，成为仅仅以雅乐寮大歌所的大歌师身份管理着宫廷音乐的家族。

与其相对，一边在上皇的近前，一边私通嵯峨天皇而阻碍上皇进入东国的上毛野颖人，因为功绩被授予朝臣之姓并得到晋升。担任《新撰姓氏录》实际编撰者的便是这位上毛野颖人。这个氏族原本被称为"田边史"，田边史是百济系的渡来人。

对于新罗系的多朝臣入鹿一族的多人长来说，叛徒上毛野臣颖人完成的《新撰姓氏录》自然不会称心。为了反击，多人长创作完成了《古事记》，并以先祖氏族长太安万侣之名顶替，假托是太安万侣受元明天皇敕命而创作完成的，因此其完成时间也就是比《日本书纪》还要早八年的712年。为了伪装出《古事记》比《日本书纪》更加权威的样子，多人长在《弘仁私记·序》中对太安万侣参加编纂《日本书纪》一事加以宣扬。

所以，《古事记》的完成时间就是在815年《新撰姓氏录》完成后不久，比起《日本书纪》要晚近百年。尽管《古事记》与《日本书纪》被并称为"记·纪"，但《古事记》却并不具备作为日本古代史资料的性质。

多氏家族是世世代代服侍后宫的妇人、照料天皇私生活、管理宫廷音乐的家族，其中服侍后宫的妇人的职责更是代代相传，这一

① 学界一般称为"平城太上天皇之变"。——译者注

特征在《古事记》中有清楚的体现。

在《古事记》的故事中，以恋爱和酒宴为主题的故事过多，而几乎没有表现出对政治事件的关心。将《古事记》与以政治为中心的男性化的《日本书纪》做比较，《古事记》的女性化特质就很好地体现出来了。同时，《古事记》中的故事大部分都是以"歌物语"的形式呈现，且往往注释着曲名，这是因为这些故事是被掌管音乐的多氏家族的成员撰写的。

并且，歌谣中多采用古风的辞藻，因此准确的发音尤为重要。为此，《古事记》异常地注意日语——尤其是古语的发音表记方法，将古代日语中的八个母音无一例外地规整分开书写，使用的汉字种类与《延喜式》的祝词所使用的如出一辙。因为《延喜式》的内容与830年的《弘仁式》一脉相承，所以《古事记》的汉字使用方法应该也展现了平安时代初期的特征。

多氏代代与新罗系的渡来人秦氏结为姻亲，属于新罗系。所以《古事记》的记载也显示了对新罗的好感。《日本书纪》中有关新罗的负面记载在《古事记》中全部被去掉了，并被换成了新罗国王之子天日枪来朝之事、秦氏祭祀诸神的谱系等。

总之，无论是从《古事记》成书的情况来说，还是从9世纪这个时间来说，《古事记》都不能作为7世纪以前日本的古代史资料。在日本这边，我们可以利用的只有《日本书纪》。

《三国史记》的由来

《古事记》中的记事到629年舒明天皇即位前夕就结束了，而这本书的完成时间是在这之后约两百年。朝鲜最古老的史书《三国史记》记载的历史截至 936 年高丽太祖王建统一半岛，可这本书也是在那之后两百多年的 1145 年才开始创作的。有趣的是，这个编者也属于新罗系，他是为了吹捧自己的家族而写了《三国史记》。

《三国史记》的编者金富轼（1075—1151 年）是新罗王家一族的成员，出身于原新罗王都庆州。此前，新罗联合唐，在 663 年的白村江之战中打败日本而消灭百济，又于 668 年消灭了高句丽。两国的故地成了唐的直辖地，新罗不久后便与唐开战，统一了半岛的南部，却放弃了大同江的北部。

新罗王家是金氏，贵族是朴氏，到了 10 世纪初期，出现了三代朴氏出身的王，而后金氏的敬顺王即位。

这时新罗王家的势力衰落，他们只在庆州的周边还有管辖权。而在地方上，众多独立势力崛起，其中以半岛中部的高丽和南部的后百济实力最强，它们经历了与新罗的长时间的对抗。后来，高丽太祖王建获胜，于 935 年吞并新罗，翌年（936 年）又将后百济吞并，再次统一了半岛。

太祖有 25 个儿子，这些兄弟相继即位，高丽朝的第八代王显宗是太祖第九子郁之子，而显宗的后代直到 14 世纪末才通过世袭登上高丽的王位。

这位高丽王家后世的直系祖先郁王子，是由太祖众多妻妾中被称为大良院夫人的李氏所生。高丽王家的婚姻方式曾发生过变化，王族的女子绝不与其他氏族的男子结婚，而必须与王族的男子结婚。因此，太祖的儿子们除了王姓之外，还有一个母姓，要根据子孙各自的第二姓（即母姓）分成等级，并在同等级内通婚。就是说，在王氏这样的氏族内部，也存在一些小氏族。

就郁的情况而言，其母亲是陕州（又名大良州）李氏出身，所以其子显宗及其后代都应为李氏。在半岛历史上，自古以来的婚姻都是入赘婚姻，生下的孩子由母家养育。所以，显宗的家系和陕州的李氏结为同族。即位前的显宗被称为"大良院君"。所谓"大良院"，就是陕州李氏在王都开城建的宅邸的名字，太祖的妻子大良院夫人和其子郁、其孙显宗都住在这里。

关于显宗的诞生，有一个有趣的故事。高丽朝的第五代王景宗有位后妃也是王族成员，她是景宗的堂妹。景宗死后，她回到了私邸。有天夜里，她梦见自己登上了鹄岭的山顶小便，可是她看见国内溢满了她的尿液，汇成了一片银海。于是她前去占卜，卜出的卦显示她会生子，并且这个孩子会成为治理一国的王。她说，明明自己已经没有了丈夫，怎么可能生孩子呢？可是，郁的大良院在她的私邸附近，她与郁往来之间发生了关系，从而导致了她的怀孕。992年，她夜宿于郁的家中时，郁家里的人在庭院里堆起了柴火，顿时引起了骚乱。百官迅速赶到现场，当时的王——成宗也来了。等情况明了，郁被流放，她边哭边回到家中，在家门前临产，抓着柳枝分娩，生下显宗后就死掉了。

这个故事实际上是被改写过的。故事来源是7世纪的新罗的武烈王金春秋与英雄金庾信的妹妹文姬恋爱的故事。根据《三国遗事》记载，文姬的姐姐宝姬梦到登上西岳小便，尿液溢满都城。她把这个梦告诉了文姬，文姬说："以锦裙换之，我买此梦。"本来故事到这儿就结束了。数日后，金庾信在自己的家中与友人金春秋玩蹴鞠，他故意踩到金春秋的袖子上，结果袖子开线了，他便让金春秋进房把衣服缝上。春秋进入房间，金庾信传唤来宝姬为春秋换衣服，然而宝姬拒绝这个要求，之后庾信又传唤了文姬。春秋知道庾信有什么打算，于是将计就计与文姬发生了关系。自那之后春秋便经常过来，文姬就怀孕了。之后庾信故意责备妹妹失贞，在庭院里堆起木柴，在都中到处散布要将妹妹文姬烧死的消息。庾信看准了春秋随从当时的善德女王去南山的时机，便在木柴堆上点了火。女王看见有烟升起，向臣下询问情况。她看见春秋的脸色变了，说："你快去看看！"春秋奉女王之命快马加鞭赶去，阻止了火势。之后，春秋便与文姬公开举行了婚礼。

其实上文所说的故事都不是真实的。在希罗多德的《历史》中有个相同的故事，就是关于波斯阿契美尼德王朝居鲁士大帝诞生的故事，其实这不过是古老的民间传说的主题罢了。此处之所以讲述金春秋和郁的故事，是因为他们与居鲁士一样，是新王家血统的"实际创始人"。

王室谱系的伪作

可是，金富轼的《三国史记》在记述显宗家系起源上的主张与事实是完全相悖的。

对末期的新罗王家来说，因为高丽太祖是叛乱者之一，所以新罗对高丽至少是不应该怀有好意的。尽管如此，《三国史记·新罗本纪》中一次也没有记载两者间的冲突，而是将两者间描述成长期友好的关系。更奇怪的是，930年高丽军挺进新罗，新罗国都庆州周边皆被占领。就连在对高丽太祖翌年进入庆州的描述中，都没有任何对战争的记录，反而将此举描述成大受敬顺王的欢迎的举动。

935年，太祖正式吞并新罗，废掉敬顺王的王位，并迁都开城。关于这时的事情，在《新罗本纪》中的记述大致如下。

最早新罗投降时，太祖极为喜悦并且给予其优厚待遇，让使者传话说："王将国予我很是感激。希望您家能与我家结姻亲之好。"王答道："我伯父亿廉为大耶郡（大良州）知事，其女气质与容貌俱佳，此女可否？"于是太祖与此女结婚，生下的儿子就是显宗的父亲。

于是《新罗本纪》在末尾作出总结，对敬顺王投降的大功绩大加赞扬，并下结论说："显宗作为新罗王族的外孙而登上高丽王位，继承王统的王们皆为其子孙，这不正是阴德的阳报吗？"①

在这里，显宗的祖母不是陕州的李氏，而是新罗王族本贯庆州金氏，这当然不是事实，高丽王室的历代中没有一个是继承了庆州金氏的血统的。尽管如此，庆州金氏的金富轼为了主张自己的家族与王室同族，撰写了五十卷巨著《三国史记》。

金富轼可以这样大胆地伪造历史是有原因的。1126 年爆发了李资谦之乱，作为王室外戚专权了七十多年的仁州李氏一族失势，开城的宫殿也尽数被烧毁。由此平壤的势力相对变强，放弃开城而迁都平壤的呼声日盛。断然反对此举的是庆州金氏的金富轼一族，平壤和庆州间关系开始紧张。最终在 1135 年，平壤发表"独立宣言"，"南北战争"开始，金富轼作为南军总司令率军北上，翌年占领平壤，镇压了叛乱。在这场"妙清之乱"中，金富轼有着极大的功绩。与此同时，王室实力已经衰弱，因此金富轼创作《三国史记》而改写王室谱系使其对自己的氏族有利，这在当时并没有什么问题。

这种情况下完成的《三国史记》，虽说是朝鲜现存的最古老的史书，但其内容的可信度和《古事记》也没有什么差别。《古事记》在采用《日本书纪》的材料的时候经过了两次加工，而《三国史记》也

---

① 原文为"显宗自新罗外孙，即宝位，此后继统者，皆其子孙，岂非阴德之报者软？"——译者注

不是最早记录三国时代的史籍。在这之前的《旧三国史》（又被称为《海东三国史》），是为人所知的更为详细的史书。金富轼对《旧三国史》进行了加工和概括，尽可能地吸收中国史书中关于朝鲜的记事而创作了《三国史记》。

尤其显示了金富轼编纂方针的是"三国史记"这一题目。金富轼信奉中国宋朝诗文革新运动的古文复兴，自己的名字是从古文大家苏东坡的本名中取出的"轼"字。《三国史记》效仿了古文家欧阳修的著作《五代史记》①。

作为中国五代时期（907—960 年）的史书，此前已经有了《旧五代史》，《旧五代史》基本上就是将历朝自己编纂而留存下来的史料汇总而成的书籍。所以其作为史料有很高的价值，但它数量过多、文章平凡，也没有贯穿始终的历史哲学。对此不满的欧阳修尽可能地在压缩《旧五代史》的内容的基础上，将文章改写成符合自己期望的古文，并在其中加上了带有强烈的儒教哲学色彩的评述。这样创作出的《五代史记》，其内容虽然变得简明扼要，但却不能作为史料。

何时起为"历史时代"

金富轼的《三国史记》很明显地模仿了《五代史记》，压缩了《旧三国史》的内容。因此，《三国史记》并没有作为一等史料的价值。总之，《三国史记》在成书的过程中经历了两次加工，因此就算是要对其加以利用，也要十分注意。

《三国史记》采用中国正史的体裁，自然也分为"本纪""表""志""列

---

① 即《新五代史》。——译者注。

传"四部分，其中分量最重、数量最多的是"本纪"。"本纪"占了整体的一半以上，且它分为新罗、高句丽、百济三部分。

在这三国中，事实上历史最悠久的是高句丽，其于公元12年出现在中国的记录中。2世纪初期出现了一位王叫作"宫"，在121年他死去之前，这个国家就已在东汉的东北边境展现雄威。之后，经历了宫之子遂成、遂成之子伯固两代，到3世纪初期，伯固之子伊夷模为王之时，受到了辽东军阀公孙康的攻击，国家被一分为二。伊夷模向东迁移，在位于现在中朝国境附近的通沟创建了新的国家。伊夷模之子位宫曾在238年协助司马懿征伐公孙渊。但从244年到246年，伊夷模也受到魏军讨伐，其国都被占领，高句丽因此大受打击。以上是通过中国的记录而了解的史实，这与《三国史记·高句丽本纪》的记述不大吻合。

之后，位宫的四世孙乙弗利在313年占领了晋的乐浪郡和带方郡。再后来，乙弗利之子钊在342年败于前燕军，并被占领了国都，就连父亲乙弗利的尸首也被掠走。从这以后，《高句丽本纪》中的一些内容终于变得像是真的了。

继高句丽之后建国的是百济。百济在3世纪的《三国志·魏书·乌丸鲜卑东夷传》写作"伯济国"。那时百济还是个小的聚落，直到4世纪后半期的百济王余句在位时，它才作为一个事实上的国家而独立。369年高句丽王钊率军南下时，前来迎击的百济王子，也就是余句的儿子须（贵须）打败了高句丽军并杀了钊。《三国史记·百济本纪》中记述的内容以战争为界进入历史时代，"句"就是近肖古王，而"须"则是近仇首王。可是，在这个《百济本纪》中，关于日本的记事非常少。这与《日本书纪》大量引用百济的古记录，强调这个国家与日本关系密切形成了对比。

虽然《百济本纪》中关于日本的记事很少，但《新罗本纪》却有较多日本相关的记事。可是，因为新罗位于半岛的东南隅，是在朝鲜半岛上距离中国最远的地方兴起的国家，所以，文化的发展也比接触乐浪郡、带方郡的高句丽和百济更慢。

根据《新罗本纪》的记载，新罗建国是在公元前57年，最早是朴氏王朝，之后出现的是昔氏王朝，然后是金氏王朝。这当然是不对的，因为公元前108年汉才在半岛置四郡，并且《高句丽本纪》中高句丽建国的时间是公元前37年，而公元前57年比公元前37年还要早。在新罗，王族一定姓金，贵族一定姓朴，而昔这个姓是不曾存在的。即便新罗的碑文，也只出现过金氏的王。[①] 所以，通常可以认为，真实存在的王是从第十七代的金氏奈勿王以后的诸位新罗王。

可是，这也有问题。奈勿王在位时间是356年到402年。那时的新罗一定已经建立了王国。382年，新罗王的使者向那时已经统一华北的前秦朝贡。

王的名字被记载为"楼寒"，这与"奈勿"迥异。之后，新罗很久都没有在中国的记录中出现，直到约一个半世纪后的521年，叫作"募秦"的新罗王派遣使者到华南拜见南梁皇帝。

说实话，新罗在这之后才进入了有历史的时代。在募秦的时代，《新罗本纪》中是叫作"法兴王"的人治世，536年，新罗开始立年号为建元元年。并且，在中国的记录里，之后的真兴王（540—576年在位）作为"金真兴"登场，这个名字也被留在碑文上。直到545年，新罗才开始编纂国史。

---

① 朝鲜半岛的各族原本也和日本一样，只有名没有姓。第一个使用金姓的新罗王大概为6世纪中期的真兴王。——译者注

总之，《三国史记》中勉强能作为史料的只有：《高句丽本纪》《百济本纪》里 4 世纪中叶往后的内容；《新罗本纪》里 6 世纪往后的内容。

可是，让人困惑的是，在《新罗本纪》中，古老年代的部分集中记录了与日本相关的故事。

例如：公元前 50 年，在赫居世王①治世时，倭军意欲入侵边境，而王听闻有神德在而撤退。在这之后关于王的治世记录几乎都与倭人的入侵有关，因为这些故事存在的背景都是明显被虚构出来的王的时代，所以这些记录也都是被创作出来的。

但是，到 6 世纪以后，这些关于日本的记事就突然间中断了。甚至可以说那些 6 世纪之前的记事就是与日本相关的全部了。也就是说，《新罗本纪》中的倭人们只活跃在过去的世界，而那些过去世界中奇怪的记事实在不能作为研究日本古代史的材料使用。研究古代的日本和朝鲜半岛诸国关系，只能依赖广开土王碑（414 年）上的铭文和《日本书纪》（720 年）。直到 1145 年才完成的、以伪造高丽王家谱系为目的而创作的《三国史记》价值很低，最多也只能作为参考。

那么，通过逐一探讨中国、日本、朝鲜的四大史书——《魏志·倭人传》《日本书纪》《古事记》《三国史记》的创作情况，我们明白了这些记录是何种性质的，作为史料可以被信任到何种程度。接下来我们将进入正题，说明古代日本建国的情况。日本建国不是日本列岛的内部独立发生的现象，也不是仅凭日本列岛与朝鲜半岛之间的关系就能说明的现象。朝鲜半岛上逐渐形成民族大概是 7 世纪之后的事情，在这之前，朝鲜民族、朝鲜文化还没有成型。

---

① 即新罗初代王赫居世，号居西干。《新罗本纪》记载为："始祖姓朴氏，讳赫居世，前汉孝宣帝五凤元年甲子四月丙辰即位，号居西干。"——译者注

在朝鲜半岛和日本列岛上，真正的民族国家出现，追溯到最早也是4世纪的事情了。这些地区的居民，在此前数百年的漫长时间里，深深融入了中国的政治经济网络，将中国文化作为自己的文化，而绝不是本地固有的文化逐渐被中国化。换言之，无论是朝鲜文化还是日本文化，原本都是中国文化。朝鲜和日本自己民族文化的真正形成是由于在4世纪时中国发生了政治上的大变动，中国文化的网络崩塌，中国周边的居民必须开始独自发展。

因此，下一章开始讲述古代中国是怎样的。

第七章

中国塑造了亚洲

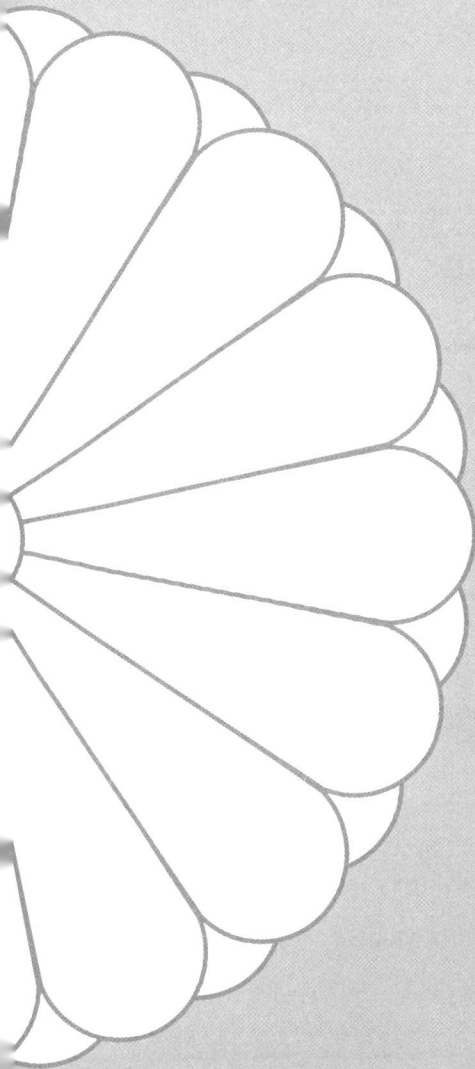

古代中国可喻为欧盟 ①

在我们现代日本人的观念里，说起"国家"，一般是指"民族国家"。这里指的不是四面被海围绕，陆地上人为设立国境的国家，而是境内的人们讲着同样的语言，容貌与体格相似，不分阶级高低，继承同祖先的血脉的国家。

仅仅在百年前，日本人还仅居住在日本列岛，国内也几乎没有外国居民。这种特殊的情况，再加上 19 世纪日本开国时正是法国革命衍生出的民族主义的鼎盛时期，由此我们形成了将国家和民族直接与人种和语言等而视之的民族国家观念。

因此在战后，将长久以来作为禁忌的中国史料，特别是《魏志·倭人传》加以利用而成的日本古代史论开始盛行。即便如此，却无论如何也无法去掉脑海里根深蒂固的观念——中国和朝鲜都是由单一民族组成的国家。

虽然在我们打算对日本国家建立的问题进行分析时，不仅要考虑列岛内部的情况，也要将来自朝鲜半岛和中国的影响考虑进去，并加以说明，但这其实是犯了不可理喻的判断错误：好像在那个时代中国民族和朝鲜民族就已经以现在的形式存在，又好像他们与血统纯粹的日本民族有所联系。

---

① 原文为 "EU"。——译者注

但是，就是在西欧，18世纪之前也不存在"民族国家"这样的观念。所谓"国家"，是基于君主和地方势力间的个体关系而出现的，伴随着这种关系的变化而反复发生着聚散离合，国境也始终在变化，一个国家内即便存在几种语言也没有人会觉得奇怪，而且此时还不存在什么民族意识。

即便在东亚，情况也是相同的。在19世纪西欧近代思想传入，"中国人全部是黄帝子孙①"这一神话被发明出来之前，中国就是现代语言所说的"多民族国家"，而且也没有人将这种形式作为国家定义的行为抱有疑问。不过，"多民族国家"这种表述是不正确的，说它是"经济共同体"更为恰当。比如说像现在的欧盟，是较为先进的经济共同体。因此，与其说当时的中国是一个单一的国家，不如说是一个联邦更恰当。并且，应该说，朝鲜半岛的诸国处于这个经济共同体域外成员的地位。

古代日本一直在此种性质的中国和朝鲜的影响下成长。若不理解这些都是19世纪才出现的观念——或将现在的韩国、朝鲜与中国的意象投射到过去来解释历史；或将古代日本人想成现代的、像我们这样的民族主义者；或说在受到中国文化、朝鲜文化的影响之前，日本列岛就已经存在固有的民族文化——就不能理解持有这些观念的人都犯了时代错误。

公元前1世纪的倭人

台北故宫博物院藏有一幅唐代画家阎立本（601—673年）执笔的

---

① 作者原文如此，我们通常称为"炎黄子孙"。——编者注

名为《职贡图》的名画，画面纵长 61.5 厘米，横宽 191.5 厘米。图中
有一支由 27 个男子组成的队伍，每个人都是高鼻梁、粗眉毛、浓胡须，
他们看上去像伊朗人。有的人头上卷着头巾，穿着宽袖口的长衣，脚
上穿着凉鞋；有的人光着一边肩膀，缠着短的腰布，光着脚走路。

　　可以看出，这样奇怪的一队人是要去朝觐中国皇帝的，因为每
个人都拿着像贡品一样的东西。这些"贡品"也尽是些奇怪的东西：
最前边的人小心翼翼捧着的像是被中国人称为"灵芝"的一种菇，
在他身后还有象牙、大瓶的香油、香木、孔雀羽扇、鬈羚、山羊和
装进笼子的鹦鹉。在这混杂着各种物品的队列中，最显眼的是一位
骑着白马的魁伟男子。他在侍者撑着的红色华盖下悠然前行，显然
这是一行人中的正使。

　　这幅充满异国风情的画名为"职贡"。"职贡"这个词在中国
的古代用语中，意思是"向皇帝赠送地方特产"，因此又可说成是

《职贡图》（唐）阎立本

"贡献"或是"献方物"。带着这些物品来拜见皇帝的行为就叫作"朝贡"。

"朝贡"这个词，在讨论古代日本和中国的关系时是一定会出现的。如果想要运用中国史料来构造日本古代史，就不能避开这个词。

例如：如诸位所知，在中国流传的关于日本的最古老的记录就是《汉书·地理志》。《地理志》对公元前 1 世纪时东亚的人文地理进行了总论，其中将日本人的祖先向西汉的皇帝朝贡的事情进行了如下的记述：

> 乐浪海中有倭人，分为百余国，以岁时来献见云。

所谓"献见"，就是"贡献"和"朝见"。总而言之，与"朝贡"意思相近。

在此需要提醒一句，刚刚引用的《汉书·地理志》的原文中，在文末还有一个"云"字。人们对这里的"云"的解释有很多，有的人将这个字读成日语中的"という"（toiu）①，认为是指根据传闻而获得知识，像这种说法的可能性也是存在的。

也就是说，倭人们没有来过西汉的都城长安（西安），而是止于朝鲜半岛北部的乐浪郡。所以在汉朝中央政府的记录《汉书》中，与倭人相关的记事加了"云"，就显示出这是通过乐浪郡而传入的间接的消息。

确实，"云"这个字，如果放在文章开头的话，就表示是引用句。但因为这里是放在了句末，就不能这样说了。

"云"本来的意思与"然"相同，即"正是如此"的意思。在《汉书·地理志》中，这个字被使用了 6 次，而且都是用以表示段落结束的助词，没有一处是"传闻"的意思。所以从字义来说，倭人们在公元前 1 世纪就已经来过长安了。

那么关于《汉书·地理志》中这一句的解释，即所谓"乐浪海中有倭人"，就是说倭人的朝贡是以乐浪郡为窗口而进行的。"分为百余国"的意思是，在乐浪郡登记在册的倭人朝贡国有百余个。不过这到底只是在中国账簿中记录的数字，与倭人政治组织的实态并无直接关系。"以岁时来献见"是指在这些所谓朝贡国中，被指定了允许朝贡的时间的间隔，即多长时间进行一次。它们每年选一个国家，轮流作为诸国的代表前来朝贡。

可是，虽然这么说，但这还是让人没有什么切实感受，所以我再具体说明一下实际上的朝贡要履行怎样的程序。虽然现在留存的关于西汉时代的详细制度的史料较少，我们不能准确地了解它，但是因为直到 19 世纪的清朝末期，朝贡制度本身都没有太大改变，所以从后

---

① 原文为日语中的"という"，这个词有"听说、传闻"的意思。在本章中，"という"被用来指《汉书·地理志》中提到的"云"。——译者注

世的例子来推断，基本上还是可以的。

朝贡的情景

首先，倭人朝贡的窗口乐浪郡是个怎样的地方呢？

所谓"郡"，在古代中国指的是军管区，设置于距离都城较远的地方，并负责一定区域的防卫和治安。乐浪郡的管辖区域覆盖了鸭绿江以南的朝鲜半岛的大部分地区。在这个区域中散布着 25 个县。

首先可以确定的是，"县"类似于罗马帝国时代在日耳曼尼亚和高卢建设的城市。在莱茵河谷从北到南绵亘着科隆、波恩、科布伦茨等德国城市，美因河畔还有法兰克福，它们的市中心都留存着罗马时代的城墙遗迹以及划好的街道格局。乐浪郡也与此较为相似。

"县"是选择在交通路线的要地上建设的。城墙是通过夯土法建成的，它围成方形，并在四面安装上厚实坚固的城门。城门只在白天开放，太阳落山便关闭。城内被整洁有序地划分出纵横交叉的街区，城中心还设有广场及市政府等。城内的居民主要是屯田兵或者是商人，他们居住在兵营一样的房子里。他们用砖块砌成高墙，从墙内通往街道的进出口是个木门。这个木门会随着日落而关闭，所以夜间是禁止外出的。如果天黑之后还在路上，就会被巡逻的夜警逮捕并被殴打，然后被扔到拘留所关到早晨。所谓"县"，大体就是如此性质的城市。

乐浪郡的军管区司令部就在这样的县中，它位于朝鲜半岛北部的大同江南岸，也就是现在平壤市对岸的城市，叫作"朝鲜县"。但是，因为管辖区域面积过大，西汉又在东方的日本海沿岸任命了"东部都尉"，在南方任命了"南部都尉"来加强监管。

南部都尉驻扎的城市叫作"昭明县"，大概是在汉江河谷，也就是如今的首尔一带。南部都尉直接负责管理朝鲜半岛南部和日本列岛居民的交往，在县城的市场里监督中国人和原住民的交易，同时保护在外国经商的中国商人免受原住民的袭击，并向友好的酋长派遣将官收集情报。关于这个场景，大家联想一下西部剧中出现的美国开拓时代的情景就可以了。

倭人朝贡使一行人以阎立本的《职贡图》中的朝贡形式，渡海来到了昭明县的南部都尉面前。都尉调查他的身份，如果认定其为真正的朝贡使而不是伪冒者，便会报告给乐浪郡的司令官"太守"，并发给其限定人数的通行证。

获得朝贡权力的酋长，以等级的高低，分别被授予金印、银印、铜印。如果酋长过世，其继承者就会通过乐浪郡报告中央政府，通过被允许而合法继承这一权力。这个印对于朝贡来说是绝对必要的"表"，是用来封印对皇帝表达友好之意的信的，同时，这也是朝贡使不被他人仿冒的证据。

虽然精明的酋长可以自己准备好"表"，但是书写格式上绝不可有疏漏或失礼，如果出现了这种情况，罪责甚至会波及乐浪太守。因此一般"表"是由中国这边来制作：在木简上用汉语写上问候的固定句式，再填上名字、日期与所持的贡品名录即可。

贡品不必具有很强的实用性和很高的价值，只要是比较稀有的特产品就可以了，品种也基本固定。

因朝贡而被允许进入中国的倭人使节团，从入境起就由中国承担费用并负责接待。待遇根据派遣的酋长的身份和使者自身的等级来采用对应的标准，到长安的往返旅程皆有护卫兵陪同，迎宾馆住宿及三餐、宴会邀请和盘缠，乃至行李的运输等一律由中国一方承担。

到了长安城外，相当于外务省^①的大鸿胪会派出官员迎接，在其引导下，使节团举着写着大字——"倭人使团"的旗，以乐队为先导，进入城门，在观望的人海中结队缓行在都城的大道上，然后进入指定的驿馆，等待谒见。

谒见当日，使节团全体成员在凌晨两点左右起床开始准备，在一片黑暗中向宫中进发。凌晨三点宫门打开，使团进入宫内。在宏大的中庭中间，在不知道多少层的基坛上，耸立着巨大的建筑物——正殿，处处被如火的光芒照耀着。这个"中庭"就是朝廷，在中庭的四周和建筑物的周围，武装的卫兵整齐地排列着。

文武百官从左右便门依次入内，根据各自位阶从殿上至台阶的两侧、前庭依次排列，站在指定的位置。朝贡使们也依照等级被引导到相应的位置，而贡品已于前夜被送到殿前陈列。

经历了漫长的等待，天色泛白之际，在奏乐声中，正殿深处举着灯火的队伍逐渐靠近，先导的卫兵和侍从分列左右，其后是皇帝乘坐的小马车。卫兵"噼啪噼啪"地抽鞭子命令肃静，然后皇帝下马车，登上陈列在正殿中央的高高的玉座。配合着仪典官的号令，全部出席者行两次最高礼。

丞相（总理大臣）代表群臣禀告问候，皇帝做出回应。接着，使节团被介绍给皇帝，并转交"表"和贡物的清单，随后当场宣读。

使节前进到御前并重复两次最高礼节，皇帝做出回应，加以慰劳。谒见结束后，会有宴会，侍者为其上菜肴，斟美酒。三次干杯之后，宴会就结束了。皇帝在旭日的光辉中退场，接下来就是开朝会。

在这样的朝贡仪式上，皇帝收下贡品象征着"天子德化而及远夷"，也就是为了显示皇帝受到友好国家的支持。皇帝会将贡品分

---

① 日本负责对外事务的机关。——编者注

赠予群臣。对于朝贡使，除了给予回复的诏书以及作为贡品回礼的赏赐外，还会对使节个人赠予慰劳的礼品。使节团在参观和购物之后，再次从长安出发，继续受到中国方面的接待，经由遥远的乐浪郡返回本国。

皇帝个人的名誉

在以上的介绍中能够看出这种"朝贡"的实际状况：朝贡是完全由中国单方面出资的。尽管如此，这项制度还是维持了两千年以上，直到 19 世纪末才结束。这是为什么呢？

实际上，在日本，朝贡主要被认为具有经济方面的意义，因此就有了使用"朝贡贸易"这种不明缘由的表述的风潮，而这也几乎成了定说。

例如：在《世界历史事典》〔平凡社，昭和三十年（1955）〕中，给"朝贡"下了如下的定义：

"贯穿于东洋的古代、中世的中国及其周边亚洲诸国或诸部族之间存在的所谓'朝贡关系'，是后者对前者形式上的附属关系，而实质上是一种特殊形态的对外贸易，也可以叫作'朝贡贸易'。"

这是对"朝贡"一词最初的长词条定义。不过在这一句话中，就已经有了五个错误：

第一，朝贡是在"中国及其周边亚洲诸国或诸部族之间"进行的。这一点是完全错误的。

1793 年，英国国王乔治三世的大使乔治·马嘎尔尼（George Macartney）一行访问中国。9 月 14 日，使团在热河行宫谒见了清朝的高宗（乾隆帝）。83 岁的老皇帝非常喜悦，作诗一首：

"博都雅昔修职贡，英吉利今效荩诚。"①

从马嘎尔尼留存的《乾隆英使觐见记》〔坂野正高译注，平凡社，昭和五十年（1975）〕来看，这次谒见仪式的经过与汉代朝贡的仪式几乎没有不同。只是因为没有发生在北京的宫廷，仪式稍稍有所简化而已。马嘎尔尼等人在凌晨4点从住处出发，花了1个小时的时间，走了3英里（1英里约等于1.6公里）路来到仪式场地万树园。在帐篷里等了1个小时后，铜锣和音乐响起，标志着皇帝要来了。中国人都跪下叩首，使节们以欧洲式的单膝下跪礼表示敬意。此时，皇帝在扛着旗、举着伞的众多士官的簇拥下，乘着16人担着的轿子入场，登上大帐篷中央的宝座。马嘎尔尼呈上英国国王的书翰（即"表"），捧出镶着钻石的黄金箱子，登上宝座旁边的台阶，单膝跪地将箱子呈给皇帝。作为对英国国王的回礼，皇帝赠予马嘎尔尼玉如意，并表达两国君主缔结友好关系的希望。接着，皇帝也向马嘎尔尼个人赠送了玉如意，马嘎尔尼则以镶嵌钻石的金表回赠皇帝。

使节团成员也各自收到礼物之后，与出席的皇族、大臣们一同走到摆好的餐桌前入席。宴会的同时，帐篷外还表演着相扑、杂技、戏剧等助兴。皇帝还分别赏赐了马嘎尔尼和他的副使斯当东一杯酒。据马嘎尔尼记录，这场仪式总共花了大约5个小时。

从乾隆帝所作的诗来看，葡萄牙和英国使节的表敬访问是非常气派的朝贡。带着地方特产来谒见的人，不论是欧洲人还是美国人都被认为是朝贡使，所以并不仅仅是"中国及其周边亚洲诸国或诸部族"与中国皇帝来往就叫作"朝贡"。

---

① 本句为乾隆皇帝所作的《红毛英吉利国王差使臣马嘎尔尼奉表贡至，诗以志事》中的首句，全诗内容如下："博都雅昔修职贡，英吉利今效荩诚。竖亥横章输近步，祖功宗德逮遥瀛。视如常却心嘉笃，不贵异听物诩精。怀远薄来而厚往，衷深保泰以持盈。"——译者注

接下来，《世界历史事典》对"朝贡"的定义的第二个错误是，这是在中国这个国家与外国或者是外部族间进行的。

朝贡使节谒见并且表达敬意的对象并不是中国这个国家，而是作为个人的皇帝。乾隆帝乐于马嘎尔尼的来访，是因为这让他在臣民们面前有了十足的面子。马嘎尔尼一行刚从北京出发踏上归途，乾隆帝就把英国国王送来的礼物分赠给内外的大臣，就是"国家声教覃敷……彬彬乎盛矣"。作为皇帝，他自然期待大臣们在感谢信中提及这是"英吉利国呈进"的贡物，并将朝贡之事作为特别记录的内容呈现出来。但是，山西巡抚蒋兆奎在礼状中只写到接受了一件御赐的哔叽面料的衣服，却对关键的英国使节朝贡的盛事一句没提。感到丢了面子的皇帝大怒，怒斥蒋兆奎，认为他是让没有学问的秘书代笔才会这样出丑，于是皇帝立马下达命令，督促还没有交送礼状的地方长官，一定要言及英国使节朝贡一事，注意称赞圣德。由此可知，朝贡对于受贡的皇帝来说，是关乎个人名誉的问题。

朝贡不是贸易

第三，朝贡不一定是从国外来到皇帝身边。即便在中国国内，去首都周边的直辖地之外赴任的地方长官，也有在任期中回到朝廷、谒见皇帝、报告政务的情况。作为常识，他们也会呈上任地的特产，这依然被称为"朝贡"。

在汉代，郡的太守和地方王国的国相(家老)每年都会派遣"上计吏"作为使者到长安作报告，同时呈送方物，这些使者会在驿馆(郡邸、国邸)等待，直到谒见的日子。而这个驿馆与外国朝贡使节团的驿馆相同，由大鸿胪管辖。他们在朝会当日献上方物，以向皇帝表达敬意。

总之，不论是中国国内还是国外，在首都地域外的实权人物向皇帝赠送物品，并由此来表明对其支持的行为都被称为"朝贡"。

所以，朝贡不是对中国"形式上的附属关系"的表现，而是独立于皇帝的大大小小的地方势力代表者存在的证据。换言之，朝贡是友好关系的表现，表明了谁是皇帝的支持者、同盟者。这是之前所述定义的第四点错误。

最后，第五点错误是，将朝贡作为"实质上是一种特殊形态的对外贸易"，即所谓"朝贡贸易"的说法。

举个熟悉的例子。盂兰盆节和年末时，我们都会给上司、客户、孩子学校的老师、亲戚朋友家里送上一些中元或年末礼物。这既不是"附属关系"的表现，也不是"特殊形态"的生意往来，而是受赠者对平日里关照自己的心意的回馈，是人与人之间善意的保证。接受的一方再根据赠方的身份、是本人亲自前来还是他人代办等条件自然地区别处理：是在大门见面，抑或请到和室招待，还是拿出茶、酒、料理等；是当场还礼，还是之后再重新送出礼物作为答谢。

对于中国的皇帝来说也同样如此，在其他"中小企业"的国家来送礼时，作为世界上人口最多、最富有的国家的管理者——皇帝，如果不对应其等级而做出恰当的回礼，就不足以显示自己对作为社员的臣民作出了表率。同时，如果来访客人的数量减少的话，管理者的能力就会被怀疑，公司的前途就会令人不安，管理者不仅可能会在理事会和股东大会上被发难，还有丢失代表权的风险。

因此，朝贡与贸易完全不同。为了贸易能够顺利地进行，和平友好是绝对条件，而为了保证这一点，双方就会通过朝贡来表明善意。所以朝贡本身并不是经济层面的问题，无论对于中国还是外国来说都是如此。

说句题外话，这种愚蠢的"朝贡贸易说"载于《世界历史事典》，并被推广的时间是昭和三十年（1955 年），这总让人感觉是一种暗示。结合那之前的昭和二十九年（1954 年）末吉田茂引退、鸠山一郎内阁组建等事件来考虑的话，就会发现这个说法是在战后去军事化、重振外交，以及经济复兴等因素综合在一起的非常时代的背景下产生的。这才将朝贡这种外交行为直接视为贸易。不管怎样，从那个时代开始，到几十年后的今天，这种庸俗的理论还在被使用，这是多么愚蠢的事情。

日本人的祖先倭人通过这样的朝贡受到中国政治实力的冲击，通过贸易受到中国经济实力的冲击，并在这一过程中逐渐掌握了文化，开始具备了民族的样子。这样的过程绝不是《汉书·地理志》中记载的公元前 1 世纪开始的。在那之前，一定有着很漫长的历史。

城市国家的出现

不用说，东亚最古老的城市国家，出现在华北的黄河河谷。城市出现在这里的重要条件是地形。

从蒙古高原向南突出的山西高地，其南侧是黄河北岸，东侧是太行山脉，再向东海拔急剧下落就到了华北平原。由黄土层形成的山西高地，如今由于自然环境的破坏而荒芜。它曾经被枫树、菩提树、桦树、朝鲜松、栎树、胡桃树和榆树等构成的森林覆盖。森林从内蒙古一直向东北方向蔓延，直到中国东北、西伯利亚、朝鲜半岛北部。

山西高地降雨量少，降雨时期也不稳定。同时，黄土极易受到侵蚀，所以河水会流过极深的谷底，导致两岸形成峭立的断崖绝壁。这样的条件是不能完成人工灌溉的，因此，人们只能依赖烧垦农业生活。所以山西高地的居民自古就从事商业活动，商品以在森林中采集的草药和狩猎时得到的动物毛皮为主，还有蒙古高原富产的湖盐，从游牧民处贩来的家畜、羊毛、乳制品，以及从更远的中亚运来的玉等。

高地的狩猎民带着这些商品，沿太行山脉而下与低地的农耕民进行交易，通过物物交换获得谷物和丝绸。在这样的边界地带形成的交易场所逐渐演化为城市，城市又发展成为国家。

其证据就是，公元前1000年之前的古老城市几乎都建设于太行山脉东麓的由山西高地向下的通道出口处。开始于公元前14世纪、灭亡于公元前12世纪末的殷王朝殷墟遗迹便是代表。殷的文物出土地邢台、汤阴、淇县也是如此。从太行山脉的南端向南，黄河的对岸就是郑州，此处挖掘出了商王朝迁都殷墟之前的都城遗址。有一种说法认为，郑州西边的偃师是商朝最早的王都，而与其相邻的洛阳则是周王朝灭掉殷后设置的东都。

这种古代城市的构造与千年后的汉代县城相同，都是用土墙围成方形，城内又有纵横交叉的街道，而中心就是王宫。

汉代文献《周礼·考工记》认为古代王宫是"左祖、右社、面朝、后市"的形制。这句话的意思就是王宫面朝南而立，其左侧即东侧为"祖"，其右侧即西侧为"社"。并且，王宫的前面即南侧为"朝"，王宫的背后即北侧为"市"。

此后，"祖"成为祭祀王宫祖先的灵庙，"社"成为土地神居住的树木和冢，如"且""土"字形所示，它们本来是边界标，立于进入王宫某个区域的入口。王宫南面的"朝"是"朝廷"，即朝会的广场；王宫的北面是"市"，自然就是市场。

可有趣的是，隔着王宫而南北相连的"朝"和"市"两个广场好像本来是相同的。就是说，"朝"和"市"在古代是同音，且与交易、贸易的"易"也是同音。就是说，朝廷本来也是与市场相同的交易场所，而其正中间是王宫，这暗示了古代中国"王"的起源。

在这里，试着大胆地想象一下。

中国古代的文献将山西高地的狩猎民称为"狄"或者"翟"，这与"易""市""朝"同音，是指"前来交易的人"。与此相对，华北平原的农耕民被称为"夷"，这与"低"和"底"同音，是"低地人"的意思。

高地的"狄"成群地来到低地的"夷"的村庄进行交易。"夷"从前一天晚上就开始准备，在村头合适的地方圈绳定界，夜里在会场入口的边界标（祖、社）献上牺牲，以头领为首全员祈祷，祈求交易成功，"阻"止入场的"夷"带来的邪灵。这就是朝会的起源，因此，靠近市场南边入口的部分，慢慢成为集会专用的广场，作为朝廷而独立。

现在的北京故宫博物院——位于北京的紫禁城的构造就是如此，正殿太和殿的正南面就是为朝会而设的广阔的前庭。隔着前庭的南入口，东侧是太庙，西侧是社稷。边界标作为朝廷的保护者而被祭祀。此时太庙已发展成为祭祀王朝之"祖"先的建筑物。

从交易场所的里面看，边界标是通向外界的出发点。所以在出门之际祭拜"祖"来祈求路途安全，这就是道"祖"神的起源。古代希腊将同样的边界地标称为"赫耳墨斯"（Hermes）。后来赫尔墨斯的象征意义又得到发展，成为商业之神、旅行之神。不仅如此，中国最古老的字书《说文解字》①中，将"且"解释为男性生殖器的形状，而希腊的"赫耳墨斯"也具备生殖器（phallus）的涵义。

---

① 中国最古老的字书是《尔雅》。——编者注

综合商社：中国

接下来，朝会结束，天也亮了，聚集在交易场所外面等待的"夷"人们伴随着日出入场，并且拿出带去的物品的十分之一作为入场费，在入口的"祖"处将其供上，这就是"租"。又将"脱"取出来的十分之一称为"税"，这就是如今"租税"的起源。

后世的中国县城，城门就是税关，原则上货物通过城门就要被征税。清朝乾隆皇帝的宠臣和珅与马嘎尔尼的谒见也有所关联，马嘎尔尼在日记中将和珅记录成一个具有非常手段的人。

和珅作为北京崇文门的税务监督收罗了不少财产。乾隆帝死后，和珅被赐死，从他家抄没的财产达到当时清朝年收入的十几倍。

总之，这种交易场所最终成为常设，其四周被城墙环绕，市场组织者成为王，组织的管理人员成为官吏，普通的组织成员就成为民兵。就这样，这种古代中国的城市国家诞生了。

因为具有这样的性质，在城市的居民中，外来的"狄"人就成了核心，而"夷"人也加入其中，在狩猎民特有的牢固的氏族组织基础上，过着具有严格纪律的共同生活，这正符合清朝时期北京城内的情况。

如今北京的城墙已经全部被拆掉了。之前的北京城分为靠北的内城和靠南的外城，内城的居民几乎都是满族人。满族人的核心是通古斯人的狩猎民，此外，汉人系、蒙古系、朝鲜系的满族人也加入了，分属于被称为"八旗"的八大集团。他们根据各自所属集团的不同而聚居在紫禁城周围的指定街区，领着皇帝拨放的俸禄，并以此为生。

在义和团运动中，八国联军占领北京后，八旗组织事实上已经解体了。现在北京旧市街的居民中满族人很多，说着正宗北京话的并不是汉族而是这些人。可以说这些是古代城市国家的真实情况。

这种古代城市的公用语是在"夷"和"狄"共同组成的交易场所中产生的市场语言，而这就是汉语。因为"夷"是多数而"狄"是少数，所以为了让阿尔泰语系的"狄"人更好地理解，与其接近的"夷"语的词汇、语法和发音都进行了简化，这是最基本的。

《论语》中说道，孔子在一般的会话中使用方言，而在与学问相关的高水平的对话中则会使用"雅言"。"雅"是"中间人"的意思，即"牙"，与有着商人、商业的意义的"贾"以及"价"同音，所以"雅言"正是市场语言。由此可以看出古代中国的公用语、共通语的本质是什么。

顺便说一下，传说商王朝之前存在的夏王朝的"夏"，也和"贾""价""牙""雅"同音。而殷王朝的本名是"商"，所以这些都是与交易相关的名字。

殷人在太行山脉东麓建设了几座城市，殷人本应该是"狄"。根据传说，其始祖母神名为"简狄"，出身有娀氏族。"戎"是西藏高原的游牧民，是"狄"的邻人。因此有了始祖六世孙王亥与有易氏的君主起了冲突而丢掉了性命的故事。

在黄河河谷的古代城市都是如此建立的：从山西高地的边缘向东、向南，利用水路而拓展了贸易通道，在这一线上各处要地都建设了城市，首都不断向这些地方输送移民团。这就是"封建"，"封"与"方""邦"同音同义，相对于首都而言是指地方的意思。

如果将被"封建"的城市说成是分公司的话，从作为总公司的首都的角度来看，为了使遥远地方的连锁网络全部高效地发挥机能并提高业绩，与他们进行密切联络是首要的。为此，有三个办法：第一，称为"巡狩"，殷、周的王们频繁地旅行，并且召集远方城市的世袭长官——诸侯开会。秦、汉的皇帝们也同样如此，尤其是秦始皇，他曾大规模地实施这一方法。他在全国范围内建设 70 米宽的大道①，几乎每年都要出访，最终死在了旅途中。

联络的第二个方法，如之前所说的，就是"朝贡"。城市即子公司这一方的诸侯或是他们的代理人前往位于首都的总公司，出席总公司的朝会，与作为社长的王交换礼物，确认今后会一如既往地相互支持和合作。

但如果是不同资本系统的贸易公司的代表来做同样的事情的话，对于总公司的社长而言自然没有比这更有面子的事情了，这就是外夷的朝贡。

秦始皇废封建置郡县，其意义是将分公司收购兼并，将分公司降为分店，并设置任命制的分店长，这种模式被一直沿用。这个分店长就是郡太守，与郡的"朝贡"意义相同，为了作业绩报告而派遣的从郡前往首都的使者就是"上计吏"。上计吏也会出席朝会，与皇帝交换礼物，来增强总店与分店的整体感。而这就是第三个办法。

中国这一国家的实际情况，就是这样一个大的综合商社，是从黄河河谷扩大到东方和南方的商业城市的网络系统。这个系统直到 1911 年的辛亥革命，三千多年来几乎没有改变。只是由于人口的增加和自然的破坏，一方面城市开始谋求新资源的供给地，以适应城市的网络逐渐扩展；另一方面则是城市的数量变多和规模变大。

谁是中国人

从中国体系的一成不变可以明白，前文中描写的汉代县城的构造

---

① 此处应是作者书写有误，秦始皇统一车轨，规定车轨的统一宽度为 6 尺，秦代 1 尺合今 23.1 厘米，6 尺相当于今天的 138.6 厘米。——编者注

直到 20 世纪初还没有完全改变，仍然是日落时分关闭铁城门，以此严格限制夜间的外出。皇帝自己拥有个人经营的企业，上等的丝绸、陶瓷器由皇帝直营的工坊生产，而普通人只有用钱才能买到这些东西。皇帝[①]是中国最大的银行，借出钱而获取利息。总之，商人皇帝一直与古代市场组织者——王的性质相同。

这里有一点，即便是中国的皇帝，在秘密经费和交际费用上还是有一定制约的，不可以无限制地以公费结算。而且战争和外交都需要钱，作为常规费用而没有计入预算的支出项目很多，这就必须从皇帝的私房钱中支出。尤其是对朝贡的回礼，原则上不用国费而从皇帝的私费中调拨。

在这样的皇帝手下工作的官吏们，也保存了市场管理人员的特征。即便是职务上的事情，如果具有金钱性质，从中获取佣金作为中介费被视为当然的权利，这个比例也依照常识大致定在一个较为妥当的标准内，而这绝对不是贪污。事实上，越是与钱无缘的职务，其俸禄越是被抬高了。

如果是直接肩负着征收税金的责任的地方官，实质上是没有俸禄和赴任费的。作为交换，只要将责任额交给中央，剩下的部分，一定程度上可以是合法且自由获取的。所以，有投机失败而动用公款的地方官，也有明智投资并获得收益从而增加公款的地方官。总之，在制造财富上，地方官的权力是最大的。这是经营手段的问题。

在如此性质的商业系统中统一的中国，当然不是民族国家，连"中国人"这一人种也并不存在。这件事情在之前讨论《魏志·倭人传》的段落中已经说明了。哪怕是现代中国，如果出身的省份不同，即便

---

① 作者原文如此，但此处应当是指皇帝的私库。——编者注

是汉族，说的话也是不同的，古代中国更是如此。

孔子虽然能够在公共场合用"雅言"讲话，在日常生活中却还要使用其他的方言。即便到了汉代，每个地方的"雅言"仍然有很大不同。在扬雄（公元前53—公元18年）的《方言》中对此进行了详细的讲述。

越是远离首都的城市，市民内当地人所占的比例就越高。换言之，因为录用的当地工作人员的数量增多，通过"夷"语与"狄"语的接触而形成的汉语，逐渐更多地具备了夷语的要素。

反过来思考，无论出身于什么异民族，也无论在家说着怎样的外语，只要能满足一定的条件，就可以成为中国人。这个条件就是：在最近的城市注册成为当地市场的成员，并交付组织的费用，负担一定程度的劳动，在非常时期响应征召而拿起武器。

满足这个条件而成为中国人的就是"民"，不这样做的人就是"夷"。在华北平原地区，春秋时代（公元前8世纪—公元前5世纪）之后，城市网络就变得密集了。因此，"夷"几乎"民"化而消失了踪迹。在网络末端的乐浪郡等地，"夷"中国化的节奏始终较为缓慢。这一过程还没有完成，在中国本土就发生了政治上的大变动，使他们最终无法彻底转变成"中国人"。他们就是后来的朝鲜民族和日本民族。

乐浪郡的诞生

乐浪郡设立于公元前108年，但是乐浪郡地区开始中国化的时间要比这早两百多年。

公元前12世纪末，殷商王朝为周王朝所灭。沿着太行山脉的东麓，殷商城市网的最北端，就已经达到了现在北京一带。

　　这个地方，北边通过居庸关与内蒙古相连，东边穿过辽宁西部的山地，到达辽河流域的沈阳、辽阳地区。这里是朝鲜、中国东北、蒙古、西伯利亚地区的物产汇聚然后流入中原的交通要地，同时中原商品也在这里汇集并运出。为了控制这一地区，周将同族的集团——"燕"派到这个地区，并在现今北京西南约 60 公里的易县建设了城市。

　　燕后来迁都到北京，并在公元前 3 世纪初成为大王国，占领了辽河流域，同时在现今的辽阳地区设置了军管区的司令部，即为"辽东郡"。

　　辽东郡的任务之一，自然就是确保纵向穿过朝鲜半岛而直达日本列岛的贸易道路通畅。为此，燕在大同江、汉江流域的"朝鲜族"，洛东江流域的"真番族"地区设置了要塞，并派兵驻守。这样一来，中国势力就直接进入了朝鲜半岛，其先端直达九州。燕商们在那里采购商品，原住民将自己的商品运来也就成了自然之势。

　　秦始皇消灭了其他诸王国，在公元前 221 年统一了中国。燕的辽东郡被秦接收，对半岛居民的控制也就此继续。可是十一年后，秦始皇驾崩，秦帝国衰败了，诸王国又一次"复活"了。作为诸王国之一的燕王国，由于复兴匆忙而没有安排周全，导致新的燕王国放弃了清川江以南的地区。

　　到了公元前 195 年，新的燕王国大败于汉高祖的军队，辽东郡直属于汉的中央政府。在这场战争中，燕人卫满与千余位志同道合的人在朝鲜半岛渡过清川江，占据了秦代以来就被弃置的要塞。他们大部分是军人，在他们手下，燕撤退后残留的"朝鲜"族，以及同样躲避战乱的从河北、山东逃命而来的中国人聚集到一起，在大同江流域建立了王国，建都于王俭城①。

---

①　大概位于如今的平壤一带。——译者注

虽说是王国，充其量是比土匪稍好一点的程度，类似于《水浒传》中宋江据守梁山泊。因为汉的辽东太守没有亲自介入半岛的余力，便决定联合并利用这位有华侨和原住民双重身份的人，与之缔结了契约以换取武器和物资，维持半岛的治安，保障国境的安全。如果将其比作商社的话，就类似于是为了撤回驻扎人员，将这项业务委托给当地的代理人。

成为汉朝基层代理人的卫满，凭借与中国贸易的垄断权和拥有新式装备的军队，将势力延伸到了整个半岛。南部的真番族、东海岸的临屯族也开始听命于他，这不会不影响到日本列岛。这个时代的倭人与"朝鲜"王国开展贸易，并通过其间的中转与中国的经济间接地联系起来。

可是，此后经过了约 70 年，汉的人口增加了，资本也有所积累，这时出现了一位积极的管理者——汉武帝。他将国家管理方针转换为积极扩张，而收回朝鲜半岛地区的权力正是其计划中的一部分。

根据《汉书》的记载，公元前 128 年，汉设置了"穿秽貊、朝鲜"的苍海郡，又导致"东夷薉君南闾等口二十八万人降"。然而成为作战基地的汉朝的河北、山东却从上到下发生了大骚乱。

这个苍海郡计划投资很大，却没有什么实际效果，最终仅仅 1 年多就中止了。20 年后的公元前 108 年，汉武帝再次向朝鲜半岛输送陆海兵力，取缔了卫氏朝鲜，在那里设置了乐浪、临屯、真番、玄菟四郡。这也就是吞并、收购了代理人的公司，收回了公司在该地的业务。

业务缩小、外购、再扩张、合并这一类似的过程并不只见于朝鲜、日本贸易路线。与此同时，南海贸易路线、云南—阿萨姆贸易路线也发生了同样的现象。其中，南海贸易路线的例子可以作为参考。

如之前所说，在黄河流域中段，黄河南岸的郑州、偃师、洛阳等殷周的古代城市繁荣起来，不仅是因为这些城市连接了山西高地的南端，也因为这里是连接黄河南北的渡河点。就是说，比起周边，上游两岸是高百米以上的黄土断崖，下流是茫茫无际的大沼泽，黄河的水流每逢丰水期又会变化，实在是没有能让人们安下心来的住所。

南海的贸易路线

从洛阳盆地逆伊水而上，向南翻过一座山，就是汉江流域。乘船沿汉江东下，在武汉进入长江，从那里再向南逆长江而上，由洞庭湖进入湘江，就到了湖南省会长沙。殷商王朝的城市网应该至少延伸到了长沙，因为这里有殷商的铜器出土。

从长沙向南溯湘江而上，进入广西省再沿西江而下，就到达了广东省会广州。即便在今天，广州也以贸易模范城市闻名，因为这里正是内陆水路的出入口，自古以来就有外国商船往来。

从广州入海而行，可以到达最早的大停泊港地区——越南的顺化、岘港一带。从这里沿着中南半岛海岸南下，从靠近南端的昆山岛（Poulo Condor）横渡大海，就到达了马来半岛的东岸登嘉楼（Terengganu）一带。如果从马来半岛渡过印度洋到达南印度，再从南印度向前就是波斯了，那里是波斯商人的势力范围，罗马商人也在向那里发展。

为了掌握这条贸易路线，秦始皇在消灭了位于如今湖北省的楚王国后，在公元前214年向南方输送军队，在广西设置了桂林郡，在广东设置了南海郡，在越南设置了象郡，将贸易的权力掌握在自己手中。

在秦帝国土崩瓦解之时，南海郡的司令官——中国人赵佗将桂林郡、象郡合并起来，统治当地的越人，建立了新的南越王国。与对卫氏朝鲜王国相同，汉高祖与赵佗缔结契约，让其保障湖南省南部的汉朝国境安全。因此，南越王国的势力得到大范围延伸，其统治覆盖了越南、广西、广东等地，直达福建。

后来汉武帝也用武力征服了南越王国。这件事发生于吞并朝鲜王国的 3 年前，也就是公元前 111 年。汉武帝在南越地区设置九郡，九郡最南端是沿着越南中部的海岸设置的日南郡，而日南郡象林县则是前往广州的外国商船必定停靠的港口。所以，汉武帝发动南方作战的最大目的，就是从华侨和原住民的联合王国手中重新取回南海贸易的权力。

同样是在公元前 111 年，汉武帝在云南地区设置了四郡。汉武帝了解到四川物产可以经由印度而运往中亚，便想掌握从云南经由缅甸北部穿越阿萨姆的贸易路线。

通过针对东方、南方、西南方同时设置郡县的做法，就能明白其确保南方和西南方商业交通道路通畅的目的。在朝鲜半岛设置乐浪等四郡的性质也一定与此相同。也就是说，南方和西南的郡县，是以其面对的印度市场为目标的。同样，朝鲜的四郡存在的理由也不能脱离朝鲜半岛正对面的日本列岛的市场来考虑。自燕王国进入半岛以来，已经过了 300 年，中国的经济势力间接地渗透到日本列岛也已经有相当长的时间，不这么想才奇怪吧！

在这四郡中，负责与倭人交涉的是洛东江流域的真番郡。汉武帝在位长达 54 年后去世。由于管理疏忽，汉朝的财政变得岌岌可危。继承人汉昭帝为了改革，在公元前 82 年，缩小了真番郡并将其整合为新的乐浪郡。由此，乐浪郡首次成了与倭人联系的窗口。

东海岸的临屯郡同样为新的乐浪郡所接收，但接收的确切的时间尚不明确。最终，位于鸭绿江上游地区的玄菟郡，成为从辽东郡通往临屯郡的通道。"玄菟"这个名字应该是取自位于今中朝国境的通沟盆地的丸都山，其司令部被设于叫作"高句骊"的城市。伴随着临屯郡的废止，玄菟郡也在衰退，事际上成为辽东郡的一部分。公元前75年，汉朝在辽东郡修建了玄菟城。

在被弃置的玄菟郡的故地，像曾经的卫氏朝鲜一样，土著的狩猎民建立了被称为"高句骊（丽）王国"的国家。这意味着，这里经历了由玄菟郡约30年的统治而带入的城市文化，原住民由此习得了新的政治技术。伴随着玄菟郡的衰退，他们取而代之自行建立了组织。这在东亚历史上，是几度被重复的建国模式。

总之，在这样的形势下，公元前1世纪的倭人们向西汉的皇帝朝贡是在《汉书》上被记载的。燕王国进入朝鲜半岛，距倭人们向西汉的皇帝朝贡已经过了三百余年。在燕王国进入朝鲜半岛两百多年后，女王卑弥呼登场了。其间倭人与中国近五百年的交流成为创造金印倭奴国①和《魏志·倭人传》中记载的邪马台国的原动力。最终在此基础上，以难波京为都的仁德天皇的王国得以建立。

① 即拥有"汉委奴国王印"的日本古王国。——译者注

第八章

从奴国到邪马台国

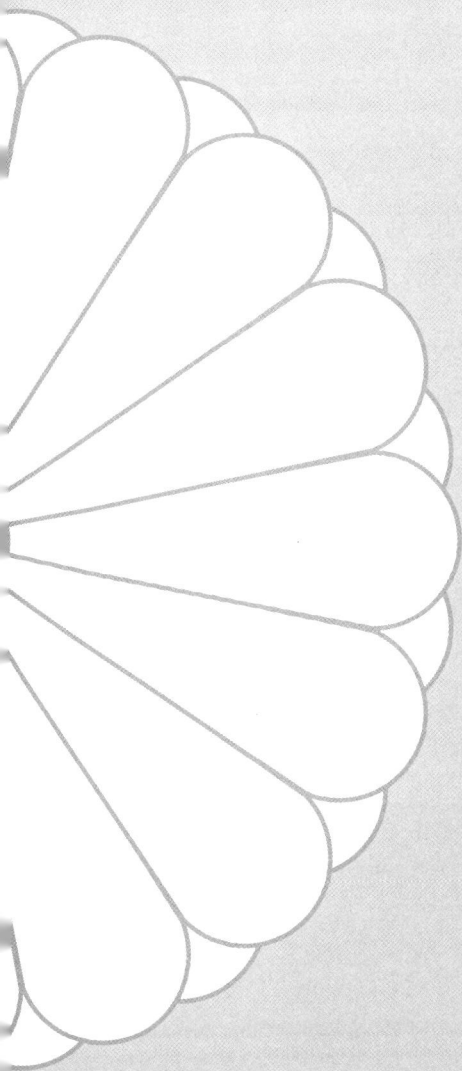

纵贯半岛的交通道路

与朝贡这种官方的仪式不同，贸易是具有个人性质的，所以并没有被中国的"正史"所记载，因此也就没有被研究日本建国史的历史学家所采纳。但是，对日本列岛的原住民社会加以刺激，促进了其发展，为其成为国家打下了基础的，正是来自中国的贸易力量——既不是从高天原降下的诸神，好像也不是像诺曼人①那样跨海而来的骑马民族②的舰队。日本建国的真正原动力，其实是华商。

不管是哪里的社会，如果放任不管的话，都不会自然地形成国家。国家的形成，首先最必要的就是一定数量的人口，并可以将这些人聚集到一个地方让他们生活。换言之，有了城市才有了国家、有了政治、有了历史。

生活在现代日本的我们，是幸运还是不幸呢？我们在过于高效的国家组织保护之下生活，并深信国家在我们日常生活中是不可或缺的。可是，这完全是错觉。不论是农民、渔民、猎民还是游牧民，如果没

---

① 诺曼人是古代欧洲民族，起源于斯堪的纳维亚半岛与日德兰半岛一带，最早为维京人的一支。10至11世纪，诺曼人占领了法国北部沿海大片地区，建立诺曼底公国，领导者罗洛也成为第一任诺曼底公爵。1066年诺曼底公爵威廉率舰队跨海征服英格兰，建立诺曼底王朝。——译者注

② 骑马民族，在此处应指"骑马民族征服王朝说"，为日本学者江上波夫提出的一个有关日本民族起源的假说。该假说认为，从日本古坟时代的考古发掘来看，从弥生后期到古坟前期，与古坟时代中后期存在巨大的断裂。而古坟时代中后期则与同时期的亚洲大陆骑马民族（扶余系）较为类似。因此古代日本可能被从亚洲大陆渡海而来的骑马民族所征服，从而诞生了今日的日本，而这些骑马民族则成为当今日本皇室的祖先。——译者注

有了什么国家，对食物的供给也不影响。如果他们中产生了王啊，官员啊，士兵啊这些无所事事也不工作的人，那么对吃的需求就多了一倍。也就是说，如果有国家这一组织，那么就必须生产出大量的粮食。

粮食生产效率最高的是农业，这一点应该是没有异议的。但是在农业上，就连靠农业维持生计的农民，在自然的状态下，也不会花多余的力气生产多于自己所需口粮的粮食，而这也没有什么必要。如果去尼泊尔看一看，就立马会明白这一点了。如果想从尼泊尔走走喜马拉雅山的山路，就必须要在加德满都那阴暗潮湿的进香道路上，从印度人或藏人的商店中买入很多便携的粮食，并让搬运工扛着前进。即便同样是山国，瑞士则有所不同，无论有多少钱，在山里也买不到多余的粮食。能买到的顶多是鸡蛋这类东西，如果能买到一只硬得咬不动的老鸡，就算是极好的啦。

在先史时代的朝鲜半岛和日本列岛上，以刀耕火种为主的村庄也一定与此相同。在这样的安静山村中的人们，为了竭尽全力产出多于自己需要消耗的分量的谷子和稗子，就需要至少每年定期从外地过来的人，即旅行商人们的来访。由此，对于村子的产品就会形成稳定的需求，并且商人们为了进行物物交换，就会给村子里带来遥远国度的便利制品以及稀有产物，进而激发村民们的生产意愿。换言之，市场经济渗透进来，农村开始出现多余的粮食，从事粮食生产之外的工作的人们就可以生存。这是走向国家、走向政治、走向历史的第一步。

不用说，在朝鲜和日本，发挥了这种兴奋剂作用的就是中国商人，而他们大举进入该地区的时间，无疑就是公元前 3 世纪。这时燕国在朝鲜半岛北部和南部设立了前进基地，并将纵贯半岛面向日本列岛的贸易路线掌握在手中。

但交通道路通往的地方并非总是随心所欲的。从远处或是在飞机上眺望，即使看上去是平坦的平原，一旦实际去尝试走一走的话，就会发现能通的路早已经自然地决定了。更何况在多山地的朝鲜半岛，连接南北交通的道路从古至今几乎都没有变过。等到铁路开通，又建设了高速公路，情况才多少有所改变。

公元前 1 世纪的汉朝商人们，从乐浪郡的中心地带——大同江畔的平壤向半岛中部、南部进行贸易的道路，正是通向现在将朝鲜半岛南北分隔开的非军事区、因停战会谈而闻名的板门店附近。

乘坐大韩旅行社的客车穿过临津江的板桥，再从面无表情挥手示意的朝鲜警卫哨兵身边经过，就进入了朝韩共同警备区。看了一眼戴着白色钢盔的"联合国宪兵"围着的粗糙的木质建筑——停战委员会会议室后，又乘着客车被引导到左侧小山丘上边的展望台，眼下便是1953 年俘虏交换时被释放的俘虏走过的"不归桥"。能看见在对面的水田中有个白色的建筑物，那便是当年停战协定的签订场所。根据导游的讲解，现在那里成了朝鲜方面的宣传博物馆。在那旁边有一条白色的路，消失在远处山丘深深的山谷间。山谷的对面就是高丽王朝（10世纪—14 世纪）都城所在地开城。如果翻过开城西北方向的瑞兴的慈悲岭，道路就会经由黄州通向平壤。即便到了今天，铁路几乎还是沿着这条路线修筑的。当然铁路是不通到板门店的，因此开城就成了朝鲜方面铁道的终点。

任那的故地

很久以前的交通道路，是在开城附近利用的水路。乘船顺着开城前的礼成江顺流而下，很快就看见右边的江华岛。如果进入汉江入海口，左手边的首尔就是高句丽的南平壤城。如果逆流而上的话，就从左手边与北汉江汇流，右手边就是广州①，这就是百济最初的王都慰礼城的故地。在广州还有汉朝的风纳里土城的遗迹，一般认为的真番郡、带方郡的中心可能就是这一带。从这里再沿南汉江逆流而上，就到了忠州，这里是新罗时代所设置的中原京的要地。

从忠州向南翻过鸟岭之险，从这里往南就是洛东江流域，也就是过去的加罗（伽倻②）诸国之地。过去的中国商人就是从鸟岭南麓的闻庆乘船沿洛东江顺流而下的。闻庆正南方有座小城叫咸昌，这个地方是六伽倻之一。再向南，在右边的伽倻山麓有星州和高灵两座伽倻国都城。距此不远，洛东江转向东流，这一带右岸的咸安也是六伽倻之一。洛东江在釜山以西注入大海，其西岸的金海正是《魏志》中的狗邪韩国。金海与对马之间是巨济岛，其西侧的固城也是六伽倻之一。金海绕过巨济岛的东侧就是通向对马的航路起点。与此相对，固城就是其西侧航路的起点。③

也就是说，咸昌、星州、高灵、咸安、金海、固城这些过去的加罗诸国各自都能够从鸟岭沿洛东江而下前往通向日本的贸易路线。这一事实是解决任那日本府的问题所不可忽视的。只是到了近代以后，铁路和高速公路的路线沿着西海岸，脱离了南汉江，所以让人很难回忆起过去。

首尔站是红砖造的典雅建筑物，容易让人想起过去的东京站。位

---

① 此处指韩国京畿道广州市。——编者注

② 伽倻，《南齐书》中亦称"加罗"，古时存在于朝鲜半岛南部洛东江流域的国家联盟，《三国遗事》记载其由六部分组成，即金官伽倻、大伽倻、星山伽倻、阿罗伽倻、古宁伽倻和小伽倻。后文中提到的"加罗"也即"伽倻"。——译者注

③ 其中，咸昌为古宁伽倻的所在地，星州为星山伽倻的所在地，高灵为大伽倻国的所在地，咸安为阿罗伽倻的所在地，金海为金官伽倻的所在地，而固城则为小伽倻的所在地。——译者注

于左边的是专用站台，从这里可以乘上特急"新村一号"列车。韩国使用宽轨，列车车厢很宽，样子和新干线的绿色车一样，自动调节式座椅坐起来也很舒服。列车由柴油机车牵引，上午10点发车，朝着釜山一路南下。

开始是在靠近京畿道的西海岸平原运行，之后进入山上的忠清道，11点48分到达锦江上游的大田。这一带是百济王国故地，过去的王都公州和扶余都是从大田乘巴士沿着锦江河谷顺流而下所经过的地方。

线路从大田开始向东转，山的走向也逐渐趋于纵向，之后穿过秋风岭隧道就是庆尚道。到了这里，韩国特有的凹凸不平的岩山不知为何轮廓也变成了柔和的曲线，干燥的空气也湿润了起来。在南国的日照中，一经过龟尾，左侧的车窗外就满是洛东江水悠悠地向南流逝，河谷也宽阔起来。右侧海拔1 430米的伽倻山就出现了，有一个古老传说中讲到，这座山的女神成为加罗初代王们的母亲。①

不久后，列车就经过了倭馆铁桥，奔向大邱的方向，一会儿就离开了洛东江干流。穿过大邱市区，13点30分就到了郊外的东大邱站。停车两分钟后，列车继续南下，在三浪津再次与洛东江相遇。这时的河道宽度有了明显增加，列车沿着左岸的河床前进，这里能看见机动船逆河而上。两岸的平地是一片水田，没有人家，远处的山腰处有村落聚集。所谓弁辰②、加罗、任那时代的诸国实际上也是这样的村落。洛东江河谷各处则被群山环抱。14点50分，列车驶入能看见海的釜

---

① 据《驾洛国记》与《三国遗事》的记载，伽倻山曾经传来天命之声，随后从天上垂下红绳，红绳末端有红色的包袱。包袱中有蛋六枚。第二天早晨，六枚蛋依次破开，从里面走出六个男孩。其中第一个男孩因为是最先破蛋的，所以叫作"首露"。而根据《新增东国舆地胜览》引崔致远《释利贞传》记载，伽倻山神正见母主与天神夷毗诃生二子，长子为"内珍朱智"，次子为"首露"。——译者注

② 即"弁韩"，与"马韩""辰韩"合称"三韩"。——译者注

山站，一出站台，就能感受到强劲的海风吹打着脸。在这个城市里，人们可以收看到福冈播放的彩色电视节目。

在龙头山公园展望台下边的酒店住宿，一边欣赏黄昏时港口的风景，一边走在南浦洞夜市的人海中。吃醋拌活海参和盐烧鳗鱼片的低台子排了一长排，大婶们也招呼着客人坐下，而其他充满野趣的各样食物也诚然激发了旅途中的好心情。很久以前顺洛东江前来的乐浪郡的中国商人们，以及海峡彼岸渡来的倭人们也是在这里，在这样的市场的人潮中做着生意，又吃又喝吧。

中国商船来航

那个时候的华商在这一带备好船只，朝着对马、壹岐、北九州、濑户内海的方向展开旅行。为了想象这实际的光景，13世纪的菲律宾是最好的线索。

如之前所说，很久以前东南亚海上贸易的干线是中国广州—越南中部—马来半岛—马六甲海峡—南印度这样的西侧路线。所以在沿线的占婆国、柬埔寨、三佛齐等王国存在的开放时期，前来交易的印度商人带来了政治、军事的技术，印度教和佛教文化也由此开花结果。但是菲律宾群岛在距离这条干线很远的东方海上，几乎没怎么受到印度文化的影响，并且在印度商人之后来到东南亚的波斯商人的活动也没有影响到菲律宾。

10世纪后，随着华南的开发，华南地区的人口也有所增加。中国商船从华南的福建、广东的沿海港口来到东南亚时，菲律宾还是文化处女地。这就好比先史时代的日本列岛的状态，而菲律宾就这样迎来了华商。

　　将此实际情景栩栩如生流传下来的有趣记录是 1225 年所著的《诸蕃志》[①]。据这本书记录，当时的中国商船是经由婆罗洲北岸的文莱来到菲律宾的。

　　文莱正是现在被东马来西亚的沙捞越州东部海岸所截断的，拥有东、西两部分国土的小王国。它的面积仅有 5765 平方公里，人口不足百万，除了是石油生产国以外没有其他特征。可是直至 19 世纪，文莱依旧占领着当今的马来西亚沙巴、沙捞越两州，成为南海大国。这个国家在 15 世纪改宗伊斯兰教。而今天据守菲律宾南部的棉兰老岛西部和苏禄群岛的，以劫持和拐骗来抵抗天主教徒的摩洛民族解放阵线的摩洛人，说起其本源，正是这个文莱王国移民的子孙。

　　13 世纪的中国商船停靠在文莱后，再向东北航行，通过细长延伸的巴拉望岛南部海域，就到了民都洛岛。民都洛岛的一个小海湾旁，有一个叫作麻逸的小王国。从民都洛岛经过因为小野田宽郎而知名的卢邦岛，就进入了吕宋岛的马尼拉湾。从马尼拉湾绕着巴丹半岛，再沿着三描礼士西岸北上，接着从林加延湾沿伊罗戈斯海岸向北，就到达了吕宋岛北端海域的巴布延群岛。在《诸蕃志》中所见的诸国在这条航路上交易的情景，无论怎么看，文莱都是最繁荣的。

　　商船入港三日后，文莱王带着全体王族和官员们来到船上访问。商船方则在用来登岸的踏板上铺上锦缎以示欢迎，同时邀请对方喝酒，并向一行人赠送金银器、席垫和遮阳伞等。访问结束后，商船方就开始上岸了。即便这样，也不是马上就开始交易，商人必须每天向王供上中国的食物。所以，在前往文莱的商船上，必须载着一两名擅长料理的人。此外，还必须在每个月的初一和十五参加庆祝仪式（这是中

---

① 南宋赵汝适著。——译者注

国宫廷朝会的缩小版）。就这样，在过了一个月以后，王和官员们协商决定商品的价格，谈妥之后，便敲着鼓召集远近的人们并许可交易。在价格协定之前，会对擅自进行交易的人课以罚金。这个国家很重视商人，一般的话，商人即便犯了死罪，只要罚钱就可以免死。交易完成后船起航的那天，文莱王会备酒杀牛来举行送别宴会，并送给商人香药和当地的土布等作为回礼。

与文莱相比，民都洛岛的麻逸国就更简单了一些。商船在这个国家入港后，停泊在官场前。所谓"官场"，就是四周围有围墙的指定的交易场所。因为这个国家的酋长用白色的遮阳伞来象征自己的地位，所以商人们必须将这种白色的遮阳伞呈上去作为赠礼。交易的方法是，众多的本地商人将商品放入各自的竹篮里扛过去。开始的时候，并不能区分每件商品分别是属于谁的，过了几天就习惯并了解了，实际中就不会发生错误了。之后本地商人们就拿着商品去其他岛进行交易，八九个月后再回来，再用自己拿到手的商品同中国商人结账，但其中也有过了一年也没有回来的人，因此，前往麻逸国的中国商船回国是非常晚的。

民都洛岛的酋长尽管设置了官场来保护交易，但是并不至于像文莱国王那样束缚华商来控制贸易。若是从文莱到民都洛岛途中经过巴拉望群岛的话，情况就变得原始了。

在巴拉望岛这种地方，中国商船到了一个聚落之后，不会直接靠岸，而是停在港外，然后敲着鼓通知本地商人商船来了。于是本地商人们争先划着小船，拿着棉花、黄蜡、土布和以椰子纤维做的席子等前来交易。如果价格无论如何也谈不拢，本地商人的首领就会前来调停。如果谈妥了，本地商人就将织绢的遮阳伞、瓷器、藤笼等作为礼物送给这位首领，并留一两个人质在船上，之后同中国商人登陆交易。等交易完成了，就将人质送回到岸上。就这样，一个聚落停靠个三四天后，中国商船再继续航行到下一个聚落。

在巴拉望群岛，酋长什么的是不存在的，而是本地商人的首领负责同来访的中国商人进行交涉。随着与华商的交易日益兴盛，商人首领也开始变化，逐渐成为民都洛岛上那样的酋长。他们也设立官场，并负责保护长期逗留的中国商人。在此基础上再进一步衍化，就成为类似于文莱王一样的角色——拥有完全管理交易的王权，过宫廷生活，乃至有权整顿国家外观。

就是说，在沙巴州和菲律宾地区的原始社会时期，国家开始萌芽、王权开始孕育的重要原因之一就是华商进入这些地区对该地的刺激。同样，居住在中国大陆临近海域的日本列岛的原住民，此前约一千年所发生的社会变化，其本质是与此相同的。

华商与倭人

在先史时代的日本列岛，华商到来后首先发生的变化就是靠近河流入海口的平地上开始有人居住了。

如今，世界人口中的大部分都集中在沿海平原地区，从人类悠久的历史来看，这是晚近的现象。在很久以前，那时人口还很少，河流三角洲地区经常被水淹没。即便不是这样，这些地方也没有饮用水，并且疟疾、寄生虫感染等地方病泛滥，并不适合人类生存。不如说，这时适合人类生存的地方在山上。与此相隔的海岸上会有星星点点的渔村，渔村要与山上火田的村庄联络，就要穿过无人的平原，逆流而上。

这种古代环境的风貌还存留于印度尼西亚的苏门答腊岛。在这里，按蚊是疟疾传播的媒介。在它的生存高度以上的山岳地带中心，有个以亚沙汉（Asahan）计划而出名的多巴湖（Lake Toba）。多巴湖周围的巴塔克族（Batak）诸王国自古以来就是繁荣兴盛的。其山脚下广阔的平原基本上是绵延不断的无人的热带雨林。海岸上的红树林茂密地生长，相互缠绕的根部被潮水洗刷着。海岸边有变成了岩山并且可以涌出饮用水的地方，商船就聚集在这里，形成了港口城市。连接山海的是穆希河这样的大河。逆这条河而上，位于山的世界入口的就是《马来纪年》中记载的建国神话中出现的圣地西昆棠玛哈米鲁山，在其山麓上建有室利佛逝帝国的都城巨港。

马六甲海峡对面的马来半岛也同样如此。现在，马来西亚联邦政府将马来人和山地原住民（Orang Asli）归到一块儿称为马来西亚土著（Bumiputera，意为"土地之子"），将华人、印度人、欧亚混血的欧亚人等称为非马来西亚土著。虽然将两者做了区分，但事实上，大多数的马来西亚土著都是 1511 年葡萄牙征服马六甲之后，从苏门答腊迁移到葡萄牙、荷兰、英国支配下的马来半岛的移民后裔。16 世纪以前的马来半岛几乎是无人之地，除了山上的山地原住民村落，只有海岸上星星点点的类似马六甲的港口城镇，经营渔业、做海盗的被称为实里达人（也就是前文中提到的"海峡人"）的一伙人徘徊在两地之间。

日本列岛的情况也与此类似。中国的商船定期来航，为了交易而从山上、从沿海村庄聚集而来的人们，在靠近河流入海口的停泊处，同时在丰水期也不用担心被淹没的地势较高的地方形成聚落。为了供应这些人的粮食，附近的山谷得到了开垦，形成了农园。后来头脑运转得快、掌握了汉语的原住民开始在伙伴和中国商人之间斡旋，从而使得交易规模变得更大，参加的人数也越来越多。这样一来，从中起斡旋作用的人们开始组织化，并且出现了指定的交易场所，对此进行管理的世袭酋长也就出现了。到了这个时候，交易就不限于港口城镇了，原住民中的行商扛着从中国商人那里靠信用借贷来的商品沿着道路从这里走向内陆，然后散落到日本列岛的各个角落，以物物交换的方式将换来的商品再运回港口城镇。这段时间中，在港口城镇等待的中国商人寄宿到关系亲密的原住民家中，或者娶当地的女子为妻，与她一起生活。如果让中国商人去别处的话，当地人就没有了甜头，所以酋长对他们极力加以保护，同时又以此约束他们的行动，并禁止他们与自己之外的商人进行秘密交易。由此，内地的村民们为了交易就必须听从港口城镇酋长所说的话，在经济上和政治上开始系统化。这就是王国的起源。

总之，得益于中国商人的到来，倭人的社会从《诸蕃志》中描述的"巴拉望岛阶段"，再到"民都洛岛阶段"，进而发展到了"文莱阶段"。而达到"文莱王国"状态的时间就是在《汉书·地理志》中被记载为"乐浪海中有倭人，分为百余国"的公元前20年左右。

公元前1世纪的倭人们，各自占据着海岸、入海口、大河沿岸等地迎接来航的中国商人，并以此掌握对腹地的商权，偶尔还让使节搭上中国商人的回程船，向驻乐浪郡的司令官和在长安的皇帝进贡，意欲让其承认自己的势力范围。可是没多久，中国社会就发生了大变乱，因此中国将与倭人交流的窗口减少为一个，以此来节省物力财力。由于中国的变乱而出现的窗口就是以金印而知名的"委奴国王"。

王莽之乱与倭国

这场大变乱的原因是汉朝严重的人口过剩。根据《汉书·地理志》中的记录，在公元2年时，经过统计的中国人口应有 59 594 976 人，接近 6 000 万人。

但是，考虑到当时的人口集中于华北，农田面积有一定局限，而农业技术水平还比较低，一般认为当时中国能养活的、人口的最大限度是 5 000 万。在公元 2 年之后，经过了一千数百年的时间，中国的总人口数还远远不及 6 000 万的数量。到了华南开发几乎完成的 1381 年，终于出现了 59 876 779 的数字。可以想象到，公元前 1 世纪的中国是何等的人口过剩。

除了人口过剩的原因，还有汉武帝的积极财政政策。他 54 年的放任管理，一方面使得政府的控制力减弱，另一方面也因为经济景气，促进了城市的快速发展，使得大量农村人口得以流入。正如 20 世纪 70 年代的美国，在罗斯福、杜鲁门、肯尼迪、约翰逊相继的民主党执政下，实施凯恩斯主义的积极财政政策的结果就是贫困白人与黑人大量从南部农业地带流入北部工业城市，同时南部的得克萨斯和西部的加利福尼亚也实现了经济的快速发展。

即便在公元前 1 世纪的中国，大规模的人口移动也会在社会内部造成紧张情绪。人口一旦流入城市，农业人口所占比例就必然会降低。而大部分来到城市的人口只能依赖零碎的工作来维持生计，从而成为贫民。虽然比在农村的生活要好一些，但也绝不轻松，因为他们承受着对城市生活的不习惯，以及对城市生活环境的不安。于是他们互相寻求伙伴，便结成了具有宗教色彩的互助组织。后来这一现象过度激化而倾向于革命运动，这就是宗教秘密结社。其教义发展成为道教，就是更早以前的事情了。

总之，在汉武帝死（公元前 87 年）后，其他皇帝一心致力于重建财政和增产粮食来保持社会稳定，人口也就自然地增长到了接近 6 000 万人。但是，由于城市膨胀、经济增长和农业生产能力低，哪怕发生小的自然灾害，也会影响到粮食供给，并轻易反弹到物价上。因此公元前 1 世纪的中国社会孕育着这样的风险。可是，繁荣还是繁荣的，和平和发展也延续了二十年，对汉武帝时期的战争缺乏记忆的一代也成长了起来。在思想方面，非实际的原则主义占了主流。这个时期在中国知识阶层流行的是具有较强空想性和神秘色彩的儒教。

儒家本就是以零散地讲授文字技术和故实知识而谋生的下级官吏信奉的宗教。在山东曲阜，设置了拜祭创始人孔子的教团总部，教团以在那里接受训练后就职的信徒们的捐献来运营。可是，总体来说，这毕竟是在野党的思想，并不具备具体的政治蓝图，因而到那时为止，儒教也并没有获得中国正统意识形态的地位。汉武帝治世以来，伴随着政府机构的膨胀，官僚人数的增加，儒教也自然地增长了势力。在太平盛世的氛围中，其支持者也出现在了统治阶级。

其中，汉元帝（公元前 48—公元前 33 年在位）自皇太子时就开始醉心于儒教，甚至让父亲汉宣帝感叹"乱我家者，太子也"。

公元前 7 年，成帝驾崩，因为没有亲生儿子，继任者是其养子哀帝。哀帝即位后不久便半身不遂，也没有儿子。公元前 1 年，仅仅 26 岁的哀帝就驾崩了。再加上这时，汉朝建国已 200 余年，气数已尽，新社会取而代之是历史必然的舆论高涨。当时最新的科学——数学、天文学、历学等知识对此的预言也推波助澜，席卷而来的是科学儒教主义革新运动的浪潮。处于这次革新运动风口浪尖上的贵公子，便是汉朝皇室的外戚王莽，其知识风貌吸引了知识阶层的关注，受到狂热的支持。公元 8 年①，王莽正式即皇帝位，取代汉朝建立了新的王朝。

之后的 15 年间，在王莽的指导下，科学儒教主义的改革方案接

---

① 原文如此，一说公元 9 年。——编者注

二连三地被提出。这些方案将皇帝作为人世间神的代理者、宇宙秩序的中心，并以改造世界作为目标。这种标榜科学而又没有科学道理，过于空想式和观念式的改革被强制推行，决定性地恶化了国际关系，引起了全国内战。公元 23 年，起义军攻陷长安，王莽与其同伙一同在宫中被杀死。至此，儒教的"伟大实验"以失败告终。

王莽死后，崩溃的社会秩序难以恢复。作为汉朝皇室远房一族的刘秀，也就是东汉的光武帝，用了十多年的时间平定了内乱，重建了国家，并维持了统一和治安。在这漫长的战乱期间，由于粮食生产停滞，已经偏向过剩的中国人口一下回落到只有原来的约五分之一。事实上，根据光武帝驾崩那一年——公元 57 年的人口统计，中国仅仅有 21 007 820 人，不过是公元 2 年人口数的约三分之一。

人口 6 000 万的国家和 2 000 万的国家，自然在管理方针上要有所不同。光武帝整顿居民较少的城市，废除八郡、四百余县并将其进行整合，同时决心缩小政府规模来尽可能节约经费，一心一意力图恢复生产和增加人口。最终，人口以每年 2% 左右的增长率顺利增长，进入公元 2 世纪后，终于达到了比较稳定的 5 000 万人左右。

光武帝就这样致力于中国经济的重建，而这一时期"韩"这个民族的名字也开始在记录中出现。

在《后汉书·光武帝纪》中，记录了公元 44 年（建武二十年）"东夷韩国人率众诣乐浪内附"的事件。在同书的《东夷列传》中也记录了相同的事件，"韩人廉斯人苏马谌等，诣乐浪贡献。光武封苏马谌为汉廉斯邑君，使属乐浪郡，四时朝谒"。

在朝鲜半岛南部，传说有与卫氏朝鲜同时代的辰国，其与后来三国时代的辰韩和弁辰一样，都是现在的庆尚南北道的原住民建立的国家。可是，"韩"这一统一民族名字的出现，以及类似君主的存在，最早是在公元 44 年才为人所知。在西汉时代，乐浪郡的实力增强，完全统治着这个地方，将其作为"内地"。但因人口巨减，东汉对乐浪郡的控制力有所不及。因此东汉在当地选出有能力的人，让其保障境外的安全，而汉廉斯邑君苏马谋就是过去朝鲜王卫满的再现。与卫满相同，他利用其特权，肩负着皇帝的威严，号令着半岛南部的原住民。这些原住民在其领导下慢慢具备一个民族共通的社会、文化特征，这就是被称为"韩"的人的起源。

"汉委奴国王"

与韩人相比，倭人并不直接受乐浪郡支配。乐浪郡只是通过贸易特权对倭人进行远程遥控。所以《汉书·地理志》中用"国"这个字来表示，也勉强显示了其独立性。可是，倭人社会在政治上的成熟并不比韩人社会早，因为倭人离中国比较远。

即便对于这样的倭人，东汉也已经没有持续接受"百余国，以岁时来献见"的余力了，所以要将全部关系往来事务委托给位于日本列岛入口处的博多酋长，并授予其金印、紫绶，封其为"汉委奴国王"①。这是公元 57 年的事情，发生在光武帝临驾崩之时，这也就指的是《后汉书·光武帝纪》中提到的"东夷倭奴国王遣使奉献"以及《东夷列传》中的"倭奴国奉贡朝贺，使人自称大夫，倭国之极南界也。光武赐以印绶"这件事情。

设置"汉委奴国王"与"汉廉斯邑君"的情况相同，主要是东汉方面出于内部情况而实行的政策。相对于韩人的代表邑君，独立性更

---

① 金印刻字为"汉委奴国王"，大部分学者认为"委"与"倭"互通，即指倭奴国国王。——编者注

强的倭人是拥有金印的国王，表明倭人从来都是被予以优待的。

"倭奴国"类似于1972年中日恢复邦交前的"日中友好协会"这样的机构，想与东汉交涉的倭人的酋长们若不接受倭奴国王的斡旋，就什么也做不了。不难想象，如此便形成了这样一种结果：让依附它的诸国垄断与华商的贸易权。这样一来，首先就是从经济方面，日本列岛诸国开始系统化，与之相伴的是在政治方面开始倾向于统一。

事实上，与此完全相同的过程在14世纪末的日本也发生了。足利义满被明朝皇帝封为日本国王，成为全权负责勘合贸易的人。至此，作为武家栋梁的征夷大将军获得了超过日本正统统治者天皇的权威。没有这件事的话，江户幕府统一日本也是不可能的事情。

话题再回到东汉，57年，倭奴国王的使者朝贡后，倭和韩很久都没有在历史记载中出现。这是因为东汉的对外政策一直恪守着光武帝以来的消极政策：只要不是特别情况，就不让外国朝贡的使节来到首都洛阳。可是，到了107年，时隔半个世纪没有来的倭国使节来朝贡了。

关于这次朝贡，《后汉书·东夷列传》中写着"倭国王帅升等献生口百六十人，愿请见"。"请见"的"请"就是"朝请"，即出席朝会，然后向皇帝问安。有人对这个写法产生误解，认为倭国王帅升特意亲自到洛阳朝贡，这标志着倭人聚落联合向国家发展以及阶级社会的产生。可是，这完全是错误的判断。《后汉书》中关于这件事情什么也没有说。从《东夷列传》的字面来读取，"献生口百六十人"的主体是帅升以及其他人，而帅升等只是为了参加朝会而表明了来洛阳的愿望，帅升本人实际上并没有来洛阳。这一时期来朝贡的是倭国使，不是倭国王本人。《孝安帝纪》中记载的"倭国遣使奉献"记录了同样的事件，此事毋庸置疑。

在与《后汉书》现行本不同种类而同名的史书引文中，还有将这里的"倭王"记录成"倭面土国王"或"倭面上国王"等，所以就有了几种说法。这个"面土"可以解读成《魏志·倭人传》中的"末卢国"，倭国的王权从奴国（博多）迁移到了末卢国（松浦）等等。可这么说也是没有证据的，不如考虑成是将"国王"误写成了"面土"。

可遗憾的是，时隔半世纪的倭国使朝贡，并不是倭人社会在政治上发展的结果，而是东汉内部情况的变化所导致的。

东汉的帝位自初代光武帝以来，孝明帝—孝章帝—孝和帝一直是父子相续的。孝和帝的皇后阴氏系出名门，光武帝的皇后就是出自此家。后来邓氏入宫，这位才色兼备的美女夺得了皇帝的宠爱。阴氏由于嫉妒而引发了骚乱，她以祝诅之术诅咒对方速死，意欲夺回皇帝的宠爱。这件事被人告发，阴皇后被废而死，阴氏一族也全部下台。

邓氏在102年取而代之，被立为皇后。三年后，年仅27岁的孝和帝就驾崩了。然而孝和帝子嗣单薄，唯有一个已经长成的长子还是病身，其之后出生的数十人也都没有长大就接连死去了。于是，邓皇后所生的才百天的孝殇帝即位，而邓皇后自己则作为皇太后临政。可是不到一年，孝殇帝也驾崩了。

106年，邓太后从帝室分支中迎立孝殇帝的堂兄孝安帝。这件事发生的第二年就是倭国使朝贡的那一年。就这样，东汉内部接连发生了阴皇后被废、朝廷势力交替、孝和帝和孝殇帝父子相继死去、旁系孝安帝即位等一系列政治上的大事件。而作为临政并处于新政权中枢的邓太后为了安稳政局，必须采取一些措施。可偏偏时运不济，国内连年发生水旱灾害以致粮食不足，治安不稳；在国际关系方面，又与东北国境外的高句丽王国和西北国境外的羌族间持续发生战争，进而西域诸国也发生动荡，东汉设置的西域都护也不得不废置。

处于内忧外患中的邓太后的新政权所采取的措施，就是要作一场秀，让友好国家的君主中规格最高、被赐予金印和紫绶的倭国王的友好使团来访。为了进一步加强政治效果，新政权还提出了让倭国王帅升亲自来访，并对此大力宣传，以给出自己受到外国道义支持的印象。

由黄巾之乱而生的卑弥呼

接下来，终于该女王卑弥呼出场了。《魏志·倭人传》中，有段很有名的记事：

"其国本亦以男子为王，住七八十年，倭国乱，相攻伐历年，乃共立一女子为王，名曰卑弥呼。"

所谓"住"的意思是"以一定的状态"，"住七八十年"就表示以男子为王的状态持续了七八十年。可是，从哪里开始算这七八十年，单单从这段记事来看是看不出来的。一般来说，在书写与外国交涉的历史时要追溯到古代，然而在《三国志》的作者陈寿所使用的材料中，只记录了与曹操同时代及以后的史实，之前的则全部机械性地删掉。

按照一般的说法，陈寿的原材料是鱼豢的《魏略》，然而这其实是错误的。鱼豢与陈寿是同时代的人，其创作了史事摘要集性质的《典略》，其中一部分就是《魏略》。《魏略》的内容是杂多史料的汇编，不可靠的记事很多。陈寿用来作为典据的不是《魏略》，而是王沈的《魏书》[1]。

《魏志·倭人传》中压缩成"其国本亦以男子为王"这一记事的原型，只能是《后汉书》中所述的倭国王帅升前来朝贡一事。从这时

①　王沈《魏书》，后人为区别于陈寿《三国志·魏书》，故冠以王沈的名字。——编者注

211

开始经过七八十年，正是卑弥呼即位的 184 年。而这一年，也发生了从根本上动摇了中国社会的大事件，那就是黄巾之乱。

关于这次叛乱，此前讨论《魏志·倭人传》完成情况的段落中有简单提及。正如其中所说，黄巾之乱引发的中国人口激减，比王莽时期更严重。在黄巾之乱稍前一些的 157 年，东汉的人口数是 50 066 856 人，这是有记录的东汉建国以来最大的人口数。而黄巾之乱后，人口则减少到了约十分之一。到了三国时代末期，哪怕到了魏吞并蜀的 263 年，两国的人口总和也只有 5 372 891 人，只有一个世纪前的约十分之一，但这个数字中并没有包含江南的吴。取代了魏的晋在 280 年吞并吴时，吴的户数为 523 000 户，所以可以推定其人口为 200 多万人。即便加上去，三国时代的中国总人口也远远不及 1 000 万人。这是由于当时的中国长期忍受着黄巾之乱以及接连不断的内战的打击。

洛阳的中央政府在事实上已经消亡了，华北平原成了四分五裂的战场，东北边境的辽东郡、玄菟郡、乐浪郡在公孙度的领导下独立，并将兵力集结于正西面。因此，乐浪郡对朝鲜半岛南部的管辖力减弱，中国人为在原住民酋长的保护下寻求安居之地而大量逃亡。《三国志·魏书·乌丸鲜卑东夷传》将这个情景描述成"桓、灵之末，韩、濊① 强盛，郡县不能制，民多流入韩国"。

与此同时发生的倭国内乱，也受到了黄巾之乱的影响。倭国王这一制度不是在倭人社会自身中萌芽成长的，主要是中国方面为了方便管理与倭人的贸易而设置的。东汉中央政府消亡使得乐浪郡的影响趋于无力化，失去支持的倭国王自然也就不堪一击了。可是，与中国的贸易还在继续，而对之前靠此为生的倭人诸国来说这是生

---

① 音 wèi，我国古代东北地区少数民族名。——编者注

死攸关的问题。朝鲜半岛和中国本土形势严峻，就必须要团结起来以克服危局。可是，此前在倭国王统治下的诸国酋长的领导力也都是半斤八两的，谁也没有以中国为后盾继承倭国王座的实力。因此，被选出来的是与中国贸易利权无缘的、身家干净的宗教领袖，也就是"事鬼道，能惑众，年已长大，无夫婿"的女王卑弥呼，其被看重的是没有政治影响力。

扎根半岛的华侨

之后的 204 年，公孙度去世，其子公孙康成了东北的领导者，他再次向朝鲜半岛发力，在乐浪郡的屯有县以南的荒地设置了带方郡，它位于现在的开城、板门店一带南汉江流域。同时公孙康派军队征伐韩、濊，接回了相当数量的华侨。此后韩、濊由带方郡管辖。这样一来，公孙氏是东北边境的地方政权，同时中国的权威也得以恢复，通过带方郡的设立，安定的贸易也得以保证。所以，以卑弥呼为代表的倭人诸国和公孙康之间也建立了外交关系。就这样，再次兴盛起来的倭国贸易依然是以华商为主导，而黄巾之乱也已过了三十年。这期间，很多人跑到倭国之地避难，在列岛各地扎根，成为真正的华侨。

到了 238 年，公孙康的儿子公孙渊被司马懿率领的魏军消灭，乐浪郡、带方郡都被接收。魏向韩诸国的酋长分别授予"邑君"印绶，其之下的等级给予"邑长"称号，人数达到了千余人。如果考虑到在二百年前只有苏马谍被封为"汉廉斯邑君"，那这就是很大的变化了。可是，在中国的中央政府的力量没有辐射到半岛的半个世纪间，南部的原住民诸国由于流入了华侨而实力大增，所以魏的统治势力始终难以渗透进去。其证据就是在《魏志·韩传》[①]中所记录的，由于话语分歧而恼怒的臣帻沾韩国攻打带方郡的崎离宫[②]，而讨伐的乐浪郡、带方郡军队虽然消灭了这个国家，但是带方太守弓遵也战死了。

《三国志·魏书·乌丸鲜卑东夷传》中记录了238年公孙渊灭亡之后的东北亚现状。如前文所说，关于倭人的地理记述，由于对司马懿的顾虑而大幅歪曲了事实，仅以此为根据而推算卑弥呼的邪马台国的位置是很勉强的。所以，暂且将此搁置，先大致地概观一下《乌丸鲜卑东夷传》中描写的朝鲜半岛南部到日本列岛的状况。

首先，濊人居住在靠近半岛东岸的山岳地带。濊是最中国化的民族。濊人与中国人混合居住，承担乐浪、带方二郡的徭役和赋税，因此他们被当作中国人对待。

靠近西海岸的是马韩之地，登记于二郡的有五十余国，大国有万余家，小国有数千家，共有十万余户。这个地方包括京畿道直到忠清南北道、全罗南北道，而全罗南道的远海处的济州岛居民"州胡"被说成是在"马韩之西海中大岛上"。

马韩的东边是辰韩和弁辰，分别由十二国组成。辰韩和弁辰杂居在一起。根据推测，弁辰十二国位于庆尚南北道中洛东江干流沿线，并且自古以来就是贸易通道上的诸国——也就是之后的六伽倻的前身。除此之外的诸国是辰韩十二国，属于辰王。

这位辰王是谜一样的存在，他不将大本营设立在辰韩之地却设立在马韩的月支国。"常用马韩人作之，世世相继"就是说"辰王

---

① 即《三国志·魏书·乌丸鲜卑东夷转》中关于"韩"的部分。——编者注

② 《三国志》南宋的绍兴本中这一句是"臣帻沾韩忿"，意为"臣帻沾韩国被激怒"，与北宋的咸平本最为接近；但后世通行的版本中此句逐渐被改为"臣智激韩忿"，意为"众人用计激起了韩的愤怒"。作者在本书中引用的此部分内容，采用了绍兴本的用法，认为当时的朝鲜半岛上有一国家名为"臣帻沾韩"。——编者注

不得自立为王"。由此，出现了神秘的说法，即之后征服日本列岛的骑马民族的领袖即是辰王，因此将他作为皇室的祖先。要解释这个谜团也并不难。

这就是曾经"汉廉斯邑君"的后身，他作为原住民的代表而被公孙氏授予这"辰王"的称号。因此，他拥有着与乐浪、带方二郡较近的马韩月支国的驻地，不能未经过中国同意就随便任职。

《乌丸鲜卑东夷传》的记录中有趣的是辰韩的语言。其中，根据辰韩人的老者所说，自己是曾经避开秦朝暴政而逃亡来的中国人的子孙，在马韩东界未开垦的地方开垦定居。实际上，辰韩和弁辰都筑有城郭，因此当地人过着城市生活。这一点与没有城郭、邑落杂居、没有统一社会管理机制的马韩大有不同。

根据《乌丸鲜卑东夷传》，辰韩的语言与马韩并不相同，将国称为"邦"，将弓称为"弧"，将贼称为"寇"，将酒宴称为"行觞"，将伙伴称为"徒"，类似于陕西方言。这与乐浪、带方所说的河北、山东方言不同。

这个记述表明，3世纪时，城市国家辰韩、弁辰的人口以华侨为主，而旧的中国话为公用语。可是，其中大部分华侨是公元前3世纪以后在燕、秦、汉进入的情况下而被中国化的濊族、朝鲜族、真番族的子孙。正如之前屡次说明的，中国人这一人种在这里是不存在的。这是很自然的事情。

这种城市原本属于华侨的情况，与现代东南亚是共通的。20世纪70年代，在马来西亚联邦的首都吉隆坡，星期日的早晨，在东姑阿都拉曼（Tunku Abdul Rahman）街的街角处，马来人的男女老少在人行道上坐下，茫然地注视着面前经过的车辆，就像以为是有什么游行一般。这是1957年独立以后，马来人进入城市后的事情。因为城市里没有马来人的街道，商店全部由华人或是印度人经营，电影的语言几乎都是用的英语、汉语或是泰米尔语，整个城市没有作为伊斯兰教徒的马来人的去处。

尤其是吉隆坡。1830 年，雪兰莪（Selangor）苏丹穆罕默德为了寻找锡矿，命两位王族派遣马六甲的两位华商和八十七个中国苦力组成了探险队，在巴生河（Klang River）和鹅麦河（Gombak River）汇合点的丛林中开荒建成了小城，之后发展为城市。在其郊外的安邦（Ampang）锡矿劳作的矿工全部为中国人。由于非常贫困，这里成为陈平领导的马来亚共产党的根据地。

3 世纪的辰韩、弁辰诸国也类似于此，是中国式的城郭城市，并通过华侨居民的劳作而繁荣起来，这个情景在《乌丸鲜卑东夷传》中被写成"国出铁，韩、濊、倭皆从取之。诸市买皆用铁，如中国用钱，又以供给二郡"，可以窥见工商业的盛况。从这个地带再渡过海洋就是倭人诸国，倭国不会不受到其影响。

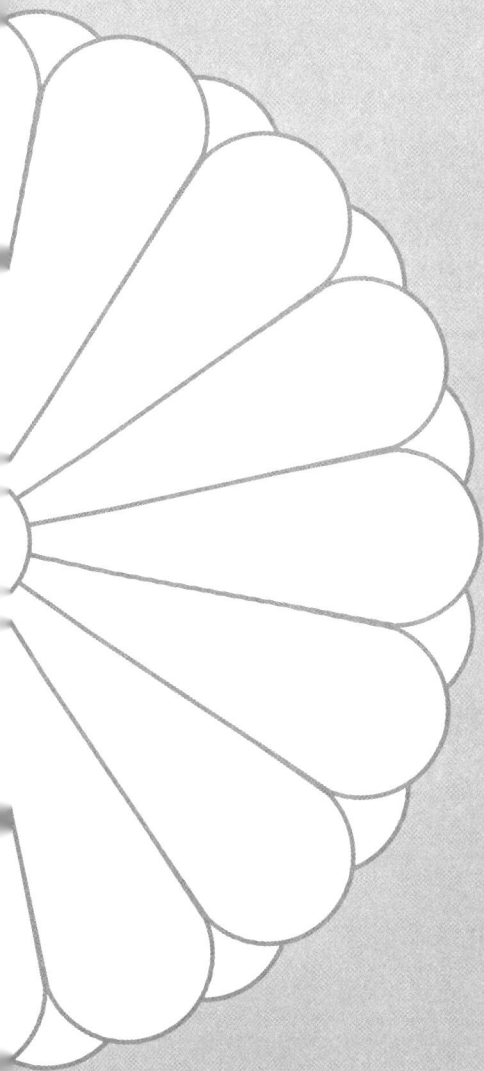

第九章

谜之四世纪

通往倭国的沿岸航路

根据《三国志·魏书·乌丸鲜卑东夷传》记载，3 世纪的辰韩、弁辰二十四国是拥有各自的城郭的中国式城市，并将汉语作为公用语。同时这些城市又位于乐浪郡、带方郡与倭国连接的天然交通线上，因商业活动而繁荣，而其特产——铁则被用于二郡、韩、濊、倭之间的贸易结算。政治方面也有系统化发展，辰韩十二国联合起来拥护马韩人为辰王，弁辰十二国也另外有王。辰王驻在马韩月支国，弁辰王驻在哪里不太明确，大概是沿洛东江上下。巡视弁辰十二国的王，同时也是弁辰商人的领袖。

洛东江河口的弁辰狗邪国是对倭国的贸易路线的起点。如前一章所说，从带方郡到狗邪国的天然路线是逆南汉江而上，从忠州翻过鸟岭就到了闻庆，从那里沿洛东江干流而下，在沿线发展起来的就是弁辰十二国的各个城市。

可是，《三国志·魏书·乌丸鲜卑东夷传》中"倭人"这项，也就是《魏志·倭人传》中所说明的从带方郡到倭国的交通路线是"从郡至倭，循海岸水行，历韩国，乍南乍东，到其北岸狗邪韩国"，很明显这是绕经西海岸的航线。这条路线是因潮汐而潮水落差极大，同时又多危险暗礁的海路，为何被记载于这里呢？

这个原因就如前文所说，是由于臣帻沾韩国的叛乱。根据《倭人传》记载，那时战死的弓遵在 240 年时任带方太守，为了送回前一年卑弥呼派来的首次朝贡使节团，便派遣部下建中校尉梯俊等到倭国。之后在 243 年负责招待卑弥呼派遣的第二次朝贡使节团的也是弓遵。245 年，弓遵同乐浪郡太守刘茂一起征伐位于东海岸的濊，令其投降。臣帻沾韩国的叛乱就是发生在这之后。247 年，弓遵战死后，王颀在带方郡继任为太守。

在这场骚乱中，作为马韩驻地的南汉江河谷自然是不可能通行的。本来马韩五十余国就比远离带方郡的辰韩、弁辰中国化更晚，就如《韩传》中所描述，马韩"散在山海间，无城郭……其俗少纲纪，国邑虽有主帅，邑落杂居，不能善相制御……其北方近郡诸国差晓礼俗，其远处直如囚徒奴婢相聚"，对中国人来说，他们是难以应付的危险的蛮族。《倭人传》中记述的沿岸航路是为躲避马韩而行的迂回道路，是 3 世纪特殊形势下的产物。

无疑，这样到达的狗邪韩国是弁辰十二国之一，并不是倭国。而《倭人传》在这里冠以"其北岸"的原因不过是其位于出洛东江口的海岸，就是渡过海峡往来的倭人的居住地。

《倭人传》中关于"对马国"提到，"无良田，食海物自活，乘船南北市籴"，关于"一支国"提到，"差有田地，耕田犹不足食，亦南北市籴"。因此对马、壹岐的居民无论在哪个时代，都是以连接朝鲜半岛和北九州的贸易活动为生的。

现在的釜山市所在地本就是渡来的日本人的聚落所在地。在整个 13、14 世纪，朝鲜半岛沿岸备受倭寇侵扰之苦，将其平定的将军叫李成桂[①]。1392 年，他建立的朝鲜王朝取代了之前的高丽王朝，而

[①] 1377 年，李成桂在智异山歼灭大量倭寇，并于同年 8 月在西海道（今黄海道）一带大破倭寇。1380 年，李成桂击败倭寇首领阿只拔都，取得荒山大捷。——译者注

他便是李氏朝鲜的太祖。为了防止倭寇再犯，太祖许可日本人前来进行贸易，于是便出现了在半岛沿岸定居的人。到了15世纪，被称为"三浦"的三个指定居住地区发展起来，而这些居留民则被称为"恒居倭户"。作为其中之一的釜山浦，在1879年日本明治政府的要求下开放，由此成长为如今的大都市。

即便半岛和日本各自成立统一国家以后也是如此，更何况在国境这一观念还不存在的3世纪。不可思议的是，从"对马国""一支国"渡来的倭人在洛东江口附近并没有形成聚落。

顺便说下，距离对马最近的韩国陆地是巨济岛，无论是从金海还是固城，航向对马的船都要通过巨济岛海面。金海属弁辰狗邪国，固城属弁辰古资弥冻国，而巨济岛是弁辰渎卢国之地，《韩传》中将其关系表达为"其渎卢国与倭接界"。

那么，在《倭人传》中，置于"对马国""一支国"之后的，不用说便是北九州海岸的"末卢国""伊都国""奴国""不弥国"四国。其中，唯有关于"伊都国"记载了"世有王，皆统属女王国"。

这位伊都国的王家，就是公元57年东汉光武帝即位后作为倭人总首领的"汉委奴国王"的后裔。他在184年的黄巾之乱中失势，之后从属于邪马台国的女王。

虽然失去了实权，但是旧倭国王家二百年的传统并不会就此简单消亡。即便到了3世纪，伊都国也是"郡使往来常所驻"。取代旧倭国王家而担任外交事务的女王总督也被设置于此，同时监视北九州诸国。这就是《倭人传》中的"自女王国以北，特置一大率，检察诸国，诸国畏惮之。常治伊都国，于国中合如刺史。王遣有诣京都、带方郡、诸韩国，及郡使倭国，皆临津搜露，传送文书赐遣之物诣女王，不得差错"。

有将"一大率"当作魏任命的史官这样的奇论,这是既不懂汉文,又对东汉以来的东亚形势不了解的人所说的话。

伊都国·邪马台国·狗奴国

终于要从九州的伊都国向女王的都城进发了。"南至投马国,水行二十日……南至邪马壹国①,②水行十日,陆行一月"。

如前文所说明的,《倭人传》中记载的道里和方位,是出于239年的中国政治上的需要。为了将邪马台国的位置挪到南方的台湾附近,采用了歪曲过的宣传文书。所以从这个记述中可以明白,去邪马台国大致是从北九州海岸出发航行相当的距离,上陆之后再进入内地。

所以,如果是在日本列岛之中的话,无论哪里都可以成为邪马台国的候补地点。甚至只要希望的话,可以将其挪到北海道或是冲绳,实在不行也可以挪到千岛群岛、堪察加、台湾岛,就连菲律宾也是可以的。

可是考虑到3世纪倭人的造船与航海技术水平,不应随便把一个地方当作邪马台国。当时的航海技术不大成熟,绕行朝鲜半岛西岸的航路比较危险,《倭人传》中"持衰"的记事就说明了这一点:"其行来渡海诣中国,恒使一人,不梳头,不去虮虱,衣服垢污,不食肉,不近妇人,如丧人,名之为持衰。若行者吉善,共顾其生口财物;若有疾病,遭暴害,便欲杀之,谓其持衰不谨。"

对于这个时代的倭人来说,最容易采用的安全的交通路线,自然就是濑户内海航路:从大阪湾逆淀川而上,进入琵琶湖,从湖的北岸经由

① 百衲本的《三国志》中记作"邪马壹国",但今学界多认为"邪马台国"为正确写法。——编者注
② 此处作者似有遗漏,原文为"南至邪马台国,女王之所都"。——编者注

敦贺到达日本海沿岸，从琵琶湖东岸出发则是通向伊势湾。这条路线的沿线地段，不论是过去还是现在人口都是最多的。所以《倭人传》中，比起北九州诸国更早的邪马台国，应该是在濑户内海沿岸或畿内的某处。

可是即便是在畿内，邪马台国也并没有与大和直接相关。如前所述，《日本书纪》中所谓大和朝廷并不是自古就有的传承，而是 7 世纪末的新发明，从神武到应神的十六代天皇、皇后都是虚构的人物。所以不能说因为"邪马台"和"ヤマト"（yamato）发音相似，就认为女王卑弥呼与后世的日本皇室有血统上的关系。

本来所谓"ヤマト"（yamato）就是"山外"的意思，是指相对于河内而言的"山对面的边境"。实际上，比起大和，河内是更早开发的。在《日本书纪》之前的古老传承中，统治日本的最古老的王朝，就是定都于难波的仁德天皇到清宁天皇的七代，即所谓河内王朝。

从与"倭五王"的关系来看，可以认为仁德天皇的在位时间是 4 世纪末。如果那时以难波为中心的河内平原是日本最发达的地方，那把 3 世纪的邪马台国也置于河内某处好了。可是，这里说的河内，也包含摄津、和泉。河内三郡作为和泉国独立是在 757 年，摄津职被废并改制为国是 793 年的事情，在《日本书纪》完成的 720 年这两国还不存在。

回到《倭人传》，文中在记述到达女王都城——邪马台国之前的诸国时，举出了从"斯马国"到"奴国"这二十一国的名字，女王的管辖权也涉及到这些国。在邪马台国对面还有拥戴男王的狗奴国。

因为到了这一带就完全没有线索了，因此要推断清楚狗奴国的位置是不可能的。要注意的是，《倭人传》中举出名字的三十国中，有王的只有伊都国、邪马台国和狗奴国。

而《倭人传》中的"国"，并不是我们想象中的国家，而表示的是"城市"的意思，其证据就是"国有市，交易有无，使大倭监之"这句话。

就像 13 世纪的文莱王国和民都洛岛的麻逸国，在有实力的原住民的监督和保护下，以外国商人和原住民进行交易的市场为中心而发展起来的城市就是"国"。

在汉语中，"国"和"郭"同音，本就是指城郭城市。《韩传》中使用的也是同样的意义，辰韩十二国由辰王统辖，弁辰十二国则由弁辰王统辖。可是，马韩的五十余国没有城郭，也没有王。倭人的三十国中有三个王，虽然距离辰韩、弁辰较近，然而在《倭人传》中言及城郭的场所只有"居处宫室楼观，城栅严设，常有人持兵守卫"。倭人诸国应也与马韩同样，不是中国式的城郭城市。

"谜之四世纪"

根据《倭人传》记载，魏与倭联系的历史如下：

239 年，倭女王使者大夫难升米、次使都市牛利向魏朝贡。

240 年，魏带方太守弓遵派遣建中校尉梯俊等送上前一年发出的给女王的诏书以及"亲魏倭王"的金印、紫绶。一行人又拿着女王的谢恩表回来了。

243 年，倭女王派使者大夫伊声耆、掖邪狗等人向魏朝贡。

245 年，魏授予难升米黄幢，并命令带方郡送过去。作为对高句丽、濊、韩大规模平定作战的一环，在前一年赠送黄幢时行动就已经开始了。而这表示难升米才是倭国真正的掌权人物。可是，带方太守弓遵在与马韩打仗时阵亡，送给难升米的诏书和黄幢被保留在了带方郡。

247 年，新带方太守王颀到任。倭女王的使者倭载斯、乌越等人来到带方郡，报告了卑弥呼与狗奴国男王之间的战争的相关情况。王

223

顾派遣塞曹掾史张政等将诏书和黄幢送给难升米，同时让张政带上自己写给卑弥呼的信（檄）。可是在张政等人到达邪马台国之前，卑弥呼就已经死了，邪马台国内围绕后继者的问题发生了内斗，出现了众多的牺牲者。直到卑弥呼一族里的一个叫作台与的 13 岁少女被选为女王，王位继承问题才尘埃落定。张政等人将王顾的信交与台与，完成了自己的使命。新女王派遣掖邪狗等将张政等人送到带方郡，之后掖邪狗等人又步行到洛阳朝贡。

至此，就是《倭人传》中记载的事实：倭人朝贡并不是在 247 年终止的。前文说过了，在 249 年，司马懿政变成功，掌握了魏的全权。两年后的 251 年，73 岁的司马懿去世，长男司马师继承了司马懿的权力，而仅仅四年后他就病死了，之后其弟司马昭掌握了魏的实权。

《晋书·四夷传》中的"倭人"这一项中说道："宣帝之平公孙氏也，其女王遣使至带方朝见，其后贡聘不绝。及文帝作相，又数至。泰始初，遣使重译入贡。"

因为宣帝是司马懿，文帝是司马昭，所以在司马昭当政的 255 年到 265 年的时间里，是有几次倭国朝贡的。然而在《三国志·魏书·三少帝纪》中，却完全找不到相关的记事。这是因为《三国志》作者陈寿的想法，即尽量削减具有政治意义的事项。

265 年司马昭死后，其子司马炎（武帝）继承了他的权力，并在那一年末废掉了魏最后的皇帝，正式即帝位，开创了晋朝。翌年 266 年的冬天，在《晋书·武帝纪》中可以看见倭人献方物的记载。这是《四夷传》里说的泰始初入贡。而根据《日本书纪·神功皇后纪》中引用的《晋起居注》中的记载，这是倭女王派使者向晋朝皇帝进贡。而这自台与即位以来已经有十九年。

不用说，266 年的这次朝贡是为了庆祝武帝即位以及晋朝的开国，而晋也将此作为其新皇帝德化迅服远夷的证据大为欢迎。尤其是对倭女王来说，从其祖父时代起就与司马氏有较深的渊源，所以自此晋朝与倭女王国的联系应该很频繁。

但不可思议的是，接下来有关倭国朝贡的记录却是到了 413 年，其间有近 150 年的空白。因此，这段时期被称为"谜之四世纪"，关于这段时间倭国发生了什么，后人对此有着种种臆测。其实这并不是多大的谜团，而是《晋书》编纂方针改变的结果。

晋朝在帝室创业之地，即东北边境地区特别投入力量。271 年，派遣将军卫瓘为总司令（征北大将军、都督幽州诸军事、幽州刺史、护乌桓校尉）到北京，担当这一区域的防卫重任。根据《晋书·帝纪》的记载，卫瓘在任期间为 271—278 年，这一时期与东夷交涉的相关记事明显有很多，但国家的名称则全部省略，只记载了国家的总数。交涉的内容包括"归化""内附""来献""朝献""朝贡"等。虽然表达多种多样，但不变的是都在表现对晋朝皇帝亲善友好的意向。

总结如下：

276 年 东夷八国 东夷十七国

277 年 东夷三国

278 年 东夷六国 东夷九国

280 年 东夷十国 东夷二十国

281 年 东夷五国 东夷五国

282 年 东夷二十九国

286 年 东夷十一国 马韩等十一国

287 年 东夷二国

288 年 东夷七国

289 年 东夷十一国 东夷绝远三十余国

290 年 东夷七国

291 年 东夷十七国

　　将此《帝纪》的记载与《四夷传》对照来看，可以了解到 277 年、278 年、287 年、289 年、290 年的"诸国"中包含马韩，280 年、281 年、286 年包含马韩和辰韩。可是，因为东夷不仅是马韩、弁辰，在《帝纪》中统一被写成"东夷"的诸国中，可以认为倭国也在其中。

　　可是，这样的东夷内附和朝贡记事，在 291 年后，忽然就不再出现在《晋书·帝纪》中。这并不是因为朝鲜半岛和日本列岛发生了异变，其原因完全在中国一方——这一年，洛阳宫中发生了政变。因为这场政变，晋朝开始迅速崩解，并快速灭亡。

乐浪、带方的灭亡

　　晋武帝在 280 年征服割据江南的东吴，实现了经过黄巾之乱后近百年战乱的中国的重新统一。可是，人口骤减使得中国社会的风貌发生了很大变化。华北的农耕地区退化成一片荒原，在大城市周边幸存下来的农民，被组织到称为"屯田"的集团农场。他们在这里劳作以确保粮食的供给。对此进行监督的地方行政官，同时也是地方军的司令官，集民政和军事的权限于一身。

　　最早实施这一政策的其实是曹操。这本来是为了度过非常时期的临时制度。但当它被实施了百年之后，即便中国实现了重新统一，已经在地化的军队也已经势力极强，使得位于洛阳的晋朝中央政府必须对此下一番功夫。

即便这样，只要晋朝皇室安定，慢慢地去掉其地方军的主力，使中央收回实权也是十分有可能的。可不幸的是，中国重新统一后仅仅过了十年，即290年，武帝便驾崩了，继任的次子惠帝却愚蠢懦弱。

惠帝的母亲杨皇后先于武帝去世，武帝听从杨皇后的遗言，立皇后的叔父杨骏的女儿为第二任皇后。武帝一死，这第二位杨皇后便成了皇太后，杨骏作为皇太后的父亲成了掌握政府全权的独裁者。

可是，在杨太后与惠帝义母义子关系的基础上，惠帝还有一个要强有能力的妻子贾皇后，而她们的婆媳的关系并不好。最终在翌年，即291年，贾皇后命令从地方进京的军队叛变，杨骏及其一党全部被杀，杨太后被废，从而贾氏一族将实权夺到手中。

张华在此之前一直遭到实权派的冷遇，而贾皇后看准了他的才能，并且知道他不属于某一党派，便在混乱的局势中起用了他。而张华成功地在数年之间取得了平衡，安定了新政权。

但是，这不过是转瞬即逝的和平，过分讨好地方军的结果，就是在300年发生了第二次政变，贾皇后一族连同张华全部在这次政变中被杀。此后，拥戴各自皇族的地方军开始争夺中央实权，从而中国又陷入内战，洛阳也因此荒废，中央政府再次在事实上消亡了，这就是"八王之乱"。

趁着中原处于无政府状态，游牧民的部队开始活动。这本来是曹操以来中国政府的政策——为了补充过少的人口，让北方边境的猎民和游牧民移居到华北，将其编成骑兵队用于战争。这就类似于在罗马军团中，有很多日耳曼人和凯尔特人出身的下级士官和士兵。

在中国内地的骑马民族中，移居历史悠久、人口也较多的是匈奴族。他们的居住范围从山西高地到鄂尔多斯草原、阴山山脉，他们被编成五个部族，并处于中国将校的监督之下。王族中有个叫刘渊的人，是具备中国式教养的知识分子，同时具备优秀军人的素质。在作为人质留在洛阳期间，他受到了文帝司马昭的认可。

刘渊这样的人物，在欧洲史中就是日耳曼人的解放者阿米尼乌斯（Arminius）。阿米尼乌斯是日耳曼切鲁西（Cherusci）部族的酋长，在罗马接受教育并被授予骑士之位，后来作为罗马军的将校而工作，25 岁时，阿米尼乌斯同其指挥的切鲁西人部队归乡。这时他因为看到了当时罗马的日耳曼尼亚驻屯军司令官瓦卢斯（Varus）对日耳曼文化的轻视态度而觉得愤慨，便与其他的日耳曼人酋长共谋，在公元 9 年，阿米尼乌斯等将被引诱到条顿堡森林的瓦卢斯及其率领的三个罗马军团共两万七千人消灭。这场条顿堡森林之战，粉碎了罗马帝国将领土延伸到莱茵河以东的意图，改变了欧洲史的进程，是形成日耳曼式德国和拉丁化法国对立的原因。

对于中国化的匈奴族酋长刘渊来说，他的条顿堡森林之战，便是于 311 年占领洛阳。虽然在匈奴军成功的前一年刘渊就死了，但他的行动引发了超过百年的"五胡十六国之乱"以及持续了两百年的南北朝对立，因此，最终到了 3 世纪，统一中国的势力也没有波及东方，百济、新罗、日本各自作为独立的王国而发展。

刘渊在 304 年趁着八王之乱宣布独立于晋，在山西建立汉国。刘渊之子刘聪于 311 年攻破晋朝都城洛阳并抓住了晋怀帝。316 年，刘聪占领了陕西西安，消灭了晋朝在关中的残存势力。此后残留的就只有亡命江南的晋皇族在南京创立的东晋，而东晋皇帝只不过是名义上的中国皇帝。

这时在东北拥有较大势力的是与刘渊同样中国化的游牧民酋长慕容廆。他是辽宁西部山地的鲜卑族，并被时任晋东北国境方面军总司令（安北将军）的张华所认可，说他早晚会成为大人物。他在中国人中的口碑也很好。在洛阳陷落同时，晋的辽东郡也陷入混乱，已经到了没有慕容廆的保护就不能存续的状态。

这时，在乐浪、带方二郡，有位叫作张统的将军，连年与盘踞今中朝国境处山地的高句丽王乙弗利（美川王）交战。张统因受到洛阳陷落的冲击而失望，在313年放弃二郡之地，带领部下千余家逃亡到慕容廆处。慕容廆的身边还有很多从华北各处来避难的中国人，他们各自按照出身地区建设城市并定居（即"侨置州郡"）。张统在辽西建设了叫作"乐浪郡"的城市，并被任命为太守。这标志着乐浪、带方的沦亡。

高句丽与百济

在张统撤离后，高句丽王国就进占了朝鲜半岛北部，并统治着残留在大同江流域的中国人。可是，因为319年慕容廆吞并了辽东郡并继续向东扩张，高句丽的扩张陷于停滞。

慕容廆与南京的东晋朝廷结盟，并使用其年号。在与东晋交涉意欲获封"燕王"的过程中，慕容廆于333年去世。这时，驻扎在辽东、担当对高句丽防卫重任的儿子慕容仁，在其兄长慕容皝继任其父位后，带领辽东独立于其兄长。慕容皝派遣讨伐军却大败，参谋长（司马）佟寿因为曾是慕容仁的参谋，便投奔了慕容仁。

三年后，也就是336年的早春，慕容皝率军踏着渤海湾的海冰对辽东发动登陆奇袭，擒慕容仁而杀之，从而平定辽东。因此佟寿逃亡高句丽。

重新统一国内的慕容皝在337年正式即燕王位，这便是前燕。之后前燕又逐步进入河北、山东、河南，并于365年从东晋手中夺走了洛阳。

东部又是什么情况呢？慕容皝在342年以大军进攻高句丽，攻陷了位于今中朝国境通沟处的高句丽王都丸都城，高句丽王钊（故国原王）逃走，其母和妻子成为前燕军的俘虏。前燕军将高句丽王的父亲美川王的墓地挖开后将尸体掳走。高句丽的宫殿被烧毁，丸都城被破坏，王室的珍宝以及男女五万余人被移送到前燕都龙城（今辽宁朝阳）。

在这场作战中，高句丽自然是受到了极大的打击，但是大同江流域应该并没有沦为前燕的统治地区。这个证据就是，从平安南道到黄海道被发现的当时的墓，在玄室内壁的砖上还刻着铭文，其中将343年记录为"建武九年"，将350年记录为"建武十六年"。所谓建武，是与前燕争夺中原霸权的后赵王石虎的年号。所以这表明了，朝鲜不是被前燕管理，而是在与其敌对的高句丽的手里。可是，石虎已经在前一年，也就是349年就死了，而后赵也由于陷入争夺王位的内斗而瓦解。

此时，前燕的势力可能短暂地深入到朝鲜半岛，因为在此发现了将345年记录成东晋年号"建元三年 ①"的刻石。这时前燕正在使用东晋的年号，也正是在345年，慕容皝的书记官长（记室参军）封裕向燕王提交的意见书中写道，"句丽、百济及宇文、段部之人，皆兵势所徙，非如中国慕义而至，咸有思归之心。今户垂十万，狭凑都城，恐方将为国家深害"。

至此，百济开始成为与高句丽并驾齐驱的势力，出现在了半岛中部。百济与《三国志·魏书·乌丸鲜卑东夷传》中的马韩五十余国之一的伯济国同名，而3世纪的伯济国没有王，并不是非常明显的存在。而从那时开始成长为汉江下游的大王国，恐怕是因为百济将这一地区留下的中国人的居住地纳入保护范围，利用了他们的财力和技术组织成为国家。

---

① 晋康帝司马岳在343—344年的年号为"建元"。在东晋的年号中，344年为建元二年，345年为永和元年。——编者注

之后，慕容皝在 348 年去世，其子慕容儁继任，他在 352 年灭掉后赵称帝，改元"元玺"。

可是，在高句丽势力下的朝鲜半岛北部的中国人并不采用前燕年号，而是使用东晋年号，在平壤站内发现的墓砖上有如下的铭文：

永和九年三月十日，辽东·韩·玄菟太守领佟利造。

永和九年即 353 年，造墓的佟利任职为"辽东韩玄菟太守领"，"领"字本来是接在"辽东"前的，指不去任地而在远方担负名义上的责任。辽东郡、玄菟郡实际上是属于前燕的，所以也就是名义上的官衔，而韩郡则不被人所知，这表明了高句丽主张对抗百济而领有马韩之地。

即便如此，高句丽对朝鲜半岛北部的统治能力也没有那么强，当地的中国人应有相当的自治权。

1949 年，也就是朝鲜战争的前一年，在朝鲜黄海南道安岳郡柳雪里的沙里院站附近发现了佟寿的墓。到了战后的 1958 年，朝鲜民主主义人民共和国科学院将其内容以《安岳第三号坟发掘报告》发行。

这所墓以玄室内壁上所绘的有趣壁画而闻名，其中一部分是用墨书写的 7 行 68 字的铭文：

永和十三年十月戊子朔廿六日

癸丑，使持节都督诸军事，

平东将军，护抚夷校尉乐浪

相，昌黎、玄菟、带方太守，都

乡侯，幽州辽东平郭

□乡敬上里，佟寿，字

□安，年六十九，薨官

永和十三年也就是 357 年，因为东晋改元，在正月变成了升平元年。从"使持节"到"都乡侯"都是官位，从"幽州"到"敬上里"都是户籍地，"佟寿"不用说就是 336 年逃命到高句丽的佟寿，21 年后 69 岁的他在任中死去，而被葬于此墓。

这个铭文使用东晋的年号，并且一句也没有言及高句丽王，这应该是暗示了位于朝鲜半岛北部的中国人居住地还是处于半独立的状态，而正在受前燕压迫的高句丽，也并没有真正进入半岛的余力。

顺便再说一下，根据 1958 年的发掘报告，这个安岳第三号坟确实是佟寿的墓，之后不知道什么时候就被当成了高句丽美川王乙弗利的墓，壁画的佟寿夫妻肖像也被当成了美川王及其王后。1965 年，朝鲜科学院发行的《朝鲜文化史》第二版中也是这样，如果用翌年日文版来说的话，就是"墓壁上有'永和十三年云云'的墨书铭。墓的主人公为美川王"来说明上卷的佟寿夫妻像，这是种很"奇妙"的注释。

七支刀的铭文

在佟寿死的同一年，357 年，慕容儁迁都到河北的邺（临漳），就在眼看真正能一统中国的时候，慕容儁病了，并于 360 年去世。儿子慕容暐年仅 11 岁便继承帝位。由于受到伯父慕容恪、慕容垂等的用心辅佐，战争进展十分顺利，前燕于 365 年打败东晋占领洛阳。可是没过多久，前燕因 367 年慕容恪去世而发生内斗，369 年慕容垂从前燕逃亡到陕西的前秦王苻坚处，这时前燕命数已尽。就在第二年，也就是 370 年，前燕被前秦消灭，一百五十七郡、二百四十六万户、九百九十九万人被纳入到前秦的统治之下。到了前燕末年，高句丽、百济、日本同时出现在了半岛的历史上。

大和的石上神宫中有一柄从刀身上伸出来六根枝的形状奇特的刀，被称为七支刀，刀的正面刻有东晋太和四年，也就是慕容垂逃命那一年——369 年的日期，反面是如下二十七字的铭文：

> 先世以来，未有此刀，百济王世子，奇生圣晋，故为倭
> 王旨造，传示后世。

不知道汉文读法的人是没有办法读懂的，将其理解成"先世以来，未有此刃。百济王世子奇生圣晋特别为倭王旨而打造此刀，以传示后世"，而被冠以"旨"这个名字的倭王，是指的哪位天皇，仍有着很大的争论。然而这完全是白费功夫。

这篇铭文的正确解读是"百济王世子感恩于恰巧生于圣德的晋世，由此为了倭王而下令打造此刀，将其作为后世的证据"。这只是为了彰显 369 年百济王世子与倭王间存在友好的交流。"奇生圣晋"的"奇"就是"珍"，有"珍贵的、感谢"的意思，"为倭王旨造"的"旨"就是"指"，意思是"指示、指向、意向"，哪个都不是名字。

369 年，当时的百济王是近肖古王，其世子是贵须。3 年后的 372 年，也就是东晋简文帝时期的咸安二年六月，《晋书·帝纪》里写道"遣使拜百济王余句为镇东将军,领乐浪太守"，这其中的"余句"的"句"就是肖古的"古"，姓上的余就是"夫余"的略称。

《三国史记·百济本纪》中记录了近肖古王时代,高句丽王斯由(钊,即故国原王)在 369 年率步骑两万南下而来，百济王太子（近仇首王）在雉壤将其打败。进而在 371 年，于浿[①]河一带击破高句丽的再次入侵，

---

① 音 pèi。今朝鲜青川江和大同江的古称。——编者注

随后王和太子率精兵三万袭击高句丽的平壤城，高句丽王战死。

如前文所说，因为《三国史记》是二手资料，仅凭此就相当不可靠。《魏书·百济传》①中如下引用了百济王余庆（盖卤王）在472年送给北魏孝文帝的信中的内容：

> 臣与高句丽源出夫余，先世之时，笃崇旧款。其祖钊轻废邻好，亲率士众，陵践臣境。臣祖须整旅电迈，应机驰击，矢石暂交，枭斩钊首。自尔已来，莫敢南顾。

据此可以知道，百济的王室不是马韩人，而是出身于今中国东北北部地区的夫余族，与同族的高句丽最初交好，而故国原王南下才引发了战争。须，也就是贵须，将其打败并杀了故国原王。

故国原王战死于371年，若翌年遣使到东晋，受镇东将军、领乐浪太守官职的百济王就是近肖古王余句的话，百济军大胜的主角贵须在那个时候就应该已经是百济王世子了。

掌握着如此军事实权的贵须，在369年成为与倭王外交的主角是很自然的事情。

为何百济王室会成为夫余系这个问题，因为与日本所谓"骑马民族王朝"说相关，在此我来简单地说明一下。

根据《周书·异域传》和《隋书·东夷传》记载，在百济国有祭祀其始祖的仇台庙。《周书》中讲道"夫余之别种，有仇台者，始国于带方"，《隋书》中讲道"有仇台者，笃于仁信，始立其国于带方故地。汉辽东太守公孙度以女妻之，渐以昌盛，为东夷强国"。《隋书》和《周书》

---

① 此处的《魏书》是北齐人魏收所著的史书。此书中并没有百济传，但《魏书·列传第八十八》中有一部分描写百济，所以这里为方便表述，简称为《魏书·百济传》。——译者注

都是 636 年完成的书籍，那时位于忠清南道扶余的百济武王的宫廷，其始祖应该是 2 世纪末或 3 世纪初来到半岛的。但这完全是错误的。设立带方郡的是公孙度的儿子公孙康，那时仇台是不可能在带方之地建国的。但如果从"带方故地"这种表达出发，可以认为这个时间应该是 313 年张统离开乐浪、带方，二郡之地被纳入到高句丽的势力之下后。

从这件事情，再将 472 年盖卤王的信结合起来考虑可知，直到故国原王南侵前，高句丽与百济间的关系都是极为密切的。因此可以形成这样的结论：仇台是高句丽美川王派遣到带方郡的故地来监督中国居民的军队司令官，由于 342 年慕容皝对高句丽的征伐，故国原王大受打击，仇台乘此之势而独立。在《三国史记》中，371 年胜利之后，近肖古王将都城从慰礼城迁到汉山，而这两地都位于汉江下流的广州地区。所以，这表明了广州直到 313 年都是带方郡司令部的所在地，而百济王国应该是继承了它。

总之，百济就是这般形成的国家。到了 369 年，百济与高句丽发生了冲突，这是因为，以 367 年慕容恪之死为界，前燕对高句丽施加的压力减弱。由此，正西方压力减轻的故国原王转换方向，来压制连通半岛南部和日本列岛的贸易路线。

369 年的七支刀的铭文中所表现的百济王世子贵须和无名倭王的友好关系，意味着在面临高句丽南进这一共同的威胁之时，两国已经缔结了安全保障条约。

新罗登场

《日本书纪·神功皇后纪》中记载了 369 年前后的部分，好像是利用《百济记》而创作的一系列记事。其大意是：364 年，百济王想与日本沟通,于是派遣使者到了卓淳国(大邱),但因为卓淳人也不知道路,于是百济使者就回去了。366年,日本使者来到卓淳并与之建立了最早的联系。367年,百济王使者向日本朝贡。同时,虽然新罗的使者也来了,但却被发现他们扣留了迷路的百济朝贡使,并偷换了百济朝贡使要呈献的贡物。于是在369年,日本、百济联军进攻新罗并将其击败,平定了洛东江河谷七国,然后绕道西边征服了全罗南北道地区的诸国,并交由百济管理。后来日本使者到达了百济的王都广州与百济王缔结盟约。自此,百济每年向日本朝贡,并在372年献上了一柄七支刀、一枚七子镜等各式各样的珍宝。这便是这一系列记事的梗概。

《日本书纪》中的这些记事乍一看的确是传达了围绕369年七支刀铭文中描述的国际形势,但细细看来尽是不符合逻辑的。尤其是在364年的时候,百济人就暂且不论,连卓淳人也不知道去日本的道路这件事,从《三国志·魏书·乌丸鲜卑东夷传》记录的3世纪的实情来看是不可能的。而新罗偷换了迷路的百济朝贡使的贡物送来日本也完全是民间传闻。关于369年的日本—百济联合军的行动,从当时出现的人名和地名来看,也应该是将后世的事实提前写入至此了。

结果,《日本书纪》的记述中可以被认为是史实的应该只有一点,就是369年倭国使到达百济的王都慰礼城(广州)与百济王缔结同盟条约。但所谓“任那日本府是在这一年开始的”等各种观点,则是完全无法令人接受的。

有关百济与日本结盟时的倭王是谁的问题先暂且搁置。如刚才所说,从371年的战争之后的形势来看,翌年372年百济的近肖古王遣使到东晋朝贡,作为回礼,东晋遣使访问百济,授予王镇东将军、领乐浪太守的官职。

这是在370年消灭前燕、统一华北的前秦的实力威胁下,两国所采取的自卫策略。最终前秦的统治被稳定下来，而最后存留在大同的鲜卑拓跋氏的代国在 376 年被前秦吞并。翌年 377 年的春天，高句丽和新罗系遣使者向前秦朝贡。这是新罗王国第一次出现在记载中。

新罗在《三国志·魏书·乌丸鲜卑东夷传》中被算作辰韩十二国之一的斯卢国，不用说就在今天的庆州。369 年、371 年的战争使得高句丽南进受挫后，新罗开始作为独立王国出现。在 380 年，前秦的东北方面军总司令官（征北将军、幽州刺史）符洛发起叛乱时，意欲从鲜卑、乌桓、高句丽、百济、新罗、休忍诸国征兵但被他们拒绝。这里的"休忍"便是"倭人"的误写。

这场叛乱失败了并很快被镇压。382 年新罗系遣使臣再次向前秦朝贡。根据《太平御览》中被引用的车频的《秦书》的记载，新罗国王楼寒的使者叫作卫头，被苻坚问道："卿言海东之事，与古不同，何也？"卫头答道："亦犹中国，时代变革，名号改易。"

遗憾的是，被称作"楼寒"的这位新罗国王的原型并不清楚，而卫头所言的海东的情况也没有流传下来，但总之能看出这个时候是新罗的建国时期。于是就有了问题，也就是新罗被百济与倭同盟夹在中间的处境，那时正好是 382 年。在这一年的记事中，《日本书纪·神功皇后纪》引用了《百济记》，而传达了如下的故事：

这一年，因为新罗没有向日本朝贡，日本派沙至比跪讨伐它。可是这个将军收了新罗的两个美女，反倒去讨伐加罗国。加罗国王带领王族、人民逃命到百济。加罗国王的妹妹来到日本控诉此事，天皇大怒，派木罗斤资再建加罗国。根据另外一种说法，沙至比跪没有消除天皇的怒火，后钻入岩穴而死。

这个故事整体都带着民间传说的意味，不管在哪里都有些不太可信。恐怕《百济记》中的记载不过是想在最初与日本沟通的近肖古王之后的贵须王时代中，将日本相关的内容写入记事而创作出这样的故事吧。然而凭此是不能作为倭国在这个时期的洛东江河谷发起过军事行动的证据的。

广开土王与仁德天皇

话题再回到中国。前秦的苻坚在 383 年动员大军对江南的东晋展开总攻击，却在淝水之战中全线崩溃，前秦对华北的统一瞬间瓦解。在慕容垂独立的翌年，就是 384 年，燕国再兴，这就是后燕。

此前被前秦压制而举步维艰的高句丽在 385 年乘着中国混乱之势占领了辽东、玄菟二郡，但很快就被后燕军夺了回来。

在这样的情况下，391 年，高句丽故国壤王去世，广开土王即位。倭国的军队在半岛开始活动的时间也就是这一年。

也就是说，广开土王碑上的铭文写有"百残、新罗，旧是属民，由来朝贡。而倭以辛卯年（391 年）来渡，每破百残、□□、□罗，以为臣民"，此前与高句丽友好的国家百济、新罗由于 391 年倭国的介入，转到了敌方阵营。能够预料到，正承受后燕压力的高句丽是不能应对倭国的行动的。

可在 395 年，后燕军主力在参合陂之战中被北魏军粉碎，后燕的势力急速衰落。翌年，高句丽在半岛上卷土重来。

根据广开土王碑上的记载，广开土王在丙申年（396 年）亲自率领水军讨伐□残国，直逼其城下，被困的百残主献出男女生口一千人、细布千匹。[①] 同时百残主到广开土王处后亲自发誓，从今以后，永为

---

① □残国即为百济国，百残主即为百济王。——编者注

家奴。因此，百残主被广开土王恩赦。广开土王平定五十八城、村七百，掳获百残主的弟弟以及大臣后凯旋。① 这是一场大胜。

在这次远征中，广开土王不仅在半岛确立了霸权，也成功地将西部正面国境线推到了辽河。根据《梁书·诸夷传》的记载，同样是在396年，后燕的慕容垂死后，继任的慕容宝授予高句丽王安（广开土王）平州牧的官职，封其辽东、带方二国王。这就意味着后燕承认广开土王领有辽东郡。

接下来就轮到了倭国逆转，从而"九年己亥（399年），百残违誓与倭和通，王巡下平穰，而新罗遣使白王云，倭人满其国境，溃破城池，以奴客为民，归王请命"。这表明出现了这样一种模式，即新罗与高句丽、百济与倭国，各自与主要敌人的敌对势力联手，接下来，"十年庚子（400年），教遣步骑五万，往救新罗，从男居城至新罗城，倭满其中。官军方至，倭贼退……追至任那加罗，从拔城，城即归服……昔新罗，□锦未有身来朝贡……□开土境好太王……朝贡。十四年甲辰（404年）而倭不轨，侵入带方界……连船……平穰……锋相遇，王幢（军旗）要截荡刺，倭寇溃败，斩杀无数。十七年丁未（407年），教遣步骑五万……合战，斩杀荡尽所获铠甲一万余领，军资器械不可胜数"。

不可思议的是，这个碑文完全没有与中国相关的记事，但总让人觉得百济、倭国与后燕之间应该是有联络的。400年，在高句丽南下救援新罗之时，后燕的慕容盛领兵三万攻击高句丽后方，攻破新城、南苏二城，开拓领土七百余里，带走五千余户居民。404年倭军侵入带方界。接着405年、406年，后燕的慕容熙攻打高句丽的辽东城、木底城。

① 好太王碑碑文记载为："以六年丙申，王躬率水军，讨利残国。军……百残王困逼，献出男女生口一千人，细布千匹，归王自誓，从今以后，永为奴客。太王恩赦先迷之愆，录其后顺之诚。于是得五十八城，村七百。将残主弟并大臣十人，旋师还都。"——译者注

可是，对于高句丽来说，他们的运气很好。407年，后燕发生了叛乱，一个叫作高云的人登上了王位，而这个人则是高句丽王族出身。广开土王与高云很快和解，失去了同盟的百济和倭国销声匿迹。在广开土王碑上，407年战争之后一直到412年王死，完全没有半岛地区的任何记录，就是这个原因。

而与广开土王争夺半岛霸权的倭王，一定就是《日本书纪》中的仁德天皇。

其理由是单纯在年龄上计算的。413年，倭国使者向东晋献方物。根据《梁书·诸夷传》的记载，这是倭王赞（履中天皇）的使者。自此，赞、珍（反正天皇）、济（允恭天皇）依次出现在了《宋书》中。462年，济的儿子，也就是"新嗣边业"的倭王世子兴（安康天皇）被宋授予了安东将军、倭国王的称号。

这时应该是在济去世的前夕。履中、反正、允恭三兄弟的在世年代是410—470年之间的大约五十年。

三兄弟中最年轻的允恭天皇最迟也一定是在410年左右出生的，假设他活到了60岁，那就是在400年左右出生，其父亲仁德天皇也仍是能生育的年龄。

假设仁德天皇是350年出生，在百济和倭国结盟的369年他19岁，在391年倭军最早介入朝鲜半岛时他41岁，410年他60岁，这个时间合理性在推测上并无不妥，也就是说，允恭天皇是在他50岁左右的时候出生的。

因此在4世纪后半段，广开土王将高句丽建设成横跨中国东北、朝鲜的大王国的同时，在日本列岛出现了仁德天皇，他在河内建立了新王朝，成为最早的倭国大王。

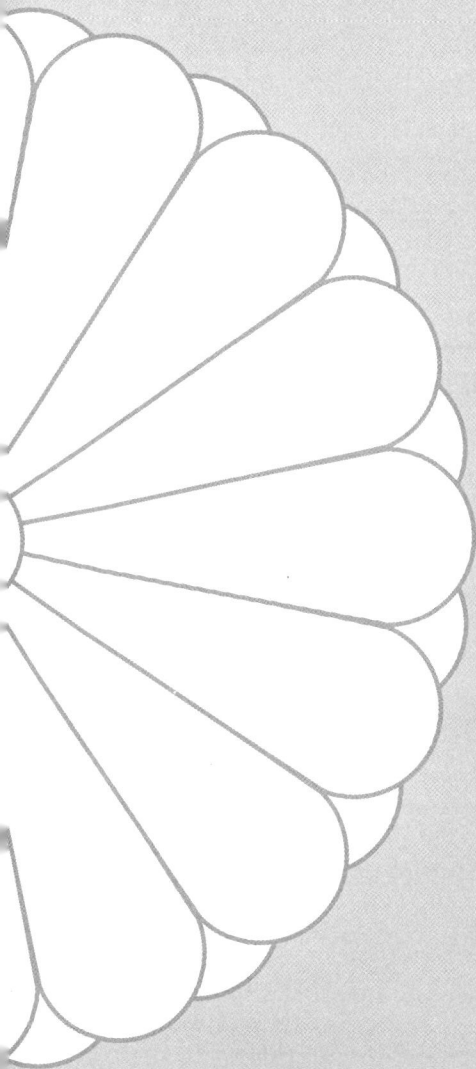

第十章

日本的诞生

仁德天皇建设难波京

在 4 世纪后半叶出现的初代倭国大王是仁德天皇。我们试着从《日本书纪·仁德天皇纪》记录的事迹分析,可以明白,其中最本源的部分就是在河内国中与土木工程相关的传承。

就是说将菟道稚郎子、八田皇女、雌鸟皇女等架空的人物作为主人公的故事,以及磐之媛皇后关于嫉妒的"歌物语"、氏族和部落起源的民间故事等,应是由 7 世纪的宫廷舞乐创作而来的。作者将这些新创作的部分除去后,留下来的就显示了仁德天皇的情况,也就是如下的记事。

首先,《仁德天皇纪》中的有关仁德天皇三年内免除课役、致富人民,因此被人民认为是圣君的故事,其实是讲述了天皇的王宫,即难波的高津宫是如何建造的。紧接着,天皇告知群臣的话就如下所述。

"今朕视是国者,郊泽旷远而田圃少乏,且河水横逝,以流末不驶。聊逢霖雨,海潮逆上,而巷里乘船,道路亦泥。故,群臣共视之。决横源而通海,塞逆流以全田宅。"

古代河内的中央部分是广阔的淡水湖,北边流入的淀川和从南边流入的大和川汇聚于此。这个湖的大概位置在现在的三国神崎川一带,临近大阪湾的地方。这一带沙土堆积,导致排水极差。如果淀川、大和川涨水,海水就会因满潮逆流,上升的湖面却怎么也降不下去,沿岸的居民备受水灾之苦,于是仁德天皇想解决这个问题。《仁德天皇纪》

中接下来的部分就讲述了如下土木工程的修建：

> 掘宫北之郊原，引南水（河内湖）以入西海（大阪湾），
> 因以号其水曰堀江。
>
> 又将防北河（淀川）之涝，以筑茨田堤。
>
> …………
>
> 为桥于猪甘津，即号其处曰小桥。
>
> 作大道置于京中，自南门直指之至丹比邑。
>
> 又掘大沟于感玖，乃引石河（石川）水而润上铃鹿、下
> 铃鹿、上丰浦、下丰浦四处郊原，以垦之得四万余顷之田。
>
> 于河内石津百舌鸟耳原筑陵。

以上记事的中间，记录了在山城栗隈县挖掘大沟以及造大和的和珥池的事情。但是因为这两条是在《推古天皇纪》中重复出现的，所以最好将其从仁德天皇的事业中排除，于是以上就全部是在河内发生的事情了。

这样大规模的土木工程，要说实际上意味着什么，那可以分为作为战略要地的难波京建设，以及由此作为补给基地的南河内的开发。

当时的难波之地夹在东侧的河内湖和西侧的大阪湾之间，是从南向北探出的半岛状的台地。在这块台地上修造的高津宫正北，东西向挖掘了堀江，利于河内湖的排水，同时也便于船只出入。

难波的堀江将王宫的北部分隔成东西两部分，这与现在天满川流经大阪城的北部相同。如果高津宫是大阪城，堀江就是天满川了。

为了让河道稳固，在淀川南岸建造了茨田堤，在大和川的干流平野川东岸造了横野堤，又在平野川注入河内湖形成的猪甘津（猪饲野）

码头架起了小桥。这里成了水陆交通的交叉点。

由此，堀江就变成了河内、大和、山城、近江一带水路网的唯一出入口，并且也成了延伸到濑户内海、北九州、朝鲜半岛的海上航线的出发点。在堀江上修建王宫的仁德天皇，就在这里支配着天下。

为了筹集足以支撑难波京人口的粮食，在感玖和石津原等地——大和川南边的南河内开拓出了不少农场。从难波京沿着平野川西岸的街道通到了丹比，将难波京与南河内连接起来。

如此，仁德天皇的王权是如何产生的？它与此前在濑户内海海岸某处刚进入内陆的地方好像存在过的邪马台国女王的王权是否有什么关系？因为完全没有史料，去臆测也就毫无意义。更不用说问题在于此后的河内王朝的发展方向。

从河内到大和

根据《日本书纪》，河内王朝的历代王陵地址如下所示：

仁德天皇 百舌鸟野陵 河内

履中天皇 百舌鸟耳原陵 河内

反正天皇 耳原陵 河内

允恭天皇 河内长野原陵 河内

安康天皇 菅原伏见陵 大和

雄略天皇 丹比高鹫原陵 河内

清宁天皇 河内坂门原陵 河内

只有安康天皇陵是在大和。根据史书记载，弟弟雄略天皇暗杀了哥哥安康天皇并夺取了皇位，而将安康天皇葬于大和的菅原。如果这是事实的话，那就可以认为，经过此般流血的宫廷事件即位的雄略天皇，将前代天皇的墓从王国的政治、经济中心难波迁到了尽可能远的边境。

就是说，"倭五王"，即整个河内王朝时代，真正的王都位于难波。所以从这里逆大和川而上，就是向"山外"的内地拓展。这个可以通过历代倭王的真名略知一二：

仁德天皇 鹪鹩

履中天皇 去来穗别

反正天皇 瑞齿别

允恭天皇 雄朝津间稚子①

安康天皇 穴穗

雄略天皇 大泊濑幼武

清宁天皇 白发武广国押稚日本根子

这些名字中，至少反正天皇的名字"瑞齿"在生前是被实际使用过的。这点从江田船山古坟中出土的铁制大刀上的铭文中就可以确定。就是说，其最初的"□□下狻□□齿大王世"中的"狻"是来表示反正天皇的丹比部（蝮部），"齿"是"瑞齿"的"齿"②。

看一下这七代王的名字，最早的三代"鹪鹩""去来穗""瑞齿"

---

① "雄朝津间稚子宿祢"读音为"ヲアサツマワクゴノスクネ"（oasatuma wakugonosukune），其实是允恭天皇的和风谥号（"允恭天皇"为汉风谥号）。其中"雄"和"稚子"表示美称。"宿祢"表示敬称。"朝津间"的读音为"アサツマ"（asatuma），表示地点。这一地点可能是王子的出生地，也有可能与王子母亲出身的氏族有关。后文中的"朝嬬"读音为"アサヅマ"（asaduma）。从日语读音上来看，"朝津间"可能来源于"朝嬬"。——译者注

② 自稻荷山古坟铁剑铭出土后，学界现已将之前被比定为反正天皇的江田船山古坟大刀铭中的"大王"，重新比定为雄略天皇。——译者注

都是古风的名字。可是从第四代允恭天皇往后，"朝津间""穴穂""泊濑"就都延续了大和的地名。王子的名字是地名，就意味着王子是生于这片土地。朝嬬在葛城，从河内来看就是人和的入口。与此相对，穴穂和泊濑在大和的东部，从河内来看就是内地。

这表明了河内王朝的势力上溯大和川，逐渐深入到大和的内地。可是按照《日本书纪》原文的写作方式，历代天皇即位与死去的地方绝大多数是大和东部内地的王宫，与明确了的王陵所在地和王名正好相反：

仁德天皇　难波高津宫　河内

履中天皇　磐余稚樱宫　大和

反正天皇　丹比柴篱宫　河内

允恭天皇　未知　　　　大和

安康天皇　石上穴穂宫　大和

雄略天皇　泊濑朝仓宫　大和

清宁天皇　磐余瓮栗宫　大和

其中只有允恭天皇的王宫所在地没有被明确记载，传说是在位于"京城"附近的耳成山和亩傍山，也仍然是大和的东部。

这里让各位想起的是，《日本书纪》并不是仅仅收集古代的传说并将其记录下来。它是以为天武天皇、持统天皇夫妻的政治立场辩护为使命，从而极具偏向性的书籍。尤其要指出的是，《日本书纪》在记载发生于672年的壬申之乱时，将大海人皇子打倒近江大津宫的大友皇子后在飞鸟净御原宫即位的行动正当化了。大海人皇子就是后来的天武天皇。所以，将河内王朝的王宫集中于飞鸟近处的大和东部，这种记述是怎么也不能就此理解的。

重读一遍《日本书纪》中的相关记述的话，就会明白过来，这个时代的倭国大王会将各自王宫迁到各处，绝不会待在一个地方就不动了。例如在《反正天皇纪》中写道这位天皇生于"淡路宫"。这就是反正天皇的父亲——仁德天皇的王宫并不只有难波高津宫的证据。

位于隅田八幡神社的人物画像镜的铭文上写有叫作"意柴沙加宫"的王宫名字。这篇铭文的纪年"癸未年"是 443 年[1]，根据《宋书》记载，这是倭王济，也就是允恭天皇的使臣访问南京的宋朝廷[2] 那一年。根据《允恭天皇纪》的记载，这位天皇的皇后叫作忍坂大中姬，天皇为此人设立了刑部氏[3]。

这么来看，允恭天皇应该有叫作"忍坂宫"的王宫。根据《允恭天皇纪》的记载，天皇爱着皇后的妹妹衣通郎姬，并将此人安置在藤原宫。因为皇后的嫉妒，允恭天皇又在河内建造了茅渟宫，并为衣通郎姬设立了藤原部，从而频繁往返于大和与茅渟之间。因此，允恭天皇在大和和河内至少有三座王宫，让王妃各自住在其中并管理其直属部民，自己过着往返于其间的日子。这种管理方式，类似于契丹人和蒙古人的管理方式。

历代王宫

从 10 世纪到 12 世纪，契丹人在北亚建立了辽帝国，并设立了历代

---

① 一说为 503 年。——译者注

② 此处指 420 年至 479 年定都建康（南京）的南朝宋。——编者注

③ 刑部（おさかべ）也可以写作忍坂部（おしさかべ），发音近似。——编者注

皇帝各自私有的斡鲁朵①。所谓斡鲁朵就是仪式用的大帐篷，并且拥有专属的领民。草原游牧地带的领民饲养家畜，并将肉、皮、毛毡、羊毛及乳制品上缴给斡鲁朵。城市及周边农场的领民则上缴商税、谷物及生丝。斡鲁朵有直属的军队，可以称得上是国中之国，具有较强的独立性。而且一旦斡鲁朵被设立，皇帝死后也会一直存续，成为皇族间继承的财产。

13—14世纪蒙古人的情况也与此相同。成吉思汗将自己的领民分成四个斡鲁朵进行组织管理，并分别由一位皇后进行统治。自那以后的历代可汗都会同样设立自己的斡鲁朵。在哈拉和林时代及定都北京后，可汗也是由直属的亲卫军簇拥着，整年在斡鲁朵到斡鲁朵间移动，只有冬季才逗留在首都。

这种斡鲁朵组织具有极强的延续性。1368年元朝的蒙古军队退往长城以北，成吉思汗的四大斡鲁朵仍然存续，斡鲁朵部族也继续供奉成吉思汗的灵位。1962年是成吉思汗诞辰八百周年，中华人民共和国内蒙古自治区政府在斡鲁朵之地还新建了成吉思汗庙。②

因为契丹人和蒙古人是游牧民，与农耕民不同，他们对于土地并不执着。他们的统治原则是属人主义，皇帝的斡鲁朵也是以领民为主体建设的，而不是领地。4世纪到5世纪的日本王朝人民不是游牧民，那个时代人口还很少，土地也总有一些，当然统治原则也是属人主义。对那时的日本王朝而言，人是最大的财产，王宫也都领有各自的部民。③

就是说，日本古代的王宫是一种财团法人，与契丹和蒙古的斡鲁

---

① 意为宫帐或宫殿，是突厥、蒙古、契丹等游牧民族的皇家住所和后宫管理、继承单位。各帝及太后之执政者皆置斡鲁朵，有直属军队、民户及州县，构成独立的军事、经济单位。帝后死后由家族继承。金、元沿用为官署之称。——编者注

② 成吉思汗庙始建于1940年，1944年竣工。——编者注

③ 现在学界多认为"部民制"的建立应在6世纪之后。——译者注

朵一样，在日本各地拥有办事处，并从事多方面经营，在王死后也会长久地存续。举一个例子的话，敏达天皇的儿子、舒明天皇的父亲被称为押坂彦人大兄，这显示了允恭天皇的忍坂宫在百多年之后的6世纪末仍然存续，并由这位王子继承。

那么回到《日本书纪》记录的历代王宫所在地的问题。河内王朝的王各自都拥有多个王宫并在王宫间巡回，并会因接见外国使臣、商人等的需要来到首都难波。在《日本书纪》记载的这些王宫中，会发现作者尽量选择距离飞鸟较近的地方。这只是试图给人这样一种印象：好像大和东部存在长期的政治中心。

即便是取代河内王朝的播磨王朝，也能看出同样的倾向。从王的名字来说的话，第一世代的饭丰天皇（饭丰皇女）、显宗天皇、仁贤天皇的本名不是地名。下个世代的武烈天皇的真名是"小泊濑稚鹪鹩"，标志着大和东部的"泊濑"在王朝最后的王的名字中首次出现。

对于王陵的所在地而言也一样，大多位于大和西部的葛城，以及山另一边的河内一侧。

> 饭丰天皇　葛城埴口丘陵　大和
>
> 显宗天皇　傍丘磐杯丘陵　大和
>
> 仁贤天皇　埴生坂本陵　河内
>
> 武烈天皇　傍丘磐杯丘陵　大和

由此可以窥见，播磨王朝与前王朝相同，也是从西边进入大和的。可是，《日本书纪》中记录的王宫所在地又特意把它们列在靠近飞鸟的大和东部的地区。

> 饭丰天皇　忍海角刺宫　大和

　　显宗天皇　近飞鸟八钓宫　河内

　　仁贤天皇　石上广高宫　大和

　　武烈天皇　泊濑列城宫　大和

　　忍海位于大和西部的葛城，靠近河内的近飞鸟，可是接下来的地点又成了大和东部的石上与泊濑。

　　可是，显宗天皇的皇后又是难波小野王，应该是住在仁德天皇所建的高津宫的人。在播磨王朝建立后，河内的重要性也不会被认为有所减少。并且根据《日本书纪》分注中引用的其他版本的记述，播磨有显宗天皇的小郊宫、池野宫，仁贤天皇的川村宫、缩见高野宫，所谓"其殿柱至今未朽"。从这个事实来看，播磨王朝的宫殿并不像大和般位置相对固定。所以对仁贤天皇的石上广高宫、武烈天皇的泊濑列城宫来说，这也不过是在他们各自拥有的几个王宫中，选择了靠近天武天皇的飞鸟京的而已。

高句丽的南进

　　随着武烈天皇驾崩，播磨王朝断绝，因此继体天皇开创的越前王朝于 531 年登场了。

　　在今本《日本书纪·继体天皇纪》的记载中，531 年并不是这位天皇即位的年份，而是驾崩的年份。然而这并不是原始的记录。根据《继体天皇纪》的末尾分注的说明，在其他版本的记载中，继体天皇驾崩于 534 年。事实上，继体天皇在临终前应该是指名安闲天皇为继承人。而《安闲天皇纪》将 534 年作为元年。因此《继体天皇纪》中记载的 534 年一定是继体天皇驾崩的年份。

　　然而《日本书纪》的编撰者却轻易地修改了这点，把继体天皇驾崩的时间提前到了531年。因此到下一任——安闲天皇即位之前，就出现了没有任何说明的两年。出现了这种矛盾但对此没有做出任何解释，这便是编者自己对此也不相信的证据。因此，就连534年的这个旧说，也不值一提。

在《继体天皇纪》的分注中提到，《百济本纪》中记载了"531年闻日本天皇之死"的内容，据说就是从534年提前到了这一年。《继体天皇纪》中引述的《百济本纪》中的相关记载如下：

> 太岁辛亥三月，师进至于安罗，营乞乇城。是月，高丽弑其王安。
>
> 又闻，日本天皇及太子、皇子俱崩薨。

如此还好，但不巧的是，《上宫圣德法王帝说》和《元兴寺伽蓝缘起》将531年作为钦明天皇的元年，因此安闲、宣化两代天皇的踪迹就消失了。兼之《宣化天皇纪》写道皇后橘皇女与其孺子合葬于宣化天皇陵。如果读得匆忙，也可能会理解为天皇、皇后、皇子是同时死去的。

故此，这段纪年就成了乐于虚构的纪年论者的牺牲品，甚至有人发明了一边是安闲、宣化，一边是钦明的两个政权并行的奇谈怪论。原本《日本书纪》的纪年就不可靠，而《法王帝说》《元兴寺缘起》①也未必更可信。就连应该是钦明天皇的女儿推古天皇治世的6世纪末、7世纪初，也与在《隋书》中被称为阿每·多利思比孤的男王治世时间相当。即便在比《推古天皇纪》时间早了六七十年的纪年中将《帝说》《缘起》这样可疑的材料处理成可信的内容，也无需担心真相会明了。

相对于此，原封不动地领会《百济本纪》所言，就会发生一些先

---

① 即《上宫圣德法王帝说》和《元兴寺伽蓝缘起》，下处《帝说》《缘起》与之同。——编者注

入为主的情况。如果天皇、太子、皇子同时死去的话，那王朝不就理所当然地断绝了吗？

要说在这个年代前后断绝的王朝，也只有播磨王朝。因此认为531年死去的倭国大王是武烈天皇就被认为是理所当然的了。

而在倭国的三个朝代交替之时，朝鲜半岛上发生了什么呢？

根据472年百济王余庆（盖卤王）送去北魏的信，北魏于436年消灭了辽西的北燕，末代燕王冯弘亡命高句丽后被杀。此后，高句丽再次南进，三十余年间，百济连年疲于征战。

故此，百济就有必要强化自369年以来与倭国结成的同盟。根据《日本书纪·雄略天皇纪》的记载，盖卤王在461年让他的弟弟昆支与自己已经怀孕的妻子结婚，同时又把他们一起送到了日本天皇的身边。途中，其妻子在筑紫的各罗岛生下了男孩，取名岛君。后来岛君被送回国，就是武宁王。而昆支则滞留在日本，生有五子。

这个故事典出于《百济新撰》。但若从这个记载出发的话，那么武宁王要比实际的出生年份早了一年。1971年在公州宋山里发现的武宁王陵墓志铭上写有"宁东大将军百济斯麻王，年六十二岁，癸卯年五月丙戌朔七日壬辰崩到"。

"癸卯年"是523年，从这一年往前数62年，那武宁王的出生年份就是462年而不是461年。恐怕461年是昆支被派遣的那一年，而翌年武宁王在筑紫出生吧。

总之，不只是王弟，就连王妃也被作为人质送到国外，这绝非易事。从这可以窥见百济的困境。可以确定的是，百济有求于倭国，而这超出了单纯的友好关系。①

---

① 有学者认为，此时期的百济向倭国送王弟为人质，除了有外交上的考量，也有盖卤王为了强化王权排除政敌的打算。——译者注

任那同盟

下文中很快就会揭示那是什么。根据《日本书纪·雄略天皇纪》所引《百济记》的记载，475 年冬，高句丽大军攻破位于广州的百济王都慰礼城，盖卤王、王后、王子们全部落入高句丽之手。

百济向锦江河谷撤退，建新王都于公州①。3 年后的 478 年，倭王武，也就是雄略天皇，陈表于宋，并在表中说明了以下的情况。

首先，表中说明了自祖父仁德天皇以来，"东征毛人五十五国，西服众夷六十六国，渡平海北九十五国"。这表明倭国在进行国内统一战争的同时，以武力介入半岛。同时自自己即位以来，倭国欲经百济通往江南。虽数次准备船只，但由于高句丽侵略式地"掠抄边隶"，不停杀人，以至这种想法迟迟难以实现。此前，允恭天皇曾迁怒于此，并意欲派兵征伐高句丽。然而还未等到实行，允恭天皇就驾崩了，继任的安康天皇不久后也驾崩了。现在雄略天皇意欲继承父兄的遗志出兵征伐。这部分大概就是这样的意思。

这里有趣的是因高句丽南侵而倭王的"边隶"被害这一现象。因为"边隶"是边境的隶属民，因此在朝鲜半岛也自然住着倭王的领民。

所谓"任那日本府"究竟意味着什么，这是极有争议的问题。大略地说，在半岛居住着相当多的倭人，因此不能否定倭王在半岛持有些许权益。

根据《隋书》记载，7 世纪初的百济人口是由新罗人、高句丽人、倭人混合而成，除此以外还有中国人居住。《隋书》中也提及"新罗、百济皆以倭为大国，多珍物，并敬仰之，恒通使往来"。

---

① 当时称"熊津"。——译者注

可是，话虽如此，也不能认定朝鲜半岛南部是倭王的直辖地。478 年，宋受雄略天皇遣使朝贡，赐予天皇"使持节，都督倭、新罗、任那、加罗、秦韩、慕韩六国诸军事，安东大将军，倭国王"称号。相对应地，百济王的称号是"使持节、都督百济诸军事、镇东大将军、百济王"，所以至少说明了在南朝宋对其认定时，对于地处百济和倭国中间的朝鲜半岛南部诸小国来说，事实上掌控着军事监督权的不是百济王而是倭王。

然而，这不过是 475 年以前百济与倭同盟的余波。由于广州的陷落和百济迁都公州，朝鲜半岛南部的力量已经失衡。所以在倭王武被南朝宋赐予长长的称号的翌年，即 479 年，加罗国王荷知遣使向取代南朝宋的南朝齐朝贡。这意味着中国方面已经认定加罗为独立国，所以倭王武的"使持节都督倭、新罗、任那、加罗、秦韩、慕韩六国诸军事"也早已经有名无实。

如此，倭国介入半岛的第一阶段（391—475 年）就结束了。那么，所谓"任那日本府"的本貌就愈加成为问题了。

实际上"任那"①与"日本府"是分开的。"任那"是 3 世纪的弁辰十二国联合的后身，其地处洛东江畔圣地，即位于伽倻山麓高灵的大加罗国。这里也是联盟的大本营的所在地。任那类似于古代希腊近邻同盟（Amphictyonic League），虽然加入同盟的诸国会因时代和形势的变化而有所不同，但它们的代表每年正月都会聚集起来祭神，并讨论诸国间的问题。②

由倭王派遣到"任那同盟"的代表机构，也就是"日本府"。

---

① "任那"一词有狭义和广义之分，狭义的任那多指金官伽倻，而广义的任那泛指伽倻诸国。——译者注
② 伽倻诸国有五伽倻或者六伽倻之分。前期盟主为金官伽倻，后期盟主则为大伽倻。——译者注

由于当时的半岛人口密度小，"日本府"让母国从本土运来民众入殖垦拓以作财源。另一方面，在入殖民众中选拔士兵编成军队，也就是屯田兵。如此形成的屯田基地就是任那的日本县邑，被称作"弥移居"。这里不仅有倭人，韩人也流入其中，并与倭人杂居，混血的"韩子"也因此增加。不仅如此，一旦倭人的入殖者繁衍到二代、三代，他们的语言、风俗也会半岛化，并会作为佣兵供职于百济、新罗，也会出现晋升为官吏的人。

不仅如此，在高句丽领地内，似乎也有倭人的聚落，在"三八线"以北仍然保留着密波兮（三岘县）、于次吞忽（五谷郡）、难隐别（七重县）、德顿忽（十谷城县）等古老的地名。这些地方本来是为应对高句丽军南下而驻守百济前线的倭军的基地。因为475年百济的撤退，这些地方被高句丽占领，但地名却保留了下来。

秦人与汉人

可是与马韩相比，辰韩、弁辰之地早就开放且持续中国化。大部分在过去流入倭国的华侨也出身于这两个地方。这些老华侨也就是所谓"秦人"。

但是，475年广州陷落，百济迁移到公州，带方郡的遗民，也就是中国人，也大量涌向朝鲜半岛南部避难，并流入安全的日本列岛。他们操着一口河南方言，也就是所谓魏晋时代的普通话。与之前的老华侨相比，这些人就是新华侨。

朝鲜半岛化的倭人的第二代、第三代、第四代们，与移民到辰韩、弁辰后又在倭国扎根的秦人，以及通过原乐浪、带方这样的中国人聚居区而掌握了高句丽和百济贸易通道的汉人这三种人，将倭国的政治、经济、文化与朝鲜半岛紧紧地联系在了一起。

在难波港，堀江和河内湖的水面挤满了船。在码头上，不论是作为佣兵还是去任那打工的倭人，因投靠亲友而来倭国谋生的秦人移民，还是将中国商品从江南经由山东半岛、百济运来的汉人商人，都聚集在一起。在通往难波京的大道上，从内地的王宫来的倭国大王及其护卫兵一行人，组成队列进入高津宫门。倭人的观光客们组成了人墙，张开嘴眺望着这个场景。然后，出了难波京的南门，就是用栅栏围起来的规模宏大的市场。不论是中国人还是倭人，都各自将布匹、金属制品、谷物、水果、山菜，以及猪肉、鹿肉、鱼等摊开在地面上，几乎没有落脚的地方。他们声嘶力竭地招呼着顾客。在卖食物的售货摊，微醺后兴致勃勃的倭人将校在与中国商贩姑娘互相说着俏皮话。如果在现在的东南亚城市的话，上述情景是随处可见的。

河内王朝、播磨王朝通过如此繁荣起来的难波港，吸引来自朝鲜半岛的移民，让其入殖倭国各地的平原上，并陆续开拓农场。《仁德天皇纪》所述的修筑大规模土木工程的技术，就是由这样的移民传入的。这就使得此前的倭人原住民无法开垦的平原部分被成功垦殖。因此在河内、大和、山城、近江等畿内诸国的人口中，秦人、汉人移民占了大部分。

在播磨王朝断绝，越前王朝兴起的531年前后，朝鲜半岛上的高句丽势力衰落，百济、新罗同时强盛起来。在这期间，位于洛东江河谷中的任那诸国陆续沦丧，终于在562年全部被新罗吞并。如此一来，倭国介入朝鲜半岛的第二阶段（475—562年）结束了。倭人系任那人部分归入新罗的统治，部分到百济避难，还有一部分倒流回倭国。以562年为界，由于定居在倭国的秦人系华侨，无法通过从故乡招揽新移民的方式补给人口，因此他们选择与倭人混血，并被快速本土化。

第三阶段（562—663 年）的一个世纪，就朝鲜半岛的历史来说，是真正的三国时代。这一时期，汉人通过百济肩负起将中国南朝的新文化输入半岛的责任。他们与代表着旧传统的秦人比起来，在倭国更有优势。在百济与新罗的对抗中，为把倭国拉拢到自己一边，百济通过汉人与苏我氏联手，将南朝佛教传入倭国。同时百济还定期派遣五经博士、易博士、历博士、医博士、采药师、乐人等文化技术顾问到倭国宫廷，并将倭国的政策往对本国有利的方向引导。

可是，因为 645 年的大化改新，苏我氏在这场宫廷政变中倒台。[①]有趣的是，在两年之后的 647 年，新罗王族金春秋为与倭国交涉两国对百济共同作战的问题，到访难波宫廷。翌年他便赴唐朝觐见太宗皇帝。

金春秋是一位有能力的政治家，此后即位成为新罗太宗武烈王。而伴随着苏我氏的垮台，倭国也从亲百济转向亲新罗。

但是，653 年，孝德天皇与皇太子天智天皇决裂。翌年孝德天皇一驾崩，倭国的政策又重新转为亲百济。660 年唐与新罗的联军消灭百济后，齐明天皇、天智天皇母子甚至特地赶往北九州致力于百济复兴。然而这是徒劳的。在 663 年白村江之战中，倭与百济的联军[②]全军覆没。时隔三百年，倭国的势力就这样被拒之于朝鲜半岛门外。

当然，又有大量的流亡者流入倭国。与此同时，汉人也与秦人一样，被迫与故乡隔绝。以此为契机，倭人原住民社会与秦人、汉人社会开始了缓慢的融合进程。这就是日本民族的开端，也是日本文化的起点。

---

① 灭亡的只是苏我氏的本宗家，苏我氏本宗家之外的势力依然存在。——译者注
② 更准确的表述应为"倭与百济复兴势力的联军"。——译者注

日本的建国

以上就是日本古代史的故事，可是在这里还留有一个疑问，那就是日本的建国时间究竟是何时呢？是《汉书·地理志》所记载的"倭人百余国"的公元前 1 世纪 20 年代吗？还是倭奴国王被东汉授予金印、紫绶的公元 57 年呢？还是卑弥呼被选举为女王的 2 世纪末呢？还是"七支刀铭文"中无名的倭王与百济结为同盟的 369 年呢？还是从广开土王碑的铭文中看出的 391 年倭军介入半岛的时候呢？还是 413 年开始的倭五王的时代呢？还是 531 年越前王朝创立之时呢？还是 629 年舒明天皇即位时呢？还是 645 年的大化改新呢？亦或是 672 年的壬申之乱呢？

答案不是其中的任何一个。《日本书纪》的编撰者们认为 661 年是新日本的开端之年。

其证据就是在《日本书纪·神武天皇纪》中，将日本初代天皇的即位时间定在了公元前 660 年（辛酉年）。当然了，神武天皇不是真实存在的人物。不过将辛酉年设定为"建国之年"的根据就是，正如著名的文章博士三善宿祢清行在 901 年所著的《革命勘文》中提到的"辛酉为革命，甲子为革令"。而这种逻辑正是出自《易纬》。

《易纬》是流行于公元前 1 世纪的西汉朝科学儒教主义的文献之一，大约是与西汉建国二百周年相当的公元前 6 年所作。在《易纬》中，预言了公元元年（辛酉年）和公元 4 年（甲子年）改朝换代的事情。

根据三善清行的引用，东汉末年的大学者郑玄（127—200 年）为《易纬》的原文加注，阐明了天道为一千三百二十年一轮回。

郑玄不仅精通儒教经典，且精通数学和历学。他深入研究西汉末年大量出现的预言书籍，从而被奉为理论权威，因此为《易纬》原文作注。

可事实上，在郑玄 58 岁那一年，也就是 184 年甲子年，黄巾之乱爆发。由于战争和饥饿，中国人口锐减到战前的约十分之一，社会秩序全面崩溃。黄巾的口号是"苍天死，黄天立"，即"古代中国的文化传统就此断绝，新的时代已经开始"的意思，这是当时中国人的真实感受。与此同时，以黄巾之乱为界，以郑玄为代表的儒教信仰体系也失去了生命，道教则取而代之，成为中国思想的主流。

根据郑玄的推算，从184年往回追溯一千三百二十年前的甲子年，正是周文王在世时的公元前1137年。周文王、周武王、周公是以儒教为代表的中国文化传统的创始者。他们在儒教中被尊为圣人。这一传统直到公元184年断绝。一般认为，这一事实是郑玄的"一千三百二十年天道轮回"理论的证明。

可是严格地说，公元前1137年（甲子年）并没有发生什么标志着新时代的事件。文王接受天命发生在大体是五年后的公元前1132年，这已经是己巳年了。

总而言之，若将这个以一千三百二十年为一轮回的历史周期理论套用于《日本书纪》纪年的话，伴随着神武天皇即位开始的轮回就是到660年百济的灭亡为一轮，也就是说以翌年661年（辛酉年）为标志，新的时代开始了。这就是《日本书纪》的历史观。因此，可以看出百济的灭亡与白村江的战败对于当时的人们来说，代表着多么强烈的冲击与多么深刻的危机。这种冲击与危机的影响一直持续到《日本书纪》完成的720年。在这六十年间，新的"日本国"与日本民族，也被一天一天地建构了出来。

实际上，"日本"这一国号与"天皇"这一王号，都是在这六十年间出现的。这些恐怕是在天智天皇的《近江律令》中正式规定的吧①。而在670年访问新罗的阿昙连颊垂，则是最早自报其来自"日本国"的使节。

---

① 　现在学界多否定系统性的《近江律令》的存在。——译者注

从大王到天皇

"倭国"转变为"日木国","大王"转变为"天皇",意味着国家的性质和组织在根本上发生了变化。目前为止的倭国,既不是中央集权,也不是什么统一国家,而是与任那同盟相似,以难波的住吉三神祭祀为中心的近邻同盟(Amphictyonic League)。大王作为倭人诸国同盟的负责人,成了对外贸易、外交、军事方面的代表,并在同盟诸国的纷争中起到调停作用。这点上与汉委奴国王、邪马台国女王完全相同。

可是在统一的唐帝国压倒性的军事力量面前,百济与高句丽很容易就被消灭了,朝鲜半岛则由采用了唐制的新罗支配。供职于倭王宫廷并掌握实权的汉人、百济人感受到了严重的威胁。出于自卫的考量,他们意欲让倭王创造效率更高也更有能力的国家组织。同时就连倭王也开始对自古就已定居倭国,并打入倭人社会的秦人、新罗人起了疑心,觉得他们难道不是与朝鲜半岛上的祖国通谋,意图从内部搅乱国家吗?

凡此种种,倭国大王改换了万世一系的日本天皇的身份。天智天皇从北九州香椎请回的反新罗的护国神——仲哀、神功、应神三柱,作为到那时为止君临倭国三王朝的共同祖先,取代了与半岛有密切关系的住吉三神的地位。

秦人、新罗人为了躲避掌握新日本政府实权的汉人、百济人的压迫,开始努力同化于倭人的社会文化。宫廷中的某些人也各自自称是虚构的天皇的后裔,成为所谓"皇别氏族"。

已然对本国经由朝鲜半岛与中国的贸易以及朝鲜半岛"弥移居"带来的收入无所期待的日本政府,调转方向向东,不断地将移民送入东国，发奋开拓。结果，在东国拥有地盘的天武天皇不仅在 672 年的壬申之乱中取胜而夺取天下，最终这还成了东国武士支配日本全国的间接原因。日本武尊就是在开拓东国的浪潮中出现的英雄。

至此，九州除了北部海岸是通往朝鲜半岛的航路停靠地，已经几乎不能引起关注。① 由于对新兴国防的关心以及经由南岛开拓中国航路的必要，对南九州隼人驻地的开发得以推进，因此就发生了景行天皇"熊袭亲征"的故事。同时，最终民族主义所至之处，相对于外来渡来人的"土著日本人"的逻辑框架就形成了。在将日本列岛原住民作为一个民族来对待之余，他们也认为新发明的初代天皇是隼人出身，从而捏造出了神武天皇东征的故事。②

即便是从以上任取其一，也无不是对古倭国文化的颠覆式改革，也就是说，这是新的日本文化的创造。而其中最重大的变革，就是"日本语"这门新语言的创造。

日本语之前

就以汉字表达的倭语发音而言，443 年隅田八幡镜铭文中"意柴沙加宫"是最古老的例子，这里表示的是固有名词。若是规规矩矩的文章的话，必定要使用汉字的意义，也就是汉语，然而这时还没有训读等这种巧妙的方法。当时，能够熟练使用汉字的，是将古风汉语作为公用语的以辰韩、弁辰等都市国家作为故乡的秦人，或是从乐浪、带方等故地

---

① 九州一直都是朝廷除了畿内之外极受重视的地域。九州的大宰府还因此被称为远方的朝廷。——译者注

② 神武天皇并非隼人出身，他的祖父山幸彦的哥哥海幸彦才被认为是隼人的始祖。——译者注

渡来的汉人。又因为他们只能掌握倭语的只言片语，所以，由他们所写的汉语文章，无论多么偏离在洛阳、南京通用的文体，也不过是在汉语的大框架下的地方性偏差，绝不属于将倭语文章不完全表记的性质。

即便是完成于 720 年的《日本书纪》也存在相同的情况。整部书共三十卷，全部用汉语书写，就连不具备日语知识的读者也能理解。只是在表达固有名词和特殊的宗教概念的用词时，在这种汉语文章中就必须使用令人感觉非常奇怪的文字。这种情况下，分注中作"此云……"时，就会加入使用汉字字音表记的日语。"此"是"这里，这边"的意思，应该是要说明"日本方言中如此说"。对于将汉语作为母语的读者而言，这样的表述就是在辩解不规范的汉字使用方法。

可是《日本书纪》中记载的大多数的日语歌谣，全部都只是用汉字标音，并没有汉语译文。比如在《仁德天皇纪》中演绎的围绕雌取[①]皇女的天皇与隼别皇子争风吃醋的片段中，隼别皇子的舍人们唱道：

はやぶさは　天に上り
飛びかけり　いつきが上の
さざきとらさね

隼啊，
冲上天空，
去捕那斋场的鹪鹩。

这首歌，在现在的《日本书纪》的版本中被音译成了"破夜步佐波，阿梅珥能朋利……"

[①] 雌取似应为雌鸟。——编者注

可是，在《日本书纪》更旧的版本中，就连这样的歌谣都是用汉语译文记载的。在《弘仁私记》中，同样一首歌，以如下的形式被引用记载：

隼鸟升天兮

飞翔冲搏兮

鹪鹩所挚兮

也就是说，自681年天武天皇下令编纂国史以来，直到720年《日本书纪》完成的三十九年间，对待日语歌谣的编纂方针发生了变化。在修订完成的版本中，歌谣是依照日语发音来表记的。完成于721年的《养老私记》——作为《弘仁私记》的编纂来源——其中偶尔还使用了没有修订完成的《仁德天皇纪》中的表记。

事实上，在现在版本的《日本书纪》中，仍保留着没有日语音译的歌谣。如在《显宗天皇纪》中，天皇一边舞蹈一边表明高贵身份的这段歌，三首全部仍旧是"筑立锥室葛根……"这种汉语。更有趣的是，对日语发音挑剔的《弘仁私记》讲师多朝臣人长在自己伪造的《古事记》中，仍然只是将显宗天皇的歌"物部之我夫子之……"处理成汉语。这应该是受了《日本书纪》原文的影响吧。

那么，681年到720年间，日语歌谣的处理方式发生了如此大的改变，这又意味着什么呢？

这就是在讲述着，就连将汉语作为母语的读者，也开始明白了日语的意思。换言之，日语的地位上升了。至此，日语从后宫的女人们到都市的下层民、地方的住民等暗处世界，进入了以朝廷、贵族、政府官吏为代表的明处世界。

在 7 世纪之前的日本列岛，通用着各种各样的语言：最高级的就是汉人、百济人的语言，其次就是秦人、新罗人的语言，最下等的就是倭人的语言。

正如我屡次说明的，汉人、百济人的语言是在乐浪郡、带方郡土著化的中国人，与中国化的濊人、朝鲜人、真番人等土著使用的河北、山东方言系汉语的基础上，加以东汉、魏、晋的河南方言，南朝的南京方言，以及由于 475 年百济南下而中国化的马韩人语言影响而形成的语言。它在倭国的首都难波到河内、大和等地被使用。

秦人、新罗人的语言更早地进入倭国。它是以建设辰韩、弁辰等都市国家群的华侨所说的西汉陕西方言系汉语为基础，加以辰韩人、弁辰人的土话而形成的。然而，这种语言被后来进入到大和、河内的汉人和百济人的语言所压倒而不受重视，从而主要被使用于内地的山城、近江等地。

倭人的语言是三种语言中最古老的，但在畿内诸国中来入殖平原的渡来人的语言影响下，其词汇、语法都发生了巨大的变化。

以上三种语言，各自被运用的场所也有所不同。操着各自语言的人们，构成了各自的社会，如果有交流的必要的话，将不规范的汉语和倭语掺杂使用，就可以勉勉强强地解决问题了。

马来西亚版国语的创立

这种状况与二战后的马来西亚极为相似。在马来半岛，作为本地居民的马来人自然是说马来语的。马来语原本是马六甲海峡的苏门答腊岛南部的语言，由于它是从 7 世纪到 13 世纪掌握着南海霸权的，定都于巨港的室利佛逝帝国的公用语，所以随着商业网络扩散到了亚洲一带。虽说是马来人，但不见得都是以马来语为母语，比如吉隆坡所在的雪兰莪州的居民其实是布吉族，他们是 17 世纪之后从印度尼西亚的苏拉威西岛移居到此的，前首相敦·阿卜杜勒·拉扎克就是彭亨州的布吉族人。

这里还有被称为"峇峇娘惹"的华人，他们是 1511 年葡萄牙占领马六甲之后移居马六甲的福建人后裔，但是他们不懂汉语，而说着独特的马来语。这些人为马六甲的葡萄牙人、荷兰人、英国人服务，在他们与马来人之间扮演着桥梁的角色。如果将马来人比作地方倭人的话，那峇峇娘惹就可以说是畿内的倭人吧。

自 19 世纪以来，即便移居而来的福建系、潮州系、客家系、广东系、海南系都被称为秦人，他们却聚集在不同的城市，或是在乡下经营自己的农场，过着与马来人毫无关系的生活。虽说他们同样是中国人，但彼此间的语言是不通的。但是，近来因为民族主义的高涨，他们通过学习北京话，总算是可以沟通了。可是，他们的地位是比较低的，北京话不过是城市下层的语言。

真正的最高级的语言是英语。可是与地道的英式英语相当不同，由于本为峇峇娘惹所说的破碎英语经过流变，又加入了马来语的强调助词"la"，语调也发生了很大变化，因此这就演变成了本地人所讲的"谜之英语"。

马来西亚英语应该相当于古代日本的汉人语言，不论是城市里的马来人、中国人还是印度人，在受教育阶级都将其当作实际上的共通语。马来半岛上的国内叛乱被镇压以后，马来西亚联邦成立了。接下来，作为马来文化的祖国的印度尼西亚，凭借苏加诺的"对决政策"

（confrontation）来对马来西亚进行游击战。①苏加诺下台后不久，英国势力撤出苏伊士运河以东地区，这时只剩下了马来西亚。无论如何，各占 半人口的马来人和华人若不统 起来，马来西亚便不能作为国家生存下去。这与因 663 年白村江战败而孤立的日本的情况实在是非常类似。

在此需要强调的是"我们都是马来西亚人"这一观念，以及马来西亚语（Bahasa Malaysia）的普及。马来西亚语是以马来语为基础人工创造出的新语言，并不是原本意义上的马来语。

马来语的语法相当自由，无论如何排列单词，意思都能通顺。而新的马来西亚语遵循英语的语序，只有在所有格上，是用后面的单词来修饰它前边的单词。词汇方面也是一样，一看新的马来西亚语辞典，就会发现标题单词之后一一注记着对译的英文，在英文后面才是用马来西亚语所写的语义解释。

也就是说，所谓马来西亚语，就是披着马来语外衣的英语。如果是会说英语的人，只要记住哪个马来西亚语单词对应哪个英语单词，应该很快就能掌握这门语言了。相应地，马来西亚语也有缺点，即不适合用于表现微妙的感情色彩。

为了克服这个缺点，将外国文学进行马来西亚语翻译、古典马来文学罗马字化、采集马来民谣等都被尝试过，甚至出现了马来西亚语的短篇小说。即便如此，岂止是会话的部分，就连本地语言的句子中，英语单词也接二连三地出现，这就是 20 世纪 70 年代马来西亚的实际情况。

可是即便如此，马来西亚语在音乐方面似乎正在相当迅速地普及。

---

① 此处指的是 1963 年至 1966 年，印尼为反对马来西亚联邦成立而在加里曼丹岛北部与马来西亚和英国军队进行的武装对抗。1966 年印尼总统苏加诺下台，英国撤出东南亚地区后，印尼政府与马来西亚政府签订协定，印尼承认马来西亚联邦成立，最终该武装冲突结束。——译者注

马来西亚的国歌是以爪哇的古民谣《月光》（*Terang Boelan*）的优美旋律重新填词而成，并被马来西亚国民不分族群地喜爱着。

创造日语的《万叶集》

这里再回到日本古代，将《日本书纪》中的歌谣从汉语重新写成日语。与此同时，《万叶集》的歌人们就开始登场了。

读一下《万叶集》二十卷中最早完成的卷一、卷二，它们各自在开头记录着雄略天皇、仁德天皇的磐之媛皇后的歌。除了显得过于古老而不大可靠以外，事实上年代清晰的作者始于舒明天皇。舒明天皇是天智、天武兄弟的父亲，正是663年白村江战败前一时代的人物。也就是说，与马来西亚相同，古代日本在国际关系上面临危机，被迫需要从多民族国家向民族国家、文化统合以及语言统合转变。而古代日本所采取的手段就是在秦人、汉人式的汉语框架基础上，披上古倭语的外衣，创造出新的日语。

可是到那时为止，倭语还从未在政治、经济、文化方面发挥过主要作用，所以能提供的材料也就比较有限。即便如此，这是无论如何也要去做的事情。于是歌人们便发掘宫廷音乐、民谣，在新的表现手法上下功夫，试图在其中加入与汉语相同的内容，如此一来，柿本人麻吕与山部赤人恶战苦斗的结果，就是《万叶集》。

如此努力地积累是有意义的，905年，纪贯之奉命纂选《古今和歌集》，在其"假名序"中，将与"真名序"[①]几乎相同的内容，以相当熟练的日语，用散文的方式华丽地表达了出来。

---

① "假名序"为以日文写就的序言，而"真名序"则为以汉文写就的序言。——译者注

可有一点颇有趣味。纪贯之在序中，作为"歌之亲""欲手习者，宜由其始"，举出了两首和歌，其中一首为：

なにはづに　さくやこのはな
ふゆごもり　いまははるべと
さくやこのはな

难波津旁的花快开放吧，
冬天已经过去，春天就要来到，
快快盛开美丽的花朵吧！

这首歌是由王仁所作并向仁德天皇奉上的，也就是在假名序中提到的"御始于仁德帝也"。

王仁是河内的书首始祖，汉人华侨的代表。

在这首歌里提到了王仁与初代的倭国大王，还有难波港盛开的梅花，这可以说是和歌的起源。不必说，这也是日本民族的起源，还可以说是日语的起源了吧。

后记

我一直对此感到奇怪：人们在讨论日本国家与国民形成的问题时，为何更着重强调中国的影响，而不是试图正视这种影响的存在？

关于日本的前身——倭国与其居民倭人的论述，虽然不是很充分，但我们多少知道的是，无论怎么讲，这些论述是得益于《汉书·地理志》《后汉书·倭传》《魏志·倭人传》《宋书·倭国传》等中国古人用汉语为我们留存下来的记录。就连高句丽人所立的广开土王碑的铭文也是用纯正的汉文书写的，这与我国最古老的史书《日本书纪》相同。就连《古事记》中的用语，除了极少的术语外也全部是汉文，绝不具备推崇固有的日本文化的性质。

换言之，7 世纪的新罗和日本形成统一国家前，从中国大陆到朝鲜半岛、日本列岛的各族群的居民皆是以汉语为共通语，并使用汉语来开展政治生活和经济生活的。至少在意识上，他们认为自己是中国人。而这与现代日本人在意识上将自己完全视为美国人并将英语作为阅读与书写的基础语言相同。

同时，中国文化的本质也不是民族文化，而是像美国文化一样的通用的文化。现在没有"美国人种"这样的说法，与此相同，以前也不存在"中国人种"这样的说法。

这样的环境在持续了约一千年以后，到了 7 世纪，新罗和日本分别在同一时间形成了统一国家。所以，中国是两国共通的祖先。

如果不正视中国，就无法正面讨论日本建国史。

可是，现代我国流行的有关日本古代史的讨论完全无视这一观点。有的是天真地深信8世纪到9世纪人工民族主义的产物——《日本书纪》和《古事记》所创作的古代日本形象，以及对神话加以合理解释从而发明出来的新的神话；有的是并不了解中国史料的形成情况和记录的含义，摆弄与倭人、倭国相关的片段似的语句，试图从中读出本来并不包含的信息；还有的是遗漏了7世纪之前的朝鲜半岛不过是中国的延续这个事实，而将12世纪的《三国史记》和13世纪的《三国遗事》作为根据，试图在古代日本寻找还未形成的半岛民族文化的痕迹。此外，以考古学的数据来代替文字记录的这种迷信横行。日本古代史论越是日益繁盛，就越加混乱迷离。

也就是说，讨论古代日本的人们，完全不知道中国的实际情况，甚至也意识不到自己的无知。7世纪之前的朝鲜半岛和日本列岛，是如何受到中国的军事力量和经济力量的深刻影响？没有意识到对于原住民来说中国意味着什么便来讨论新罗和日本的建国是滑稽可笑的。这种状况的出现，就是人们无法好好阅读和正确理解汉语书写的史料的缘故。

本书将此列入考虑之内，由古代中国史、东亚史的立场出发重新审视祖先的历程。这时，对各个史料的性质进行探讨，由此来决定可以合理引出的史实的限度，将此种历史学的正统方法贯彻到底，就自然地得出了与目前为止的俗说大相径庭的结论。

把如此得出的事实与真相结合起来，将其作为复原日本古代史形象的线索，同时大加利用与日本列岛历史环境极为相似的东南亚海中诸国的实例来进行论述。进一步说，虽然是古代，但也贯穿着与当代同样的世界观，并排除了古代人具有的古代的神话思维、传说思维。这就是原题《作为现代史的日本古代史》的意义。

这正是本书的宗旨，如有逻辑不通之处，今后将进行改正。

昭和五十一年十一月 冈田英弘

筑摩文库后记

　　本书《倭国时代》本是在（株）文艺春秋杂志《诸君！》上，从昭和五十一年（1976年）一月号到十月号总题为《作为现代史的日本古代史》的十期连载，并于同年十二月作为单行本刊发而成。此时，翌年三月的第二次印刷已经绝版，平成六年（1994年）二月，本书由朝日文库再版。而朝日文库版很久前便已售罄，以至于读者来向作者本人询问。

　　此次由筑摩书房复刊兼校正，试图重读。虽然原稿已是三十三年前的东西，但即便如今再读，也并不感觉陈旧。莫不如说，是将当代人究明日本古代的姿态来贯彻到底，读起来酣畅淋漓。这也许就是三十三年后的今天，筑摩书房应呼声而复刊的理由吧。

　　由此，针对筑摩文库版的读者需要注意的事项，接下来稍稍附加一下：

　　第一，删除文艺春秋版的副标题《作为现代史的日本古代史》；

　　第二，第一章《走进日本古代史》的开头第一节，将文艺春秋版中嘲讽意味较强的部分加以缓和，使其更接近全书的文体；

　　第三，大篇幅地将汉字标注假名，使其更易阅读；

　　第四，从《日本书纪》中引用的歌谣，添加了岩波书房的"日本古典文学大系"本的现代语译文；

　　第五，第九章《谜之四世纪》中，关于《魏志·倭人传》的"一大率",是将文艺春秋版中没有的一节添加在了文库版中。即"有将'一大率'当作魏任命的史官这样的奇论,这是既不懂汉文,又对东汉以来的东亚形势不了解的人所说的话"这一句。这是照搬了《诸君!》当时刊登的原文。说实话,好像当时这一节触怒了松本清张,他曾打电话给编辑部提出意见。因此,不得已,将其在文艺春秋的单行本中删除。因为如今松本清张已经去世,由此将原文复原。

但是,也有修订所未能及的地方。在第十章《日本的诞生》中,将江田船山古坟出土的铁制大刀的铭文的王名读为"□□□□獲□□□齿大王□",将其解释为反正天皇,而今天在稻荷山古坟出土的铁制铭文可以看见"获加多支卤大王",现在明白了这是雄略天皇的本名"ワカタケル"①的音译。但是,将其订正的话文意便会不同,并且不订正又不会对论点产生影响,便就此作罢。

关于本书《倭国时代》没有言及的更多问题,在之后的《倭国》(中公新书,1977 年)中进行了详细的论述。而将关于这一共同主题所作的、从各个角度进行的讨论汇总为《日本史的诞生》,于 2008 年 6 月由筑摩书房刊发。望读者以做参照。

冈田英弘

2008 年 11 月

---

① 《古事记》记载为"大长谷若建",《日本书纪》记载为"大泊濑幼武"。——译者注

译后记

国内出版的有关日本研究的著作可谓汗牛充栋，然而与日本古代史相关的著作则少之又少。冈田英弘先生的大作《倭国时代》，探讨了日本如何由"倭国"转变为"日本"，以及古代日本国家如何建构的过程。在对日本古代史缺乏系统介绍的中国，冈田先生大作的简体中文版得以面世，也为国人看似了解，实则未知的日本古代史提供了一定程度的介绍。

说起翻译的过程，始于2017年春，承蒙现北京师范大学博士生徐添的引荐，我接下翻译本书的重任。因笔者日文功底有限，故邀请笔者硕士同学，现复旦大学国际关系与公共事务学院博士生蔡畅共同翻译本书。蔡畅大学就读于日文系，精通日文，故在本书的翻译过程中担任主译，笔者则担任相关译文的订正校对，以及对相关资料的增补注释。然而在翻译过程中，两位译者面临升学、家庭以及升学后修课、考试等诸多琐事，导致本书的翻译直到今日才得以完成。在此向对本书抱以期待的广大读者，以及支持译者工作的海南出版社诸位编辑致歉。

因译者对日本古代史相关研究了解有限，故邀请日本筑波大学国际日本研究专攻在读博士生马梓豪对书中部分内容进行注释，并在注释中将日本学界的相关研究成果予以简单介绍，在此致以诚挚谢意。感谢海南出版社编辑王叵咄、晏一群与邓博文对译者翻译工作的支持与协助。同时也感谢两位译者彼此的家人,尤其是蔡畅的父母、丈夫以及笔者的女友在翻译过程中的支持与鼓励。

在翻译的过程中,原书作者冈田英弘先生于 2017 年 5 月 25 日仙逝。译者未能在冈田先生生前将本书的简体中文版呈现给先生,实乃莫大的遗憾。本书简体中文版的面世,也可以告慰冈田先生的在天之灵。

至于书中所出现的翻译错误,则由译者承担。

邹仲苏

2020 年 5 月于台北指南山麓

东亚大事记

年代	事件
前 3 世纪	燕设置辽东郡
前 222 年	秦灭燕
前 221 年	秦始皇统一中国
前 213 年	秦始皇焚书
前 210 年	秦始皇驾崩
前 209 年	燕国复兴
前 206 年	秦朝灭亡
前 195 年	汉灭燕国，卫满在王俭城建立朝鲜王国（卫氏朝鲜）
前 141 年	汉武帝即位
前 128 年	汉设置苍海郡
前 126 年	苍海郡被废止
前 111 年	汉灭南越国，设置九郡，并在西南夷设置五郡
前 108 年	汉灭朝鲜王国（卫氏朝鲜），设置乐浪、临屯、真番、玄菟四郡
前 87 年	汉武帝驾崩，昭帝即位

前 82 年	真番郡被废止
前 75 年	汉在辽东修建玄菟城
前 74 年	汉昭帝驾崩，宣帝即位
前 49 年	汉宣帝驾崩，元帝即位
前 33 年	汉元帝驾崩，成帝即位，倭人百余国遣使来汉朝贡
前 7 年	汉成帝驾崩，哀帝即位
前 1 年	汉哀帝驾崩，王莽掌握汉朝实权
公元 2 年	汉的统计人口数为 59 594 976 人
8 年	王莽建立新朝，即皇帝位，西汉灭亡
23 年	王莽政权灭亡
25 年	东汉光武帝即位
37 年	光武帝统一中国
44 年	苏马谞被封为"汉廉斯邑君"
57 年	倭奴国王遣使来汉朝贡，并被授予"汉委奴国王"金印，光武帝驾崩，同年汉的统计人口数为 21 007 820 人
102 年	汉孝和帝废阴皇后，改立邓皇后
105 年	孝和帝驾崩，孝殇帝即位，邓太后临朝听政，纸被发明
106 年	孝殇帝驾崩，孝安帝即位，西域诸国叛汉

107 年	汉废西域都护，倭国王帅升遣使来汉朝贡
157 年	汉的统计人口数为 50 066 856 人
184 年	黄巾之乱爆发，此时倭国王室倒台，卑弥呼被立为女王
189 年	汉辽东太守公孙度割据辽东自立
204 年	公孙度去世，公孙康立，公孙康设置带方郡
220 年	曹操去世，曹丕即皇帝位，建立魏国，东汉灭亡，三国时代开始
226 年	魏文帝（曹丕）驾崩，明帝即位
228 年	辽东公孙渊立
234 年	蜀汉诸葛亮去世
237 年	魏军进攻公孙渊失败
238 年	魏国司马懿消灭公孙渊，魏国占领乐浪、带方
239 年	魏明帝驾崩，齐王曹芳即位，曹爽、司马懿为摄政，倭国女王卑弥呼遣使来魏朝贡，魏授予卑弥呼"亲魏倭王"金印
247 年	魏司马懿退隐，卑弥呼去世，台与即位
249 年	司马懿杀曹爽，掌握魏国实权
251 年	司马懿去世，由司马师继承
255 年	司马师去世，由司马昭继承，倭国多次遣使来魏
263 年	魏灭蜀，魏的统计人口数为 5 372 891 人

265 年	司马昭去世，司马炎即皇帝位，建立晋朝，魏国灭亡
280 年	晋灭吴，统一中国
290 年	晋武帝（司马炎）驾崩，惠帝即位，杨骏摄政
291 年	贾皇后杀杨骏
296 年	张华为司空
297 年	陈寿去世，《三国志》被正式认可
300 年	赵王司马伦杀贾皇后、张华，八王之乱开始
304 年	匈奴人刘渊独立于晋，自称汉王，五胡十六国之乱开始
310 年	刘渊去世
311 年	汉军占领洛阳，晋怀帝被俘
313 年	张统率众退出乐浪、带方投靠辽西慕容廆，高句丽占领乐浪、带方故地
316 年	汉军占领长安，晋愍帝被俘，西晋灭亡
317 年	司马睿在建康重建晋朝（东晋）
319 年	慕容廆取得辽东郡
333 年	慕容廆去世，慕容仁于辽东独立
336 年	慕容皝灭慕容仁并取得辽东，佟寿亡命高句丽
337 年	慕容皝即王位，建立前燕
342 年	前燕军攻陷高句丽王都，故国原王逃亡

345 年	仇台于带方郡故地建立百济王国
357 年	佟寿于乐浪去世
365 年	前燕取得东晋洛阳
369 年	高句丽故国原王挥军南下，被百济王世子贵须击败，百济与倭国结盟，百济王世子向倭王赠送七支刀
371 年	百济近肖古王世子贵须攻占高句丽平壤城，杀高句丽故国原王
372 年	百济近肖古王向东晋遣使朝贡
376 年	前秦统一华北
377 年	高句丽、新罗向前秦遣使朝贡，新罗王国初见于史籍
382 年	新罗王楼寒向前秦遣使朝贡
383 年	淝水之战，前秦瓦解
384 年	慕容垂建立后燕
385 年	高句丽取得辽东、玄菟，后燕又夺回二地
391 年	高句丽广开土王即位，倭国渡海击败百济、新罗，并虏其臣民
395 年	北魏在参合陂之战破后燕
396 年	广开土王击败百济，后燕封广开土王为平州牧暨辽东、带方二国王
399 年	百济与倭国通和

400 年	高句丽军援救新罗，新罗王向广开土王朝贡，后燕军进攻并占领高句丽的新城、南苏
404 年	倭国军队入侵带方边界与广开土王作战
405 年	后燕军进攻高句丽辽东城
406 年	后燕军进攻高句丽木底城
407 年	高句丽军与倭军（？）作战，高云为后燕王
408 年	高句丽与后燕和解
409 年	后燕王高云被杀
410 年	初代倭国大王仁德天皇驾崩
412 年	高句丽广开土王去世，长寿王即位
413 年	倭王赞（履中天皇）遣使向东晋朝贡
420 年	刘裕即皇帝位，建立宋朝，东晋灭亡
425 年	倭王赞遣使向宋朝贡
436 年	北魏灭辽西北燕国，高句丽再度南进
438 年	倭王珍（反正天皇）遣使向宋朝贡
439 年	北魏统一华北，南北朝开始
443 年	倭王济（允恭天皇）遣使向宋朝贡
460 年	倭王兴（安康天皇）遣使向宋朝贡
462 年	百济王子斯麻（武宁王）于筑紫出生

472 年	百济王余庆（盖卤王）遣使向北魏求救
475 年	高句丽军攻陷百济王都（广州），盖卤王被杀
476 年	百济迁都熊津（公州）
477 年	倭王武（雄略天皇）遣使向宋朝贡
478 年	倭王武遣使来宋并呈递表文
479 年	萧道成即皇帝位，建立南朝齐，（南朝）宋灭亡，加罗王荷知向南齐遣使朝贡
491 年	高句丽长寿王去世
502 年	萧衍即皇帝位，建立梁朝，南齐灭亡
521 年	新罗王募秦遣使向梁朝贡
523 年	百济武宁王去世
531 年	武烈天皇驾崩，播磨王朝世系断绝，继体天皇即位
534 年	北魏分裂为东魏、西魏
540 年	新罗法兴王去世，真兴王即位
550 年	东魏高洋即皇帝位，建立北朝齐，东魏灭亡
557 年	西魏宇文觉即天王位，建立北朝周，西魏灭亡。南梁陈霸先即皇帝位，建立陈朝，梁朝灭亡
562 年	新罗灭任那，朝鲜半岛进入三国时代
577 年	北周灭北齐

581 年	北周杨坚即皇帝位，建立隋朝，北周灭亡
589 年	隋灭陈，统一中国
600 年	倭王阿每·多利思比孤向隋朝遣使朝贡
608 年	倭王多利思比孤向隋朝遣使朝贡
609 年	隋派遣裴世清出使倭国，隋的统计人口数为 46 019 956 人
610 年	倭王遣使向隋朝贡
612 年	隋朝第一次征伐高句丽
613 年	隋朝第二次征伐高句丽
614 年	隋朝第三次征伐高句丽
618 年	隋炀帝驾崩。李渊即皇帝位，建立唐朝。隋朝灭亡
628 年	唐朝统一中国
629 年	田村皇子（舒明天皇）即位，倭国进入历史时代
641 年	舒明天皇驾崩
642 年	宝皇后（皇极天皇）即位
643 年	苏我臣入鹿杀山背大兄王
645 年	中大兄皇子杀苏我大臣虾夷与入鹿，皇极天皇让位于轻皇子（孝德天皇），中大兄皇子为皇太子，并改元大化，中大兄皇子杀古人大兄皇子。唐朝第一次征伐高句丽

647 年	新罗金春秋向倭国朝觐，唐朝第二次征伐高句丽
648 年	唐朝第三次征伐高句丽，新罗金春秋入朝唐朝
653 年	皇极上皇、中大兄皇太子、间人皇后、大海人皇子移往飞鸟，将孝德天皇弃于难波。
654 年	孝德天皇驾崩
655 年	皇极上皇（齐明天皇）复位
658 年	建皇子去世，有间皇子被杀
660 年	唐与新罗联合灭亡百济
661 年	"辛酉革命"，齐明天皇移往筑紫，天皇驾崩
663 年	白村江之战
664 年	甲子革命
665 年	间人皇太后去世
667 年	齐明天皇与间人皇太后合葬，中大兄皇太子迁都近江
668 年	中大兄皇太子（天智天皇）即位，唐灭高句丽
671 年	天智天皇驾崩
672 年	壬申之乱，大友皇子自杀，神武天皇出现
673 年	大海人皇子（天武天皇）即位
674 年	唐高宗自称"天皇"
679 年	遣使多祢岛

681 年	草壁皇子成为皇太子，记定"帝纪及上古诸事"
682 年	隼人来朝
686 年	草薙剑被送往尾张国的热田神宫，改元朱鸟，天武天皇驾崩，大津皇子自杀
689 年	草壁皇太子去世
690 年	鸬野皇后（持统天皇）即位
697 年	持统天皇让位，文武天皇即位
701 年	《大宝律令》完成
702 年	持统上皇驾崩
703 年	日本派遣使臣粟田朝臣真人入唐朝贡
707 年	文武天皇驾崩，阿倍皇太子妃（元明天皇）即位
714 年	首皇子成为皇太子
715 年	元明天皇让位，冰高皇女（元正天皇）即位
716 年	首皇太子与藤原光明子结婚
720 年	《日本书纪》完成，藤原不比等去世
721 年	元明上皇驾崩
724 年	元正天皇让位，首皇太子（圣武天皇）即位

参考资料

第一章

《マレー年代記》の本文批判は、生田滋等訳《トメ・ピレス東方諸国記》（大航海時代叢書Ⅴ、岩波書店、一九六六年）に負うところが多い。

第二章

《書経》・《論語》の言語については貝塚茂樹博士の示教に、書物の歴史については藤枝晃博士の《文字の文化史》（岩波書店、昭和四十六年）に負うところが多い。

第四章

神功皇后と武内宿禰については、直木孝次郎《日本古代の氏族と天皇》（塙書房、昭和三十九年）がよい。応神天皇と御友別の物語については、鳥越憲三郎《吉備の古代王国》（新人物往来社、昭和四十九年）を見よ。

第六章

《古事記》批判のデータについては、鳥越憲三郎《古事記は偽書か》（朝日新聞社、昭和四十六年）と、大和岩雄《古事記成

立考　日本最古の古典への疑問》（大和書房、昭和五十年）に負
うところが多い。

第八章

　　王沈の《魏書》、陳寿の《三国志》、魚豢の《魏略》の関係
については、山尾幸久《魏志倭人伝　東洋史上の古代日本》（講
談社現代新書、昭和四十七年）を見よ。

第十章

　　《革命勘文》については、原島礼二《神武天皇の誕生》（新
人物往来社、昭和五十年）、秦人・漢人の分布については関晃
《帰化人》（日本歴史新書、至文堂、昭和五十年）を利用した。